地面建筑与隧道的施工过程
相互影响预测及控制

孟　丹　袁长丰　于广明　著

中国建筑工业出版社

图书在版编目（CIP）数据

地面建筑与隧道的施工过程相互影响预测及控制/孟
丹，袁长丰，于广明著. —北京：中国建筑工业出版
社，2019.12
ISBN 978-7-112-24758-5

Ⅰ. ①地…　Ⅱ. ①孟… ②袁… ③于…　Ⅲ. ①建
筑物-影响-隧道施工-研究　Ⅳ. ①U455

中国版本图书馆 CIP 数据核字（2020）第 022311 号

　　本书内容主要为隧道施工对既有建筑物的影响及控制等方面的理论研究和工程实例分析，以及建筑施工对既有隧道的影响及控制等方面的研究和工程实践。针对"上软下硬"土岩二元结构的典型地质条件的地铁隧道穿越建筑物的工程实际，采用现场监测、数值模拟、理论分析等方法和手段，研究了典型地质条件下地铁隧道开挖引起的地层变形规律、地铁隧道穿越的建筑物损伤机理和规律，探讨了地铁隧道穿越建筑物的安全风险管理等问题；针对高层建筑施工过程中的基坑开挖卸载和主体结构施工加载等问题，探索邻近隧道安全评价方法，结合工程实践，优化建筑施工方案、系统评价既有隧道的安全性，给出控制措施。

　　本书内容丰富，研究具有针对性，具有一定的学术参考价值，为从事隧道工程建设和建筑工程设计和施工的广大工程技术人员、科研人员、专家、学者以及研究生们提供了技术参考。

　　由于时间与水平有限，本书中难免有不妥之处，敬请读者予以批评指正。

责任编辑：张伯熙
责任校对：李美娜

地面建筑与隧道的施工过程相互影响预测及控制

孟　丹　袁长丰　于广明　著

*

中国建筑工业出版社出版、发行（北京海淀三里河路 9 号）
各地新华书店、建筑书店经销
霸州市顺浩图文科技发展有限公司制版
北京圣夫亚美印刷有限公司印刷

*

开本：787×960 毫米　1/16　印张：16　字数：318 千字
2020 年 6 月第一版　　2020 年 6 月第一次印刷
定价：**72.00** 元
ISBN 978-7-112-24758-5
（34966）

作者简介

  孟丹，男，1980年生。青岛农业大学副教授，博士研究生，硕士研究生导师，博士后。主要从事城市隧道施工影响建筑物防护理论与实践、装配式建筑、绿色建筑材料等方面的研究。发表学术论文40余篇，其中SCI、EI收录14篇。

  袁长丰博士，教授，硕士生导师，中国岩石力学与工程学会会员，山东省岩石力学与工程学会理事。从事地下工程建设、智慧土木工程、工程变形监测等工作。主持和参与完成国家自然科学基金3项，主持和参与完成山东省自然科学基金重点项目1项、面上项目2项，主持和参与山东省科技攻关项目2项，主持完成地铁建设、BIM技术深基坑应用、工程变形预测、三维激光扫描深基坑应用、建筑物与隧道相互影响等项目33项。在《International Journal of Rock Mechanincs and Mining Sciences》等杂志发表被SCI、EI收录文章20余篇，授权发明专利近20项。

  于广明博士、教授、博士生导师，山东省岩体损害防护与地表沉陷治理工程技术研究中心主任，曾任青岛理工大学土木工程学院院长。兼任国际矿山测量协会第四专业委员会委员、中国岩石力学与工程学会岩体物理数学模拟专业委员会副主任、中国土木工程学会土力学及岩土工程分会理事、中国煤炭学会矿山测量专业委员会委员。曾任《岩石力学与工程学报》编委、《中国地质灾害与防护学报》编委会常委等学术职务。

  获聘中组部直管专家、中国煤炭协会开采损害鉴定专家、山东省"蓝色经济区工程建设与安全协同创新中心"首席科学家、山东省结构工程学科首席专家。

  先后获得首批新世纪百千万人才工程国家级人选、国务院政府特殊津贴、山东省特殊贡献专家、山东省教学名师、山东省优秀研究生指导教师、宝钢优秀教师、青岛市劳动模范、青岛市优秀教师等称号。

  专门从事地下工程建设、建筑物健康维护、土木工程灾害防治、矿山工程灾害监测等工作。

  在《Discrete Dynamics in Nature and Society》、《Int. J. Rock Mech. Min. Sci.》、《Science Foundation in China》、《科技导报》、《力学与实践》等刊物上发表论文150余篇；被SCI、EI、ISTP共收录80篇次。

前　　言

随着我国城镇化建设脚步的加快，人们的生活重心逐渐地向城市靠拢；同时，国家大力推行高等教育，越来越多的城市出台优惠政策以吸引人才流入，由此导致城市人口呈现爆发性增长。城市人口的增加，势必会带来生活空间减少、水资源短缺、交通拥堵、环境恶化等一系列问题。为了方便市民出行，缓解城市交通压力，各大城市都在加快建立立体化、多层次、智能化的交通体系。错综复杂的城市立交很大程度上缓解了城市交通压力，在此过程中，人们也逐渐意识到，地下空间有着较大的发展潜力。城市隧道作为地下空间交通运输的主体，近十几年备受各大城市的欢迎，城市隧道的成功运营，较好地缓解了城市地面的交通压力，其快速、便捷的特性，让隧道的建设在近些年进入高速发展阶段。在地下工程高速发展的同时，也存在一些问题：

一是地下工程建设虽然给我们利用地下空间提供了更多的可能性，为城市交通的改善提供了新的方法，缓解了当前各大城市规划发展的瓶颈问题，获得了较大的经济和社会效益，但同时也对我们的城市生活环境造成了一些不利的影响。如地铁工程在施工过程中，会引起地下水重新分布、地应力集中以及地层附加应力等，这反映在地下和地面环境的破坏方面，表现为道路路面的变形、开裂破坏，地表建筑物的变形破坏，地下管线等各种城市设施的破坏以及地下水系的改变等。这些设施损害和环境破坏将成为地铁工程建设过程中环境保护的瓶颈之一。

二是随着越来越多的隧道建设运营，规划建设的建筑工程不可避免地与隧道邻近或相交。为了能使城市地上空间得到最大限度的利用，国家大力推行高层建筑的建设，新建高层建筑在基坑开挖时，由于开挖卸荷导致地层原有应力场、位移场发生改变，会影响隧道结构的安全性。在邻近隧道处进行建筑基坑开挖对隧道产生的影响越来越成为委托方、设计、施工、隧道运维部门和科研机构迫切需要解决的科研课题之一。同时，随着建筑施工的继续进行，新建高层主体结构施工加载以及主体结构封顶后的使用阶段，都有可能对邻近已有隧道产生影响，不容忽视。虽然相关学者进行了大量的研究，取得了一定研究成果，然而对于"上软下硬"的典型土岩二元结构地质条件，进行的相关研究却相对较少。因此，部分地区出台相应管理办法，如规定在隧道两侧若干米范围内设立安全保护区，在保护区内不得新建、扩建、改建建（构）筑物等。然而，基于这些办法往往造成两种现象：第一，工程设计人员过分夸大基坑开挖对既有隧道的影响，设计时比

4

较保守，导致工程造价较高；第二，在基坑工程设计过程中，按照传统的方法进行设计和施工，不考虑基坑开挖对邻近隧道的影响，往往造成隧道变形过大，影响隧道正常运行。所以，要想合理地解决上述问题，只有探索适合在特定工程地质条件的隧道施工影响下的建筑物损伤评价方案和防护措施以及考虑既有隧道的建筑基坑和主体结构施工影响评价方法和方案改进等关键技术，提供系统可供参考的解决方案，才能更加合理地利用地下空间。

为了针对性地解决上述问题，著者及课题组成员通过长期理论研究和工程实践的积累，将研究成果整理汇总，以期为类似工程建设提供参考。本书内容主要为隧道施工对既有建筑物的影响及控制等方面的理论研究和工程实例分析，以及建筑施工对既有隧道的影响及控制等方面的研究和工程实践。针对青岛典型地质条件下地铁隧道穿越建筑物的工程实际，采用现场监测、数值模拟、理论分析等方法和手段，研究了典型地质条件下地铁隧道开挖引起的地层变形规律、地铁隧道穿越建筑物损伤机理和规律，探讨了地铁隧道穿越建筑物的安全风险管理等问题；针对高层建筑施工过程中的基坑开挖卸载和主体结构施工加载等问题，探索邻近隧道安全评价方法，结合工程实践，优化建筑施工方案、系统评价既有隧道的安全性，给出控制措施。以期为青岛及类似地质条件区域的地下工程建设和高层建筑工程建设提供参考。

目　　录

1 概　　述

随着我国城镇化建设步伐的加快，人们的生活重心逐渐向城市靠拢；同时，国家大力推行高等教育，越来越多的城市出台优惠政策以吸引人才流入，由此导致城市人口呈现出爆发性增长。城市人口的增加，势必会带来生活空间减少、水资源短缺、交通拥堵以及环境恶化等一系列问题。为了方便市民出行，缓解城市交通压力，各大城市都在逐步建立立体化、多层次、智能化的交通体系。这种错综复杂的城市立交很大程度上缓解了城市交通压力，在此过程中人们也逐渐意识到，地下空间有着较大的发展潜力。城市隧道作为地下空间交通运输的主体，近十几年备受各大城市的欢迎，而城市隧道的成功运营，较好地缓解了城市地面的交通压力，其快速、便捷的特性让隧道的建设在这些年进入高速发展阶段。在地下工程高速发展建设过程中，也存在一些问题，表现在：

一是地下工程建设虽然给我们利用地下空间提供了更多的可能性，为城市交通的改善提供了新的方法，缓解了当前各大城市规划发展的瓶颈问题，获得了较大的经济和社会效益，但同时也对我们的城市生活环境造成了一些不利的影响。如地铁工程在施工过程中，会引起地下水重新分布、地应力集中以及地层附加应力等，这反映在地下和地面环境的破坏方面，表现为道路路面的变形、开裂破坏，地表建筑物的变形破坏以及地下管线等各种城市设施的破坏等[1,2]。这些设施损害和环境破坏将成为地铁工程建设过程中环境保护的瓶颈。某地铁隧道施工过程中，就出现了不同程度的路面塌陷、建筑物变形开裂等问题（图1-1和图1-2）。产生上述工程问题的原因与该地区特殊的地质条件密切相关。该地区地铁隧道埋深范围内的地层条件变化较大，隧道施工过程中要穿越

图 1-1　地铁隧道施工引起路面塌陷

急剧变化的流沙层、淤泥层、花岗岩、煌斑岩以及其他特殊地层，将现有的施工方法和科学手段应用在该项工程建设中，在勘察、设计、施工管理等环节，稍有偏差便会发生事故，特别是施工环节更是做好事故防范的重中之重。

青岛某地铁隧道全长约24.9km，全部为地下线，设车站22座，并且该隧

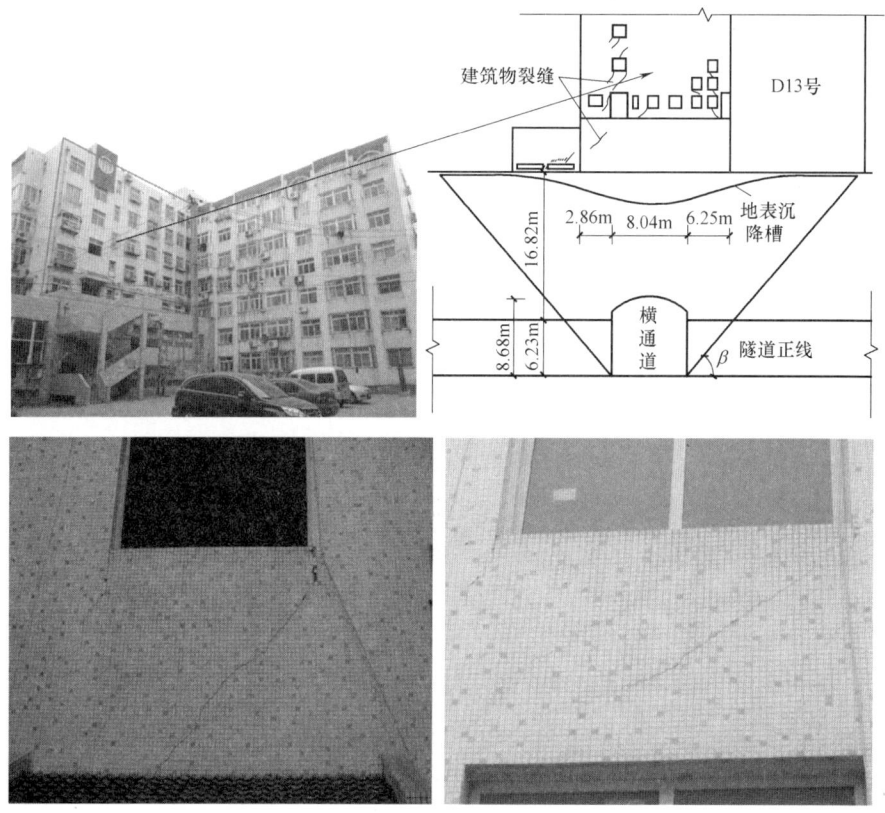

图 1-2 地铁隧道施工引起楼体开裂

道埋深相对较浅（16～25m），沿线地面多是繁华的商业区和居民区，地面建筑物集中，地下浅埋多种构筑物。因此，为了充分考虑地铁施工过程中对城市环境造成的影响，我们需要更有针对性的科学手段，即更加清楚地认识地铁隧道施工引起的地表地层变形规律、地面建筑物的沉降变形规律以及其他城市设施对地铁隧道施工产生的响应。只有如此，我们才可以有效采取相应的防护措施，尽可能地减少地铁隧道施工对城市环境产生的扰动，保证城市的正常生活秩序[3,4]。

二是随着越来越多的隧道建设运营，规划建设的建筑工程不可避免地与隧道邻近或相交。为了能使城市地上空间得到最大限度的利用，国家大力推行高层建筑的建设，新建高层建筑在基坑开挖时，由于开挖卸荷导致原有应力场、位移场发生改变，会影响隧道结构的安全性。在邻近隧道处进行建筑基坑开挖对隧道产生的影响越来越成为委托方、设计、施工、隧道运维部门和科研机构迫切需要解决的科研课题之一[5]。如上海金桥广场基坑深度 5～6.9m，坑底距隧道拱顶的最小距离仅为 4m；上海市闸北区大宁商业中心基坑深度 6～6.7m，东侧围护体距离已运行地铁隧道最小净距仅为 5.45m 等。基坑开挖对隧道的影响分析成为该类工程的关键，准确而合理地评价深基坑施工对邻近既有隧道的影响成为当下建设施工进程中重要的工程课题之一。同时，随着建筑工程施工的持续进行，新建高层主体结构施工加载以及主体结构封顶后的使用阶段，都有可能对邻近已有隧道产生影响，不容忽视。

虽然这种工程实例在上海、北京、深圳等地区出现得非常频繁（图 1-3），而且相关学者也进行了大量的研究，取得了丰富的研究成果，然而和北京、上海的地质条件相比，针对类似青岛地区特有的"上软下硬"典型土岩二元结构地质条件进行的研究相对较少[6,7]。

(a)　　　　　　　　　　　　　　　　(b)

图 1-3　深基坑邻近既有隧道
（a）深圳某深基坑工程；（b）上海某地铁站基坑工程

由于相互影响的隧道和高层建筑施工技术难度大、评价方法和手段不尽合理，相关部门曾推出针对建成隧道的管理办法和轨道交通建设管理办法，管理办法分别规定在已建成隧道两侧 100m 范围内设立安全保护区，在保护区内不得新建、扩建、改建构（筑）物；地铁隧道两侧 50m 是控制保护区，并且进一步细化了特别保护区。基于这些办法往往造成两种现象：一是工程设计人员过分夸大基坑开挖对既有隧道的影响，设计时比较保守，导致工程造价较高；二是在基坑工程设计过程中，按照传统的方法进行设计和施工，不考虑基坑开挖对邻近隧道的影响，往往造成隧道变形过大，影响隧道正常运行。因此，合理地解决上述问题，针对特定地质条件的区域，探索适合特定工程地质条件的隧道施工影响下的建筑物损伤评价方案和防护措施，以及考虑既有隧道的建筑基坑和主体施工影响评价方法和方案改进等关键技术，提供系统可供参考的解决方案，才能更加合理地利用地下空间。

本书内容主要为隧道施工对既有建筑物的影响及控制等方面的理论研究和工程实例分析，以及建筑施工对既有隧道的影响及控制等方面的研究和工程实践。

针对类似青岛地区"上软下硬"土岩二元结构的典型地质条件的地铁隧道穿越建筑物的工程实际，采用现场监测、数值模拟、理论分析等方法和手段，研究了典型地质条件下地铁隧道开挖引起的地层变形规律、地铁隧道穿越建筑物损伤机理和规律，探讨了地铁隧道穿越建筑物的安全风险管理等问题。研究内容主要包括以下几个方面：

（1）总结分析与本研究相关的屈服接近度、混凝土破坏准则、地基附加应力以及隧道附加应力和位移等基本理论。

（2）基于工程现场监测数据，利用 Peck 方法反分析地铁隧道开挖引起的沉降槽宽度、地层损失率；利用随机介质理论方法反分析地铁车站开挖引起的地表移动参数，包括沉降槽影响范围以及断面收缩率；将 Peck 方法和随机介质理论方法进行对比分析。

（3）以地铁车站为例建立有限元模型，反分析围岩参数；选取地质条件相似的地段进行有限元模拟，验证所得围岩参数，进而得到地表沉降的一般规律。

（4）通过有限元分析，得到建筑结构在地表沉降和爆破振动影响下的应力分布情况，结合 Ottosen 和过-王破坏准则的屈服接近度函数得出建筑结构的损伤分布范围和演化过程，由此实现对不同沉降量和爆破振速影响下建筑结构开裂损伤的量化评估与控制。

（5）从建（构）筑物的现状评估和安全性评价、隧道施工方案优化、施工过程控制、过程监测及工后评估和恢复等五个方面对建（构）筑物安全性进行系统性控制，构建隧道施工穿越建（构）筑物安全风险管理体系。

针对高层建筑施工过程中的基坑开挖卸载和主体结构施工加载等问题，探索邻近隧道安全评价方法，结合工程实践优化建筑施工方案、系统评价既有隧道的安全性，给出控制措施。主要研究内容包括以下几个方面：

（1）统计分析国内外相关工程案例，找出建筑基坑开挖时邻近隧道关键影响因素，同时结合典型地质条件下的岩层移动规律，研究基坑开挖对邻近隧道影响规律。

（2）结合工程实例，分析基坑开挖引起的岩层移动对邻近隧道的变形演化规律，系统研究和优化邻近已建浅埋隧道建筑基坑施工工艺和施工关键技术。

（3）总结分析邻近已建隧道建筑基坑施工对隧道安全影响的评价指标和评价方法，首先，提取工程施工对隧道影响的主要因素，进行总体评价；其次，分析评价指标，确定施工中的监测标准；最后，研究评价方法，便于施工前开展隧道安全影响的科学预测。

（4）根据现场测试、实验室试验和数值模拟等手段，研发邻近已建隧道建筑基坑施工工艺和现场监测技术。

（5）结合 MIDAS/GTS NX 有限元分析手段，研究新建高层建筑在主体结构施工阶段、结构封顶后使用阶段以及风荷载作用下引起的邻近已有隧道变形，探究影响规律，为隧道变形监测提供参考。

2 基 础 理 论

本书研究核心内容将涉及建筑物的允许变形、屈服接近度、混凝土破坏准则、地基附加应力以及隧道附加应力和位移等基本理论。本章从理论的角度分析隧道施工影响建筑物以及新建建筑施工加载对已有邻近隧道影响的计算方法，对隧道穿越建筑物和邻近新建建筑对既有隧道安全性分析提供理论依据。

2.1 隧道施工引起地表移动的一般规律

在地铁隧道开挖过程中，上覆岩层的原始应力平衡状态遭到破坏，若不采取任何防护措施，岩层以上一定范围的岩体发生冒落，冒落范围称为冒落带。冒落带以上一定范围的岩层产生沿层面和垂直层面的裂缝和断裂，出现裂缝和断裂的区间叫作裂缝带。裂缝带以上直至地表的岩层发生下沉和弯曲，呈现整体移动，叫弯曲带或整体移动带。处于弯曲带上部的地表各点向隧道中心方向移动，并形成地表下沉盆地。上述过程统称岩层移动，对地表而言则称地表移动。

从地表移动矢量特征来看，地表各点的移动方向均应该指向隧道断面的中心点，即可分为垂直下沉移动和水平移动。其具体的定量指标有：垂直下沉、曲率变形、倾斜变形、水平变形、水平移动、扭曲和剪应变，见图 2-1。目前对于前五种指标的规律研究得比较充分，而对扭曲和剪应变的研究处于开始阶段，使用尚不广泛。

（1）垂直下沉

地表点的沉降叫作下沉（S）。用本次与首次测得的点的标高差 Δh 表示。下沉曲线表示的地表移动盆地内下沉的分布规律，如图 2-2 中的曲线（1）所示。

（2）曲率变形

下沉盆地剖面线的弯曲度叫作曲率（K）。其平均值以相邻两线段倾斜差 ΔT 除以两线段中点的间距表示，即 $K_B = (T_{AB} - T_{BC})/[0.5(AB+BC)]$。分布规律为：①曲率曲线各有一正曲率区和一负曲率区，有三个极值，两个相等的正极值和一个负极值。正极值称为最大正曲率，位于边界点和拐点之间；负极值称为最大负曲率，位于最大下沉点处。下沉曲线的形状主要取决于下沉曲线拐点的位置，而拐点的位置与岩性有关，岩性越硬，地表下沉曲线上的拐点也越偏向开挖区一侧。②盆地边界点和拐点处曲率为零，盆地边缘区为正曲率区，盆地中部为负曲率区。通常来说，最大正曲率值随开挖区段宽度的增加而增大；最大负

曲率值则随开挖区段宽度的增大，先由小变大。后由大变小，如图 2-2 中的曲线
（2）所示。

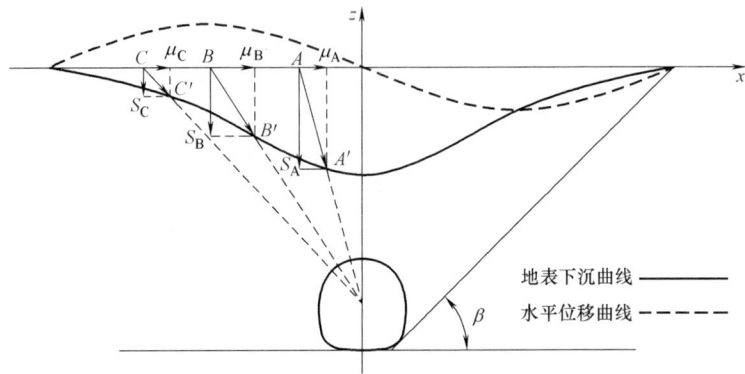

图 2-1 隧道开挖引起地表移动

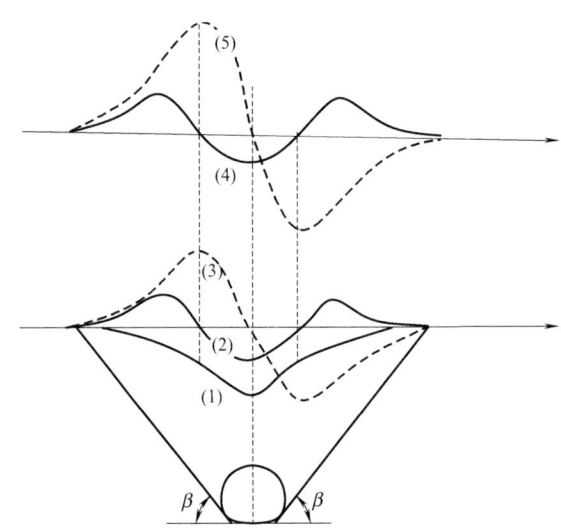

图 2-2 地铁隧道施工时地表移动和变形分布规律：（1）垂直下沉曲线；（2）曲
率变形曲线；（3）倾斜变形曲线；（4）水平变形曲线；（5）水平移动曲线

（3）倾斜变形

地表下沉盆地沿某一方向的坡度叫作倾斜（T），$T_{AB} = S_B - S_A / l_{AB}$。斜曲
线表示地表移动盆地内倾斜的变化规律，倾斜为下沉的一阶导数。倾斜曲线分布
规律为：盆地边界点至拐点间倾斜渐增，拐点至最大下沉点间倾斜渐减，在最大
下沉点处倾斜为零。在拐点处倾斜最大，有两个方向相反的最大倾斜，如图 2-2
中的曲线（3）所示。

（4）水平变形

下沉盆地内两点间单位长的水平移动差叫作水平变形（ε），$\varepsilon = (\mu_A - \mu_B)/AB$。地铁隧道开挖影响波及地表时，若地表各点的水平移动不等，便会产生水平变形。开挖引起的地表水平变形有拉伸和压缩两种类型。

水平变形曲线如图 2-2 中的曲线（4），水平变形曲线有三个极值，两个相等的正极值和一个负极值，正极值称为最大拉伸值，位于边界点与拐点之间，负极值称为最大压缩值，位于最大下沉点处，盆地边界点和拐点处水平变形为零，盆地边缘区为拉伸区，盆地中部为压缩区。

（5）水平移动

地表沉降槽内的点沿某一水平方向的位移叫作水平移动（μ），以本次与首次测得的从该点至控制点的水平距离差来表示，$\mu = \Delta l = l_i - l_0$。

水平移动的分布特征与倾斜值一样，移动方向与倾斜方向一致。水平移动值为零的位置在最大下沉点附近。水平移动曲线如图 2-2 中的曲线（5），分布规律为：盆地边界点至拐点间水平移动渐增，拐点至最大下沉点间水平移动渐减，最大下沉点处水平移动为零，在拐点处水平移动最大，有两个方向相反的最大水平移动。

从上述五条曲线的分析中还可以看出：倾斜曲线和水平移动曲线形状相似，曲率曲线和水平变形曲线形状相似。

2.2　地表移动与变形对地面建筑物的影响分析

隧道施工引起的地表移动与变形对建筑物的影响与很多因素有关。除了地层特征以外，还与建筑物遭受破坏的程度、建筑物所处的位置、建筑物的基础与结构形式以及地表的变形大小有关[8]。这种损害可以分为直接开挖损害和间接开挖损害两种情况。位于隧道开挖沉降槽范围内的建筑物所受的损害称为直接开挖损害。但有时在隧道开挖沉降槽范围以外较远的位置，也发现开挖影响的存在，这种影响称为间接开挖损害[9]。常见的开挖损害主要以下形式表现出来。

2.2.1　地表沉降对建筑物的影响

地表沉降一般分为地表均匀沉降和地表不均匀沉降两种。地表的均匀沉降使建筑物产生整体下沉。一般来说，地表的均匀沉降对于建筑物的稳定性和使用条件并不会产生太大的影响。地表的不均匀沉降对建筑物的影响将是本书的主要研究内容，将在以后章节进行详细讨论。

2.2.2　地表倾斜对建筑物的影响

地表倾斜后，建筑物的歪斜会导致建筑物重心偏移，产生附加倾覆力矩，承载结构内部将产生附加应力，基础承载压力重新分布。这种倾斜也改变了建筑物结构承载力的平衡条件，在倾斜下侧的墙体由于受到偏心力的作用，产生水平剪切力，一般会沿着墙体下方靠近基础部位产生水平剪切裂缝。地表倾斜造成建筑物地面有一定的坡度，地面易于积水，严重时影响人的正常行走，地面起伏严重甚至楼房底层发生排水管道污水倒流等现象，妨碍建筑物的正常使用。地表倾斜对高层建筑物的损害尤其明显。城市地下空间开挖会引起地层发生不均匀沉降，地层的不均匀沉降会导致地表发生倾斜，如图 2-3 所示。地表倾斜对处于软土地区的建筑物破坏程度尤为严重。此外，地表倾斜对高度大而底面积小的高耸建筑物，如烟囱、水塔等的影响也较为严重。地表倾斜会使高耸建筑物的重心发生倾斜，引起附加应力重分布，从而导致建筑结构内力发生改变，严重时会使建筑物丧失稳定性而破坏。

(a)   (b)

图 2-3　地下开挖对周围建筑物的影响

(a) 地面大量积水；(b) 建筑物严重倾斜

2.2.3　地表曲率对建筑物的影响

地表曲率对建筑物有较大的影响，地表曲率有两种典型的变形区：正曲率变形区（地表相对上凸）和负曲率变形区（地表相对下凹）。一般情况下，地表拉伸变形和正曲率变形同时出现，地表压缩变形和负曲率变形同时出现。

地表曲率变形表示地表倾斜的变化程度。由于地表出现了曲率变形，地表曲率变形将由原来的平面形状变成曲面形状。这样，建筑物的荷载与基础土层反力之间的初始平衡状态遭到了破坏。在正、负曲率作用下，使地基与建筑物基础接触状态发生两种变化，一种是建筑物全部切入地基，另一种是建筑物部分切入地基[10]，如图 2-4、图 2-5 所示。建筑物基础与上部结构会以接触部位为中心向"悬空区"弯曲，造成建筑物和基础的不均匀沉降，建筑物荷载对地基的作用力发生转移，基础与地基接触部分承载增大，迫使基础切入地基；相反，在地基沉降大于基础沉降的部位，则产生"悬空"现象，使建筑物基础存在卸载区。

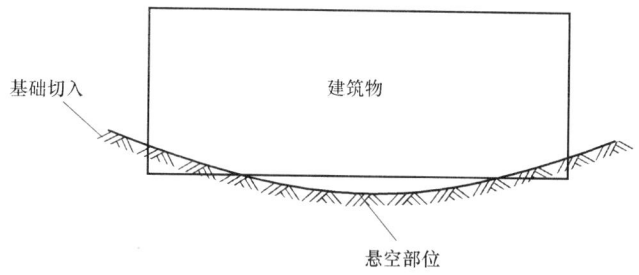

图 2-4　正曲率变形对建筑物基础影响示意图

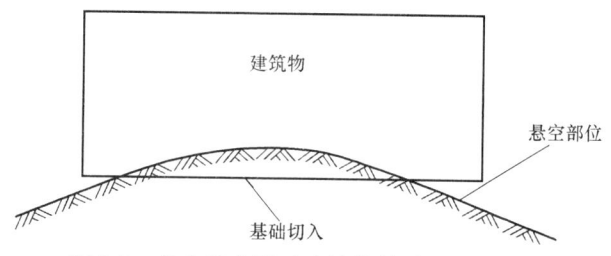

图 2-5　负曲率变形对建筑物基础影响示意图

建筑物受正负曲率影响下，将使地基反力重新分布，因而使建筑物在竖直面内附加弯矩和剪力的作用，其值如果超过建筑物基础和上部结构的强度极限时，建筑物就会出现裂缝。在负曲率作用下，建筑物的中央部分将处于悬空状态，如图 2-4 所示，建筑物的墙体会产生水平裂缝和正八字裂缝。当建筑物长度过大时，在重力作用下，建筑物将会从底部断裂，从而使建筑物遭到破坏[11]。在正曲率的作用下，建筑物的两端将会部分悬空，如图 2-5 所示。建筑物的墙体将会出现倒八字裂缝，严重时屋架或梁的端部将会从墙体或柱内抽出，从而导致建筑物倒塌。

2.2.4　地表水平变形对建筑物的影响

城市地下空间开挖引起地表的水平变形有拉伸和压缩两种，它对建筑物的破坏作用很大，尤其是拉伸变形的影响，建筑物抵抗拉伸变形的能力远小于抵抗压缩变形的能力。由于建筑物对于地表拉伸变形非常敏感，位于地表拉伸区的建筑物，其基础底面受有来自地基的外向摩擦力，基础侧面受来自地基的外向水平推力的作用；而一般建筑物抵抗拉伸变形的能力很小，不大的拉伸变形足以使建筑物开裂。如图 2-6（a）所示。

地表压缩变形对于其上部建筑物作用的方式也是通过地基对基础侧面的推动力与底面摩擦力施加的，但力的方向与拉伸时相反。一般的建筑物对压缩具有较

9

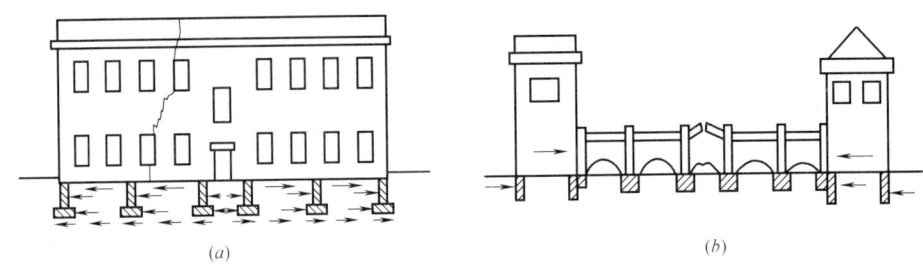

图 2-6　建筑物水平变形损害示意图

（a）拉伸破坏；（b）压缩破坏

大的抵抗力，即建筑物对压缩作用不如对拉伸作用敏感。但是如果压缩变形过大，同样可以对建筑物造成损害。而且，过量的压缩作用将使建筑物发生挤碎性的破坏，其破坏程度可以比拉伸破坏更为严重，可能会使墙体产生水平裂缝并使纵墙褶曲，屋顶隆起。这种破坏往往集中在结构薄弱处爆发。例如，夹在两坚固建筑物之间的附加建筑物便有可能因地基的压缩变形而导致严重破坏。如图 2-6（b）所示。

实际上，地表移动和变形对建筑物的破坏作用，往往是几种变形共同作用的结果，比如地表的拉伸和正曲率同时出现、压缩和负曲率同时发生。

2.3　建筑物的允许变形

任何地面及地下建筑物均有一定的结构强度，有一定的安全系数，即有一定的抵抗地面位移和变形的能力，建筑物的允许变形是指在地表变形的范围内并不影响正常使用，为建筑物所容许的数值。当建筑物遭到的变形不超过该建筑物所能抵抗的最大变形时，建筑物不表现出可以观察到的损害。各种不同类型的建筑物，因其基础形式和上部结构形式不同，抵抗变形的能力也各异。因此，建筑损害后所带来的后果的严重程度，是保护等级划分的主要因素之一。

目前，我国尚没有完整的建（构）筑物保护等级的统一划分标准。现有的一些城市地铁施工引起的地表沉降允许值往往由专家们根据经验规定。如北京地铁施工规定地面任意点的下沉量均不得超过 30mm，虽然采用这种地表沉降规定指标在施工中比较容易监测，但这种规定是临时性的。由于一般建（构）筑物对于地面均匀沉降并不敏感，通常应该根据被保护对象的保护等级要求，规定各种地表位移与变形（垂直沉降、水平位移、地面倾斜、曲率和水平变形等）的允许最大值。只用地表沉降量作为地面建（构）筑物保护的唯一指标，往往会要求过于严格，造成施工困难，造价提高，有时可能达不到地面保护的要求。考虑到开挖引起的地表变形可能导致的对周围建筑物的损害程度（表 2-1），一些国家和地区对于建筑物的破坏等级以及建筑物的允许变形值作出了规定（表2-2），这些值可以为确定地表允许变形值提供参考。

建筑物在不同沉降差下的反应[12] 表2-1

建筑结构类型	δ/L(L 为建筑物长度, δ 为差异沉降)	建筑物反应
1. 一般砖墙承重结构,包括有内框架的结构,建筑物长高比小于10;有圈梁;天然地基	达 1/150	分隔墙及承重砖墙发生相当多的裂缝,可能发生结构性破坏
2. 一般钢筋混凝土框架结构	达 1/150	发生严重变形
	达 1/500	开始出现裂缝
3. 高层刚性建筑	达 1/250	可观察到建筑物倾斜
4. 有桥式行车的单层排架结构的厂房(天然地基或桩基)	达 1/300	桥式行车运转困难,不调整轨面水平难运行,分隔墙有裂缝
5. 有倾斜的框架结构	达 1/600	处于安全极限状态
6. 一般对沉降反应敏感的机器基础	达 1/850	机器使用可能会发生困难,处于可运行的极限状态

一些国家和地区建筑物地基允许变形值[12] 表2-2

国家和地区	拉伸	压缩	倾斜	曲率
中国	2	2	3	0.2
波兰	1.5	1.5	2.5	0.05
苏联顿巴斯	2	5	4	0.05
苏联卡拉甘达	4	4	6	0.33
美国	0.4	0.8	3.3	—
德国	0.6	0.6	1～2	—
法国	0.5	1～2	—	—
日本	0.5	0.5	—	—
英国	1.0	1.0	水平长度绝对变化小于0.03m	

城市地表变形的极限值大小取决于地面构筑物的结构类型、结构所处环境条件及它们运营的功能要求。变形极限值一般是指构筑物的不均匀沉降速率,变形速率主要是根据结构极限状态、运营极限状态和结构裂缝极限状态三个极限状态确定。对于不同的建筑物,其破坏等级划分见表2-3所列。

隧道开挖对土体扰动,使邻近建筑物地基可能产生不均匀沉降,这是建筑物发生变形的主要原因。严重变形不仅影响建筑工程的正常使用,而且危及工程的安全。我国国家标准《建筑地基基础设计规范》GB 50007—2011规定,建筑物地基允许的变形值见表2-4所列。

表 2-3

建筑物（砖混结构）破坏等级划分[13]

地表变形预测值			建筑物可能达到的破坏等级	处理方式
倾斜 T(mm/m)	曲率 K (mm^{-1})	水平变形 U (mm)		
≤3.0	≤0.2	≤2.0	墙壁上可能不出现或仅出现少量宽度小于 4mm 的细微裂缝，属Ⅰ级破坏	可以不修
≤6.0	≤0.4	≤4.0	墙壁上可能出现 4～5mm 宽的裂缝，门窗略有歪斜，墙皮局部脱落，梁支撑处有异样，属Ⅱ级破坏	可以不修
≤10	≤0.6	≤6.0	墙壁上可能出现 16～30mm 宽的裂缝，门窗严重变形，墙身倾斜，梁头抽动，室内地坪开裂或鼓起，属Ⅲ级破坏	应中修
>10	>0.6	>6.0	墙身将严重倾斜、错动、外鼓或内凹，梁头抽动较大，屋顶、墙身挤坏，可能有倒塌危险，属Ⅳ级破坏	必须大修、重建或拆除

表 2-4

建筑物的地基允许变形值[14]

变形特征		地基土类别	
		中、低压缩性土	高压缩性土
砌体承重结构基础的局部倾斜		0.002	0.003
工业与民用建筑相邻柱基的沉降差	框架结构	0.002L	0.003L
	砌体墙填充的边排柱	0.0007L	0.001L
	当基础不均匀沉降时不产生附加应力的结构	0.005L	0.005L
单层排架结构（柱距为 6m）柱基的沉降量(mm)		(120)	200
桥式吊车轨面的倾斜（按不调整轨道考虑）	纵向	0.004	
	横向	0.003	
多层和高层建筑的整体倾斜	H_g≤24	0.004	
	24<H_g≤60	0.003	
	60<H_g≤100	0.0025	
	H_g>100	0.002	
体型简单的高层建筑基础的平均沉降量(mm)		200	
高耸结构基础的倾斜	H_g≤20	0.008	
	20<H_g≤50	0.006	
	50<H_g≤100	0.005	
	100<H_g≤150	0.004	
	150<H_g≤200	0.003	
	200<H_g≤250	0.002	
高耸结构基础的沉降量（mm）	H_g≤100	400	
	100<H_g≤200	300	
	200<H_g≤250	200	

注：H_g 为自室外地面起算的建筑物高度。

2.4 屈服接近度

文献［15］为了研究围岩稳定性问题，针对 Mohr-Coulomb 准则等古典强度理论推导了屈服接近度的计算函数。屈服接近度可广义地表述为：描述一点的现时状态与相对最安全状态的参量的比，$YAI \in [0, 1]$。相对于某一强度理论则可以定义为：空间应力状态下的一点，沿最不利应力路径到屈服面的距离与相应的最稳定参考点在相同罗德角方向上沿最不利应力路径到屈服面的距离之比[16-19]。

假设岩石的强度准则为 Mohr-Coulomb 准则：

$$F(\sigma) = 1/3 I_1 \sin\varphi + (\cos\theta_\sigma - 1/\sqrt{3} \sin\theta_\sigma \sin\varphi)\sqrt{J_2} - c\cos\varphi \qquad (2\text{-}1)$$

式中 J_2——第二偏应力不变量；

$\quad\ I_1$——第一主应力不变量；

$\quad\ \varphi$——内摩擦角（°）；

$\quad\ \theta_\sigma$——应力罗德角（°）。

将式（2-1）用 π 平面上的正应力 $\sigma_\pi = I_1/\sqrt{3}$ 和剪应力 $\tau_\pi = \sqrt{2J_2}$ 表示，并令：

$$A = 1/\sqrt{3} \sin\varphi \qquad (2\text{-}2a)$$

$$B = 1/\sqrt{2}(\cos\theta_\sigma - 1/\sqrt{3}\sin\theta_\sigma\sin\varphi) \qquad (2\text{-}2b)$$

$$D = -c\cos\varphi \qquad (2\text{-}2c)$$

可得：

$$F(\sigma_\pi, \tau_\pi, \theta_\sigma) = A\sigma_\pi + B\tau_\pi + D \qquad (2\text{-}3)$$

主应力空间中，一点 A 的应力状态可以表示为子午面和 π 平面上的一点，如图 2-7、图 2-8 所示。图中，设 AA'、$A_0 A_0'$ 均垂直于 $EFAO$ 面，d、D 分别为二者的长度，而点 A 在子午面上的坐标为 (σ_π, τ_π)，点 C 坐标为 (σ_π, τ_π')，

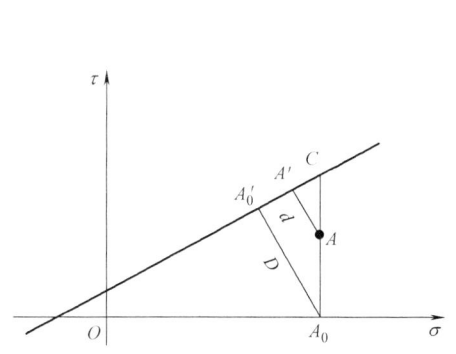

图 2-7　子午面上一点的应力状态

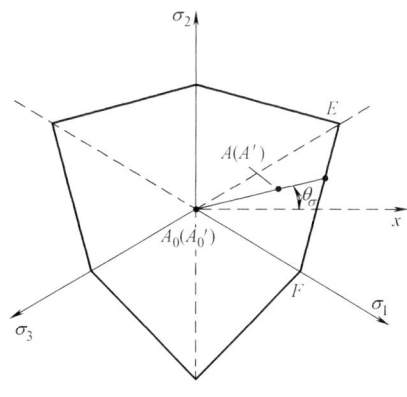

图 2-8　π 平面上一点的应力状态

假定点 A 总在子午面内，点 A_0 总在等倾线上，点 C 坐标满足式（2-3）。

由三角关系易得：

$$\frac{d}{D}=\frac{AA'}{A_0A_0'}=\frac{AC}{A_0C}=\frac{\tau_\pi'-\tau_\pi}{\tau_\pi'}=1-\frac{\tau_\pi}{\tau_\pi'} \tag{2-4}$$

因此，将屈服接近度函数定义为：

$$F(\sigma_\pi,\tau_\pi,\sigma_\sigma)=1-\frac{\tau_\pi}{\tau_\pi'} \tag{2-5}$$

根据式（2-1）～式（2-5），可得 Mohr-Coulomb 准则的屈服接近度函数为：

$$F(\sigma_\pi,\tau_\pi,\theta_\sigma)=[1/\sqrt{3}\,I_1\sin\varphi+(\cos\theta_\sigma-1/\sqrt{3}\sin\theta_\sigma\sin\varphi)\sqrt{J_2}-c\cos\varphi]$$
$$/(1/\sqrt{3}\,I_1\sin\varphi-c\cos\varphi) \tag{2-6}$$

式中 c——剪切强度（MPa）。

2.5 混凝土破坏准则

将混凝土的破坏包络曲面用数学函数加以描述，作为判定混凝土是否达到破坏状态或极限强度的条件，称为破坏准则或强度准则[20]。虽然它不属于基于机理分析、具有明确物理概念的强度理论，但它是大量试验结果的总结，具有足够的计算准确性。

迄今为止，国内外研究者提出的混凝土破坏准则有数十个之多。

自全面开展混凝土的多轴试验研究以来，随着试验数据的积累，许多研究人员提出了若干基于试验结果、较为准确，但数学形式复杂的混凝土破坏准则，总数数十个之多[21-27]，它们的来源分为三类：①借用古典强度理论的观点和计算式；②以混凝土多轴强度试验资料为基础的经验回归式；③以包络曲面的几何形状特征为依据的纯数学推导式。其中，应用较多、较为典型的见表 2-5 所列。为了反映混凝土破坏包络面的特殊几何形状，准则中一般包含 4～5 个参数。

混凝土破坏准则 表 2-5

破坏准则	参数个数	表 达 式
过-王准则[20]	5	$\tau_0=a(b-\sigma_0/c-\sigma_0)^d$
Kotsovos[21]	5	$\theta=0°,\tau_{oct,t}=a\left(c-\dfrac{\sigma_{oct}}{f_c}\right)^b,\theta=60°,\dfrac{\tau_{oct,c}}{f_c}=d\left(c-\dfrac{\sigma_{oct}}{f_c}\right)^e$
Reimann[22]	4	$\dfrac{\xi}{f_c}=a\left(\dfrac{r_c}{f_c}\right)^2+b\left(\dfrac{r_c}{f_c}\right)+c,r=\phi r_c$
Ottosen[23]	4	$a\dfrac{J_2}{f_c^2}+\lambda\dfrac{\sqrt{J_2}}{f_c}+b\dfrac{I_1}{f_c}-1=0$

续表

破坏准则	参数个数	表 达 式
Hsieh-Ting-Chen[24]	4	$a\dfrac{J_2}{f_c^2}+b\dfrac{\sqrt{J_2}}{f_c}+c\dfrac{\sigma_1}{f_c}+d\dfrac{I_1}{f_c}-1=0$
Podgorski[25]	5	$\sigma_{oct}-c_0+c_1 P\tau_{oct}+c_2\tau_{oct}^2=0$
Bresler -Pister[26]	3	$\dfrac{\tau_{oct}}{f_c}=a-b\dfrac{\sigma_{oct}}{f_c}+c\left(\dfrac{\sigma_{oct}}{f_c}\right)^2$
Willam -Warnke[27]	5	$\theta=0°,\dfrac{\tau_{mt}}{f_c}=a_0+a_1\dfrac{\sigma_m}{f_c}+a_2\left(\dfrac{\sigma_m}{f_c}\right)^2,$ $\theta=60°,\dfrac{\tau_{mc}}{f_c}=b_0+b_1\dfrac{\sigma_m}{f_c}+b_1\left(\dfrac{\sigma_m}{f_c}\right)^2$
	3	$\dfrac{\tau_m}{f_c}=r(\theta)\left(1-\dfrac{1}{\rho}\dfrac{\sigma_m}{f_c}\right)$

2.6 地基附加应力的计算

在计算地基附加应力时，假定土体是各向同性的、均质的线性变形体，而且在深度和水平方向都是无限延伸的，即把地基看作是均质各向同性的线性变形半无限空间体，从而可以直接应用弹性半空间的理论进行求解。

2.6.1 Mindlin 解求解地基附加应力

Boussienesq 解的相关理论是建立在荷载作用于半无限空间体表面这一前提下的。而对于高层建筑来说，其基础都是具有一定埋深的深基础，不论基础是何种形式，其荷载都是作用在半无限空间体的内部。显然，这与 Boussienesq 解成立的条件相违背。美国学者 Mindlin 在 Boussienesq 解基础上分析了高层建筑基础的作用机理，推导出了当荷载作用于半无限空间体内部时地基内任意一点的附加应力计算公式。经工程实践验证，在求解深基础的地基附加应力时，Mindlin 解求得的数值要小于 Boussienesq 解的计算结果，但更接近于实测值。

由现有的 Mindlin 理论可知，当荷载 Q 作用于空间半无限体内部深度为 b 处时，如图 2-9 所示，则半无限空间体内部任意一点 M（x，y，z）处的基底附加应力正应力表达式为：

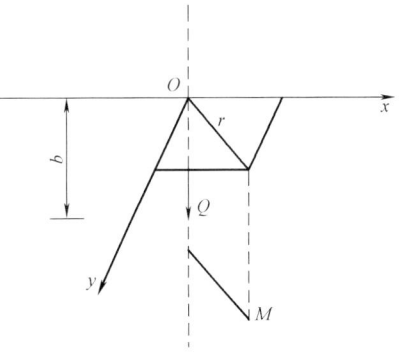

图 2-9 半无限空间体内部作用荷载示意图

$$\sigma_x = \frac{Q}{8\pi(1-\mu)}\left\{\frac{3x^2(z-b)}{R_1^5} - \frac{(1-2\mu)(z-b)}{R_1^3} - \frac{(1-2\mu)[3(z-b)-4\mu(z+b)]}{R_2^3}\right.$$
$$\left. + \frac{3(3-4\mu)(z-b)x^2 - 6b(z+b)[(1-2\mu)z-2\mu b]}{R_2^5} + \frac{30bx^2z(z+b)}{R_2^7} + \frac{4(1-\mu)(1-2\mu)}{R_2(R_2+z+b)}\times\left(1 - \frac{x^2}{R_2(R_2+z+b)} - \frac{x^2}{R_2^7}\right)\right\} \tag{2-7}$$

$$\sigma_y = \frac{Q}{8\pi(1-\mu)}\left\{\frac{3y^2(z-b)}{R_1^5} - \frac{(1-2\mu)(z-b)}{R_1^3} - \frac{(1-2\mu)[3(z-b)-4\mu(z+b)]}{R_2^3}\right.$$
$$\left. + \frac{3(3-4\mu)(z-b)y^2 - 6b(z+b)[(1-2\mu)z-2\mu b]}{R_2^5} + \frac{30by^2z(z+b)}{R_2^7} + \frac{4(1-\mu)(1-2\mu)}{R_2(R_2+z+b)}\times\left(1 - \frac{y^2}{R_2(R_2+z+b)} - \frac{y^2}{R_2^7}\right)\right\} \tag{2-8}$$

$$\sigma_z = \frac{Q}{8\pi(1-\mu)}\left\{-\frac{3(z-b)^3}{R_1^5} - \frac{(1-2\mu)(z-b)}{R_1^3} + \frac{(1-2\mu)(z-b)}{R_2^3} - \frac{3(3-4\mu)(z+b)z - 3b(z+b)(5z-b)}{R_2^5} - \frac{30zb(z+b)^3}{R_2^7}\right\} \tag{2-9}$$

式中，$R_1 = \sqrt{r^2 + (z-b)^2}$，$R_2 = \sqrt{r^2 + (z+b)^2}$，$r^2 = x^2 + y^2$。

由于 Mindlin 解是在 Boussienesq 解的基础上推导出来的，故当荷载作用于空间半无限体表面时，也即 $b=0$ 时，σ_z 可简化为 Boussienesq 解。

$$\sigma_z = \frac{3Pz^3}{2\pi R_1^5} \tag{2-10}$$

式中：$R_1 = \sqrt{r^2 + z^2}$。

显然，此时 Boussienesq 解为 Mindlin 解的一种特殊情况，其使用范围要小于 Mindlin 解。

2.6.2 角点法计算地基附加应力

利用角点法求解土体中任意一点附加应力的做法为：通过点 P 作辅矩形，使点 P 成为各矩形的公共角点，则点 P 下深度为 z 处的应力 σ_z 就等于各矩形在该深度下引起的应力之和。根据点 P 的不同，可分为以下几种情况进行讨论：

（1）点 P 位于矩形荷载面以内时（图 2-10a）

$$\sigma_z = (\alpha_{\text{I}} + \alpha_{\text{II}} + \alpha_{\text{III}} + \alpha_{\text{IV}})p \tag{2-11}$$

式中　　　　　　p——基础地面的平均附加压力（kPa）；

α_{I}、α_{II}、α_{III}、α_{IV}——各小矩形 I、II、III、IV 的角点附加应力系数，分别根据 l_i/b_i、z/b_i（l_i、b_i 为各小矩形的长边和短边），查规范得到。

对于图 2-10（b）的情况有：

$$\sigma_z = (\alpha_{\text{I}} + \alpha_{\text{II}})p \tag{2-12}$$

（2）点 P 位于矩形荷载面以外时（图 2-10c）

$$\sigma_z = [\alpha_{(Pebh)} + \alpha_{(Pecf)} - \alpha_{(Pgah)} - \alpha_{(Pgdf)}]p \tag{2-13}$$

式中　$\alpha_{(\times\times\times\times)}$——矩形 $Pebh$、$Pecf$、$Pgah$、$Pgdf$ 的角点附加应力系数，查规范可得。

（3）点 P 位于矩形荷载面的中点时（图 2-10d）

此时的处理方法只需将矩形荷载面均分为四等份，点 P 处的附加应力 σ_z 为小矩形 $Pabc$ 的四倍。

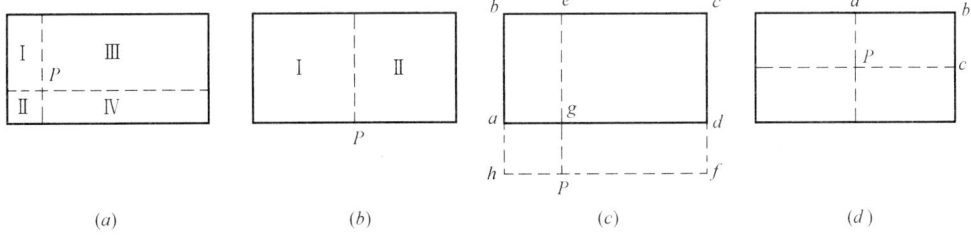

| (a) | (b) | (c) | (d) |

图 2-10　角点法确定地基附加应力示意图

2.7 隧道附加应力及位移的理论计算

2.7.1 隧道附加应力的理论计算

假定土体为半空间内的均质土体，隧道等效为无限长的均质连续体。以矩形荷载的中心为原点，建立新的直角坐标系 $\xi-\eta$，在该坐标系下应用 Mindlin 解，求解隧道轴线上任意一点 (x_1, y_1, z_0) 在均布荷载 p 作用下的竖向及水平附加应力为：

$$
\sigma_z = \frac{p}{8\pi(1-\mu)}
\left\{
\begin{aligned}
& (1-2\mu)(z_0-d)\iint_\Gamma \frac{\mathrm{d}\xi\mathrm{d}\eta}{R_1^3} + 3(z_0-d)^3\iint_\Gamma \frac{\mathrm{d}\xi\mathrm{d}\eta}{R_1^5} \\
& -(1-2\mu)(z_0-d)\iint_\Gamma \frac{\mathrm{d}\xi\mathrm{d}\eta}{R_2^3} + \begin{bmatrix} 3(3-4\mu)z_0(z_0+d)^2 \\ -3d(z_0+d)(5z_0-d) \end{bmatrix} \\
& \times \iint_\Gamma \frac{\mathrm{d}\xi\mathrm{d}\eta}{R_2^5} + 30dz_0(z_0+d)^3\iint_\Gamma \frac{\mathrm{d}\xi\mathrm{d}\eta}{R_2^7}
\end{aligned}
\right\}
$$

$$(2\text{-}14)$$

$$
\sigma_y = \frac{p}{8\pi(1-\mu)}
\left\{
\begin{aligned}
& -(1-2\mu)(z_0-d)\iint_\Gamma \frac{\mathrm{d}\xi\mathrm{d}\eta}{R_1^3} + 3(z_0-d) \\
& \iint_\Gamma \frac{y_1^2\mathrm{d}\xi\mathrm{d}\eta}{R_1^5} - (1-2\mu)[3(z_0-d)-4\mu(z_0+d)] \\
& \iint_\Gamma \frac{y_1^2\mathrm{d}\xi\mathrm{d}\eta}{R_2^5} + 3(3-4\mu)(z_0-d) \\
& \iint_\Gamma \frac{y_1^2\mathrm{d}\xi\mathrm{d}\eta}{R_2^5} + 30dz_0(z+d) \\
& \iint_\Gamma \frac{y_1^2\mathrm{d}\xi\mathrm{d}\eta}{R_2^7} + 4(1-\mu)(1-2\mu) \\
& \iint_\Gamma \frac{1}{R_2(R_2+z_0+d)}\left(1-\frac{y_1^2}{R_2(R_2+z_0+d)}-\frac{y_1^2}{R_2^2}\right)\mathrm{d}\xi\mathrm{d}\eta
\end{aligned}
\right\}
$$

$$(2\text{-}15)$$

$$R_1 = \sqrt{(x_1-\xi)^2+(y_1-\eta)^2+(z_0-d)^2} \; ; \quad R_2 = \sqrt{(x_1-\xi)^2+(y_1-\eta)^2+(z_0+d)^2}$$

式中　d——基坑开挖深度（m）；

　　　μ——土体泊松比；

　　　Γ——二重积分的积分区域。

2.7.2　隧道位移的理论计算

进行隧道位移的理论分析计算时，采用 Winkler 地基模型对隧道位移进行计算。由 Winkler 地基模型可知，在计算时将隧道视作弹性地基梁，我们作如下假定：土体为半空间内的均质弹性体，隧道与地基土之间的相互作用采用连续分布的弹簧进行模拟，两者之间的接触为弹性接触，接触面不发生互相分离，变形满足变形协调条件。于是，建立如下力学方程：

$$EI\frac{\mathrm{d}^4 w(x)}{\mathrm{d}x^4}+Kw(x)=p(x) \tag{2-16}$$

式中　$w(x)$——隧道的水平或竖向位移；

　　　$p(x)$——隧道上部的附加荷载〔其中竖向荷载 $p_z(x)=\sigma_z D$，水平荷载 $p_y(x)=\sigma_y D$，σ_z、σ_y 由式（2-14）与式（2-15）求得〕；

　　　D——隧道外径；

　　　EI——隧道等效抗弯刚度；

　　　K——地基基床系数。

对式（2-16）进行积分运算，得到最终的隧道位移公式如下：

$$w(x)=\frac{\lambda}{2K}\int_{-\infty}^{+\infty}p(\xi)\mathrm{e}^{-\lambda|x-\xi|}\left[\cos(\lambda|x-\xi|)+\sin(\lambda|x-\xi|)\right]\mathrm{d}\xi \tag{2-17}$$

2.8　本章小结

本章总结分析了隧道施工影响建筑物以及新建建筑施工加载对已有邻近隧道影响计算所需的基本理论，为隧道穿越建筑物和邻近新建建筑的既有隧道安全性分析提供了理论基础。

3　地铁隧道开挖引起地层沉降分析

　　本章结合某地铁车站开挖引起地表沉降过大的问题，首先，以该车站地表沉降实测数据为基础，利用 Peck 方法得到了车站开挖引起的沉降槽宽度、地层损失率，拟合了地表沉降槽曲线，并对该地铁车站开挖引起的地表沉降槽宽度的计算表达式给出了建议；其次，利用随机介质理论方法反分析地铁车站初步开挖引起的地表移动参数，包括沉降槽影响范围以及断面收缩率，并利用所得的参数对该车站的进一步开挖进行了地表沉降预测。在此基础上，将 Peck 方法和随机介质理论方法对比分析，得到了两种方法对于地表沉降影响范围计算结果的差异。为了进一步验证该结论的正确性，利用反分析的方法得到了我国部分城市隧道开挖引起的地表移动参数，并将开挖地层影响角换算为沉降槽宽度与现有的计算结果进行了对比分析。

3.1　地层沉降计算方法

1. Peck 方法

　　1969 年，Peck 系统地提出了地层损失的概念和估算隧道开挖引起地表下沉的实用方法[28]，即 Peck 公式：

$$S(X) = S_{\max} \exp\left(-\frac{X^2}{2i^2}\right) \tag{3-1}$$

$$S_{\max} = \frac{A \cdot V_l}{i_y \sqrt{2\pi}} \approx \frac{A \cdot V_l}{2.5 i_y} \tag{3-2}$$

式中　$S(X)$——距隧道中心轴线为 X 处地表沉降值；

　　　　V_l——施工引起的隧道单位长度地层损失；

　　　$S_{\max}$——隧道中心线处地表最大沉降量；

　　　　A——隧道横截面积；

　　　　i_y——地表沉降槽宽度系数。

　　Peck 认为，在不排水情况下，隧道开挖所形成的地表沉降槽的体积应等于地层损失的体积[28]。假使地层损失在整个隧道长度上均匀分布，隧道施工所产生的地表沉降横向分布近似为一个正态分布曲线，如图 3-1 所示。

　　对于圆形截面的隧道，式（3-1）变为：

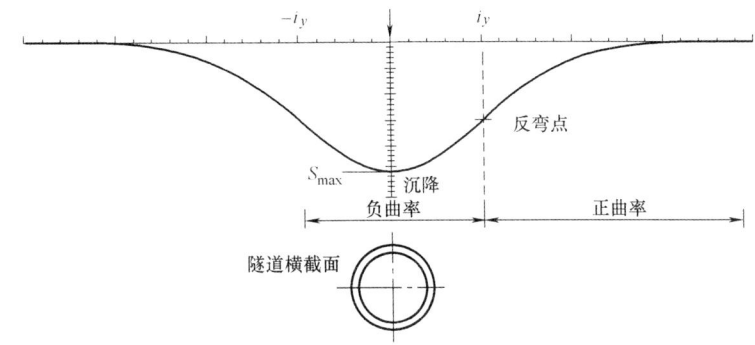

图 3-1 地表横向沉降曲线[28]

$$S_{\max} = 0.313 V_l \cdot D^2 / i_y \qquad (3-3)$$

式中　D——圆形隧道的直径；

　　　i_y——从隧道中心线对应的地面点到沉降曲线的拐点处的水平距离，一般称为"沉降槽宽度"。

　　数十年来，很多学者对于沉降槽宽度的计算提出了不同的计算公式，其中应用最为广泛的方法是 O'Reilly 和 New（1982）根据伦敦地区的经验提出的，他们认为 i 和隧道轴线埋深 z_0 之间存在以下简单的线性关系：

$$i_y = K z_0 \qquad (3-4)$$

式中　K——沉降槽宽度参数。

　　将式（3-3）和式（3-4）代入式（3-1），就可以得到一个工程实用的预估天然地面横向沉降的公式：

$$S(y) = \frac{0.313 V_l \cdot D^2}{K \cdot z_0} \exp\left[-\frac{y^2}{2(K z_0)^2}\right] \qquad (3-5)$$

　　图 3-2 为某隧道埋深和断面半径的比值为 6 时不同地层损失率（沉降槽宽度系数 $K=0.5$）时的地表沉降曲线，图 3-3 为不同沉降槽宽度系数（地层损失率为 5%）时的地表沉降曲线。

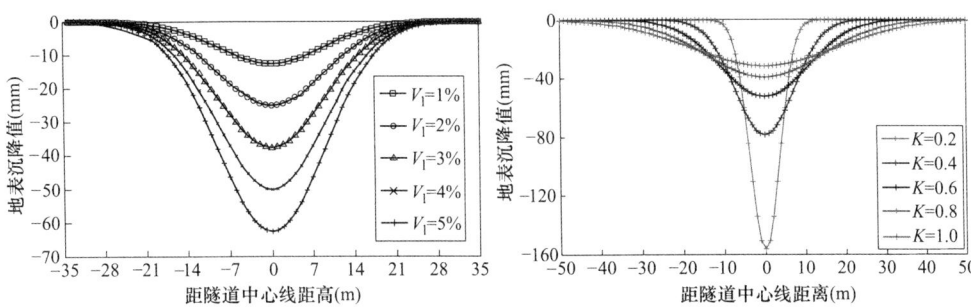

图 3-2　不同地层损失率地表沉降曲线　　图 3-3　不同沉降槽宽度地表沉降曲线

2. 随机介质理论计算方法

刘宝琛[29] 等引入国外地层变形随机介质理论的概念，针对我国隧道工程施工引起的地层变形进行了系统的研究，形成了完整的地层变形预测方法。如图 3-4 所示，假设地下开挖任意断面的中心距地表深度 H，开挖断面会引起周围岩体的收缩变形，最终因为地层损失导致地表发生沉降、水平位移等变形。根据随机介质理论，距隧道中心水平距离为 X 处的地表沉降可以表示为：

$$S(X) = S_\Omega(X) - S_\omega(X) = \iint_{\Omega - \omega} \frac{\tan\beta}{\eta} \exp\left[-\frac{\pi\tan^2\beta}{\eta^2}(X - \xi)^2\right] d\xi d\eta \quad (3\text{-}6)$$

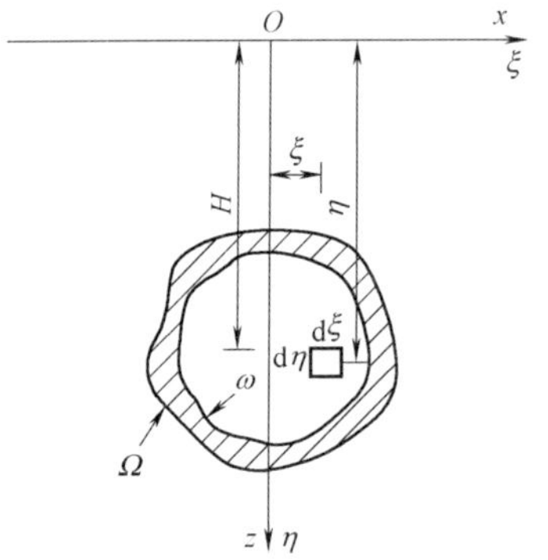

图 3-4　任意断面隧道开挖示意[29]

此外，隧道开挖引起的地层损失反映到地表以后，不止有地表沉降，还伴随着地表的水平位移 $U(X)$、沉降不均匀导致的地表某点的倾斜 $T(X)$、水平位移不均匀导致的地表某点水平变形 $E(X)$，分别可以表达为式（3-7）、式（3-8）和式（3-9）。

$$U(X) = \frac{dW(X)}{dX} = \iint_{\Omega - \omega} \frac{\tan\beta}{\eta^2}(X - \xi) \exp\left[-\frac{\pi\tan^2\beta}{\eta^2}(X - \xi)^2\right] d\xi d\eta \quad (3\text{-}7)$$

$$T(X) = \frac{dW(X)}{dX} = \iint_{\Omega - \omega} \frac{-2\pi\tan^3\beta}{\eta^3}(X - \xi) \exp\left[-\frac{\pi\tan^2\beta}{\eta^2}(X - \xi)^2\right] d\xi d\eta$$

$$(3\text{-}8)$$

$$E(X) = \frac{dU(X)}{dX} = \iint_{\Omega - \omega} \frac{\tan\beta}{\eta^2}\left[1 - \frac{2\pi\tan^2\beta(X - \xi)^2}{\eta^2}\right] \exp\left[-\frac{\pi\tan^2\beta}{\eta^2}(X - \xi)^2\right] d\xi d\eta$$

$$(3\text{-}9)$$

在地表沉降对建筑物影响的研究中，有时还关心地表某处曲率的大小。如式（3-10）所示，对弯曲敏感的建筑物来说，曲率的大小显得尤为重要。

$$K(X) = \frac{\mathrm{d}^2 W(X)}{\mathrm{d}X^2} = \iint\limits_{\Omega-\omega} \frac{2\pi\tan^3\beta}{z^3} \left[\frac{2\pi\tan^2\beta}{z^2}(X-x)^2 - 1\right] \exp\left[-\frac{\pi\tan^2\beta}{z^2}(X-x)^2\right] \mathrm{d}x\mathrm{d}z$$

$$(3-10)$$

式中符号的含义见图 3-4。图 3-5 为某隧道埋深和断面半径的比值为 6、收缩半径为 0.1m，不同影响角时的地表变形曲线。

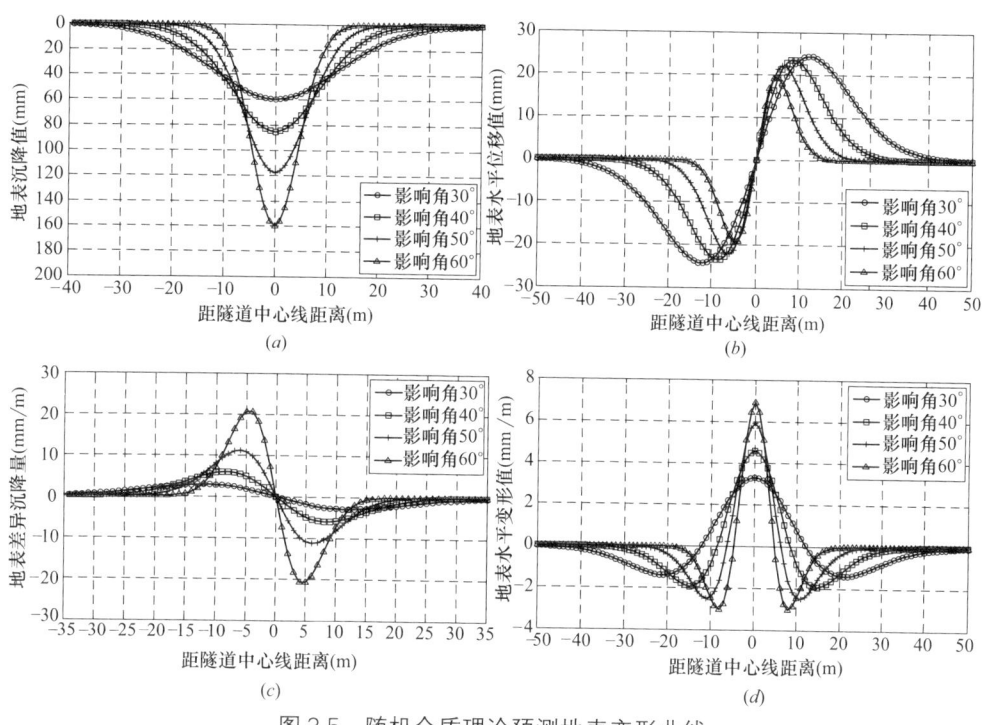

图 3-5　随机介质理论预测地表变形曲线

（a）地表沉降曲线；（b）地表水平位移曲线；（c）地表倾斜变形曲线；（d）地表水平变形曲线

3.2　基本参数反演

某地铁车站采用暗挖法设计，钻爆法施工，全长 247m，宽 20.6m，高 15.5m，拱顶埋深 9.3～10.5m，覆岩 2.8～6.4m。本节研究对象为车站主体断面，设计为大拱脚薄边墙结构，采用双侧壁导洞法（拱部）＋分部台阶法（下部）施工，设计和施工开挖方法如图 3-6 所示。

车站主体所处地段地质情况为典型的"上软下硬"地层特点，从上到下依次为填土层（0.5～2m），粉质黏土（1～4.8m），含砂黏性土（0.9～2.3m），强风化（4～5m）、中风化（0.6～7.1m）和微风化花岗岩。车站主体开挖面主要为强风化花岗岩，车站主体下部主要为中风化和微风化花岗岩。

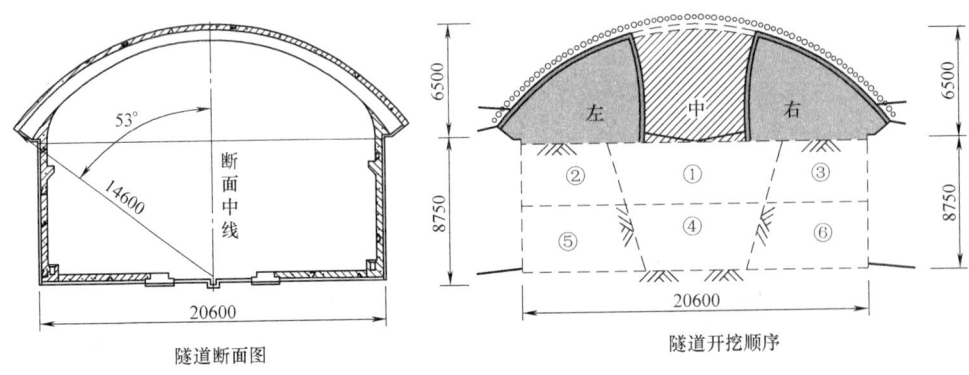

图 3-6　车站主体断面设计及开挖方法

由于上覆多种地层，使得地表沉降研究中参数确定难以考虑具体地层条件的影响，并且依据车站主体的断面尺寸和埋深，其属于浅埋大断面隧道，施工影响范围内的地层比较相近，故此处不局限于具体地层进行讨论，所得研究结论适用于该地区浅埋大断面隧道开挖的情况。调研初期收集了大量的车站主体横断面监测资料，最终选取五个资料较完整的断面研究地表移动基本规律。

3.2.1　沉降槽宽度与地层损失率计算

利用 Peck 方法进行地表沉降预测或拟合，地表沉降槽宽度 i 反映开挖对地表影响的范围，地层损失率 V_l 反映开挖扰动地层的程度。由式（3-2）可知，这两个参数可完全确定横向地表沉降槽的形状。选取地铁车站五个断面的地表沉降实测数据进行拟合，研究分析该地铁车站开挖引起地表沉降槽的一般规律。

拟合函数为高斯分布函数式（3-1），拟合参数为反弯点距离 i。拟合具体过程为：①绘制同一断面所有测点 X-S 散点图，横坐标为测点距离隧道中线的水平距离的平方，纵坐标为 $\ln(S/S_{\max})$；②进行线性拟合，提取拟合参数，即直线斜率 ζ；③通过公式 $i=\sqrt{-1/\zeta}$ 求得沉降槽宽度 i；④计算开挖面积，通过式（3-2）计算地层损失率 V_l；⑤根据式（3-1）可得到地表沉降槽曲线，拟合结果如图 3-7 所示。由图 3-7 可知，采用高斯分布曲线进行拟合，能够较好地反映隧道开挖引起的横向地表沉降。拟合过程中，根据图 3-6 计算拱部的开挖面积为 $A=81.1\mathrm{m}^2$。

从图 3-7 的拟合结果来看，前三个断面的 i 值都在 6.5m 左右，平均值为 6.51m。而后，两个断面沉降槽宽度较大，i 值都超过 10m。这主要是因为开挖断面通过后两个断面的时间较短，地表沉降速率较大，地表没有到达稳定状态。这在图 3-8 的测点累计沉降量-时间曲线中有明确显示。在图 3-8 中，DC75～DC79 属于断面 4，DC80～DC84 属于断面 5。由于前三个断面（断面 1、2、3）上方地表沉降已达到稳定状态，所以在此没有给出相关测点随时间变化的累计沉降曲线。

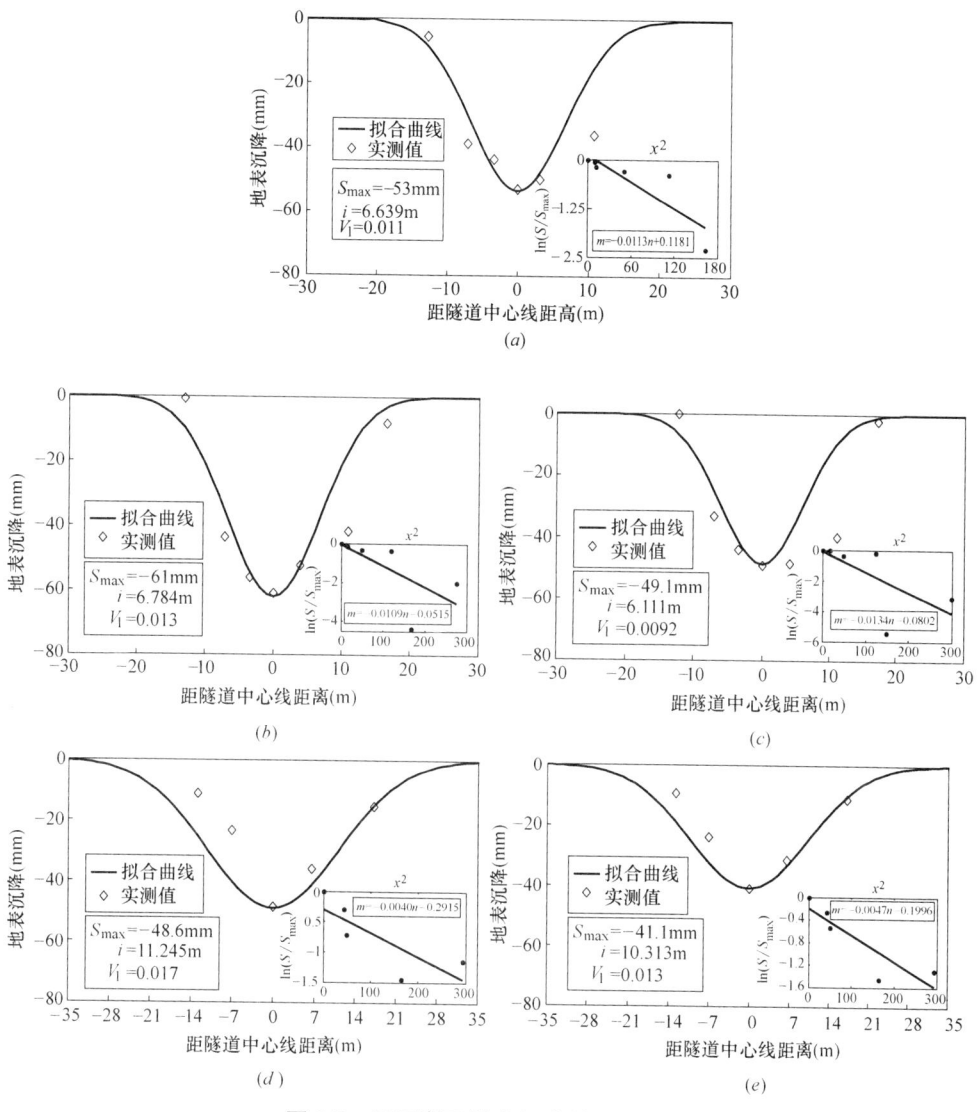

图 3-7 不同断面地表沉降槽拟合结果

(a) 横断面 1；(b) 横断面 2；(c) 横断面 3；(d) 横断面 4；(e) 横断面 5

目前，考虑隧道开挖宽度影响的沉降槽宽度 i 的主要表达式见表 3-1（H 为隧道埋深，$2R$ 为隧道跨度）。由于本章的研究对象为地铁车站，开挖跨度较大，相对埋深较浅，所以在 i 值的计算中应考虑开挖跨度的影响。表 3-1 给出了该地铁车站几种表达式的计算结果，另外还给出了地铁车站前三个断面 i 值拟合结果的平均值。从对比结果可以看出，利用公式 $i/R=(H/2R)^n$，当 $n=1.0$ 时的计算结果与该地区独特地层条件的 i 值拟合结果最接近。

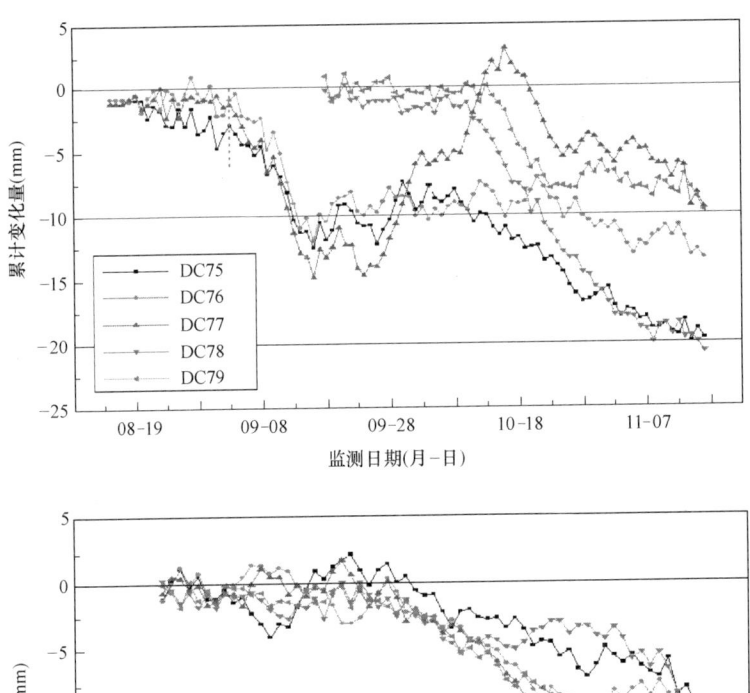

图 3-8　测点累计沉降量-时间曲线

沉降槽宽度 i 的不同计算公式　　　　表 3-1

出处及依据	公式	适用条件	计算结果
Peck[28] (实测资料)	$i/R=(H/2R)^n (n=0.8\sim1.0)$	各类土	$7.23\sim6.625$
Loganathan，Poulos[30]	$i/R=1.15(H/2R)^{0.9}$	黏性土	7.96
Atkinson，Potts[31]	$i=0.25(H+R)$	松砂	5.89
(实测和模型试验)	$i=0.25(1.5H+0.5R)$	密实和超固结黏土	6.26
本研究	实测数据拟合	研究对象地层	6.51

3.2.2　反分析法确定地表移动基本参数

设隧道施工地表稳定后，实际量测点的地表下沉为 S_i^0，按随机介质理论计算公式计算得到的地表下沉结果为 S_i。定义目标函数 $F(x)$ 为：

$$F(x) = \sum_{i=1}^{m} (S_i^0 - S_i)^2 \tag{3-11}$$

$$x = \{\tan\beta, \Delta A\}$$

式中 m——地表下沉测点数。

利用反分析的方法来确定地表移动参数，就是寻求一组参数 x，通过优化计算，使得目标函数值达到极小。本书在优化计算中采用自适应遗传算法，这种算法是一种基于种群层次的优化算法[32]。

自适应遗传算法一般表示为：

$$GA(e_t, J_t, S_t, C_t, M_t, \Sigma_t) \tag{3-12}$$

式中 e_t——第 t 代算法所使用的编码格式；

$\quad\quad J_t$——第 t 代算法所使用的适应度度量；

$\quad\quad S_t$——第 t 代算法所采用的选择操作；

$\quad\quad C_t$——第 t 代算法所采用的交叉操作；

$\quad\quad M_t$——第 t 代算法所采用的变异操作；

$\quad\quad \Sigma_t$——第 t 代算法所使用的系统参数。

优化算法的运算过程如下：

步骤 1　优化参数 $x = \{\tan\beta, \Delta A\}$ 编码。

步骤 2　初始化。确定种群规模 N，交叉概率 P_c，变异概率 P_m 和置终止进化准则；随机生成 N 个个体作为初始种群 $\vec{X}(0)$；置 $t \leftarrow 0$。

步骤 3　个体评价。计算或估价 $\vec{X}(t)$ 中各个体的适应度。

步骤 4　种群进化。

① 选择，从 $\vec{X}(t)$ 中运用选择算子选择出 $M/2$ 对母体（$M \geqslant N$）；

② 交叉，对所选择的 $M/2$ 对母体，依概率 P_m 执行交叉，形成 M 个中间个体；

③ 变异，对 M 个中间个体分别独立依概率 P_c 执行变异，形成 M 个候选个体；

④ 选择，从上述形成的 M 个候选个体中依适应度选择出 N 个个体组成新一代种群 $\vec{X}(t+1)$。

步骤 5　终止检验。如已满足终止准则，则输出 $\vec{X}(t+1)$ 中具有最大适应度的个体作为最优解，终止计算。否则，置 $t \leftarrow t+1$ 并转步 4。

根据优化算法即可编制成反分析程序进行计算。此处，地表沉降 S_i 的计算利用式（3-1），对积分区间采用切片的方法直接积分。利用 MATLAB 编制反分析程序 INANA.m[33]（程序见附录 A）。为了验证该程序的正确性，选取参考文献［12］的算例"北京地铁复兴门折返线工程"进行计算，并与文献结果比较验证。实例详细描述见参考文献［33］。需要说明，参考文献中地表沉降 S_i 的计算是对式（3-6）的二重积分，采用 Legendre-Gauss 求积法进行数值积分。反分析 $\tan\beta$、ΔA 结果，本方法为 1.393、15.80mm，文献［12］为 1.521、15.60mm。图 3-9 为本方法计算结果与文献结果的比较，图中"沉降预测曲线"为本方法的反分析参数采用 Legendre-Gauss 求积法得到的地表沉降槽曲线，"反分析程序计算值"为对积分区间采用切片的方法直接积分得到的地表沉降 S_i。

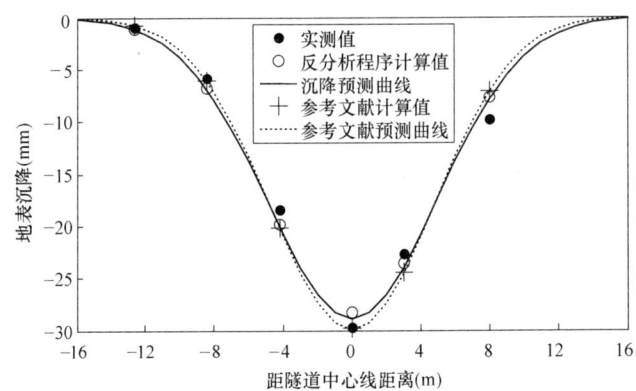

图 3-9 反分析结果预测曲线对比验证

采用参考文献［12］的后验差检验方法对反分析效果进行评价，本方法和参考文献的小误差概率 P 都为 1；而本方法的后验差比值 $C_{YC}=0.133$，小于参考文献 $C_{YC}=0.145$，说明本方法的反分析效果要优于参考文献［12］的效果。通过分析，本方法的反分析结果与参考文献［12］的差异主要是因为，参考文献在正反分析中地表沉降的理论计算采用同样的数值积分方法，导致了误差的累积。

将 3.2.1 节地铁车站的开挖部分等效为马蹄形断面的拱形部分，断面均匀收缩 ΔA_I，可将式（3-6）转化为：

$$S(x)=\int_a^b\int_c^d s(x,\xi,\eta)\mathrm{d}\xi\mathrm{d}\eta-\int_e^f\int_g^h s(x,\xi,\eta)\mathrm{d}\xi\mathrm{d}\eta \tag{3-13}$$

其中 $s(x,\xi,\eta)=\dfrac{\tan\beta}{\eta}\exp\left[-\dfrac{\pi\tan^2\beta}{\eta^2}(x-\xi)^2\right]$，$a=H-C/2$，$b=H+C/2$，

$c=-\sqrt{R_G^2-(H-\eta-C/2+R_G)^2}$，$d=-c$，$R_G=C/2+4R^2/8C$，

$e=H-C/2+\Delta A_I$，$f=H+C/2-\Delta A_I$，g

$=-\sqrt{(R_G-\Delta A_I)^2-(H-\eta-C/2+R_G)^2}$，

$h=-g$。

式中　x——沉降测点至隧道中心线的距离；

　　　　C——拱形断面的高度；

ΔA_I——拱部开挖的断面收缩；

R_G——参数。

针对这种积分区间，此处选取 5 个断面进行地表移动参数反分析，各断面的反分析结果见表 3-2。表 3-2 中，符号 i_R 和 i 分别为随机介质理论反分析法和 Peck 法计算得到的沉降槽的宽度。利用各断面的反分析参数进行断面地表沉降的预测结果见图 3-10。

地表沉降反分析参数　　　　　　　　表 3-2

断面	$\tan\beta$	ΔA_I（mm）	i_R（m）	i（m）
1	1.4919	22.70	7.552	6.639
2	1.4307	26.80	7.688	6.784
3	1.4344	21.70	7.679	6.111
4	0.8168	21.40	10.608	11.245
5	0.8825	18.40	10.126	10.313

从图 3-10 中可以看出，利用反分析的参数进行地表沉降预测与沉降实测值吻合较好。反分析的 S_i 计算结果与沉降预测的结果基本相同。从图中还可以看出，采用本节反分析程序的预测结果在最大沉降值处小于实测值。通过分析发现，这主要是因为车站开挖跨度较大，相对埋深较浅，同时采用均匀收缩的断面收敛模式，导致沉降槽中心处的预测结果小于实测值。这种现象已被文献［34］的结果证实。

从上节的分析可知，在本章分析的 5 个断面中，后两个断面的地表沉降没有达到稳定状态，与 Peck 法的反分析结果一致。随机介质理论的反分析结果同样显示出后两个断面的影响角较小，即沉降槽的宽度较大，见表 3-2。

由于该地铁车站目前只完成顶部拱形断面的施工，并且地表沉降值较大。因此，本节在上述反分析的基础上，利用拱部断面开挖的反分析参数对地铁车站进一步施工完成时的地表沉降结果进行预测。

对于同一隧道的同一横断面，参数 $\tan\beta$ 可采用通过拱部开挖实测数据反分析得到的值。而对于参数 ΔA，它是施工条件的综合反映。由于拱部和下部的开挖面积不同，在采用相同施工方法的条件下，其值必然不同。具体参数可根据拱部开挖面积和下部开挖面积的比例关系求得。如图 3-6 所示，假设车站断面下部①②③步开挖完成后开挖面积为 A_II，④⑤⑥步完成后开挖面积为 A_III，那么这两种情况下的断面收缩可表示为：

$$\Delta A_j = \Delta A_\mathrm{I} \cdot A_j / A_\mathrm{I}, \quad (j = \mathrm{II}, \mathrm{III}) \tag{3-14}$$

根据图 3-6 可以计算得到 A_II、A_III 分别为 $171.2\mathrm{m}^2$、$261.4\mathrm{m}^2$，相应的 ΔA_II、ΔA_III 为 42.21mm、55.68mm。地表沉降的预测结果见图 3-11。

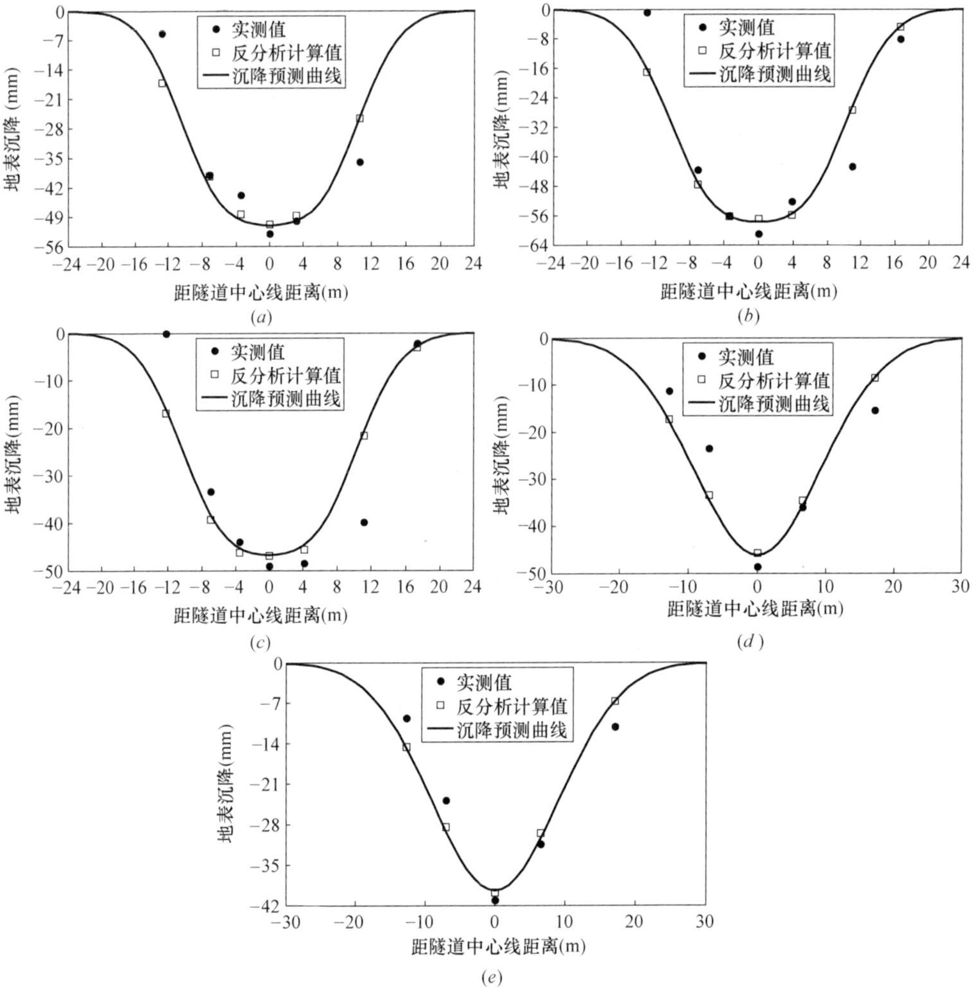

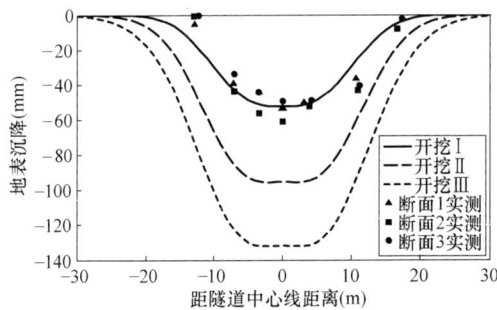

图 3-10　隧道各断面反分析结果预测曲线与实测值

（*a*）横断面 1；（*b*）横断面 2；（*c*）横断面 3；（*d*）横断面 4；（*e*）横断面 5

图 3-11　隧道断面不同开挖阶段地表沉降预测曲线

从图 3-11 可以看出，在施工条件完全相同的条件下，当车站断面中部开挖完成后，地表最大沉降值约为 95mm；在整个断面开挖完成后，地表最大下沉将大于 130mm。结合前述的车站地表周围的环境状况可知，地表沉降将会对周围环境，包括建筑物、路面及地下管线等产生很大的影响。因此，本节建议，在后续的断面开挖施工过程中采取以下措施：①设计、施工等各方在施工过程中应充分认识初期支护的重要性，并按设计要求尽量提高初期支护的及时性和有效性；②加强防水设计，尽量减少渗水、漏水现象导致的土体固结；③钻爆法施工时，应尽量避免过大的超挖现象以及多次爆破对同一地表的重复扰动。

3.3 Peck 法和随机介质理论法对比分析及讨论

由式（3-2）可知，$V_l A$ 的物理意义就是隧道开挖后的收敛面积（即隧道开挖面积的减小）。在 Peck 方法中如果假定隧道开挖面积为 $d\xi d\eta$（且完全塌陷），则收敛的面积应为 $d\xi d\eta$。这种情况下，Peck 方法就是随机介质理论方法的一个特例。也就是说，对于一个足够小的开挖单元引起的地表沉降，随机介质理论和 Peck 法得到的沉降槽分布特点会趋于一致，若两者采用相同的沉降槽宽度，即式（3-15）成立，则具体沉降计算结果也是一致的。式（3-15）中符号 $r(H)$ 的含义是隧道中心处微元 $d\xi d\eta$ 开挖在地表的主要影响半径，如图 3-12 所示。这里所谓的"足够小的开挖单元"，在工程中可理解为：相应于其开挖半径或开挖面积，其埋深足够大。经分析可知，Peck 法适用于隧道埋深较大、隧道开挖面积较小的情况，是随机介质理论法在隧道埋深较大情况下的一个近似，而不适用于超浅埋的情况。

$$r(H)=\sqrt{2\pi}i \tag{3-15}$$

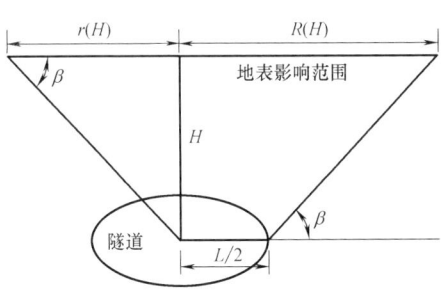

图 3-12　地表沉降主要影响范围及影响角

对于单孔隧道，开挖断面初始跨度为 L，则地表主要影响半径可表示为：

$$R(H)=H/\tan\beta+L/2 \tag{3-16}$$

我国部分地区隧道施工引起地面变形的反分析参数

表3-3

地区	文献	工程及观测断面	埋深 (m)	断面尺寸 (m)	开挖方法	上覆土层	开挖面地质情况	工况	最大沉降 (mm)	ΔA (mm)	tanβ	i_R (m)	i[34] (m)
北京	张云，2004[35]	城铁14标段中洞（K39+313）	9.0	3.5×7	暗挖	杂填土	粉质黏土	上导洞	8	10.7	0.361	8.17	5.00
								下导洞	35	21.3	0.686	5.95	5.27
								全断面	45	32.80	0.587	6.83	5.59
	肖志斌，2004[36]	地铁5号线崇文门—东单站	12.2	5.8×6.3	暗挖	粉土、粉质黏土、黏土	粉细砂、中粗砂、卵石圆砾	左洞	24.5	14.6	0.915	6.49	6.45
								右洞	19.5	12.2	1.052	5.799	5.77
	梁建宁，1993[37]	高碑店污水厂退水渠（0+199）	5.0	5.3×4.3	浅埋暗挖	含水粉土	粉土	中间拱	27	20.3	0.363	6.60	4.47
	郭玉海，2004[38]	凉水河南岸污水干线（0+782）	7.4	3.33	盾构	填土、细砂、粉砂	砂卵石	全断面	6	4.60	0.917	3.89	3.16
	周秀普，2004[39]	凉水河南岸污水干线						525 环	27	18.7	0.930	3.84	—
								577 环	12	10.1	0.717	4.79	—
	王梦恕，1989[40]	地铁复兴门折返线（161+56）	14.2	8.0×6.4	浅埋暗挖	房渣土、黏土、粉土	粉细砂、砂砾石	全断面	29.7	15.80	1.393	5.68	4.85
深圳	万姜林，2004[41]	地铁一期3C标段（SK1+654.3）	20.0	6.8×13.2	暗挖	粉质黏土、全风化花岗片麻岩及凝灰岩	粉质黏土、全风化花岗片麻岩及凝灰岩	1 台阶	9.0	13.90	0.570	12.52	13.41
								2 台阶	16.87	20.10	0.636	12.24	12.31
		地铁一期3C标段（CK1+692.3）						3 台阶	24.98	24.40	0.624	13.34	11.95
								4 台阶	27.35	21.20	0.667	13.71	11.79
	季亚平，2004[42]	地铁一期福民站—金田站区间	18.0	6	盾构	素填土、粉质黏土、砂土	砂土	全断面	30	27.50	0.557	16.14	14.14
								全断面	31	53.10	0.562	14.01	11.70
重庆	龚尚龙，2005[43]	重庆主城排水工程某标段	2.6	2.2	浅层顶管	杂填土、粉质黏土、砂土	杂填土、强度较低泥岩	全断面	47	25.30	0.799	1.74	—

这种情况下，相应的地表沉降槽宽度为：

$$i_R = (H/\tan\beta + L/2)/\sqrt{2\pi} \qquad (3\text{-}17)$$

由上式可知，当开挖断面足够小，可忽略隧道跨度的影响，式（3-17）等同于式（3-15）。但是，在开挖断面较大时，开挖跨度的影响不能忽略。理论上 i_R 和 i 的差值应该为 $L/2$，但实际上，Peck 方法在计算 V_l 时也考虑了开挖面积的影响，所以两者的关系很难通过简单的计算得到。这一结论根据本章利用两种方法的分析结果也可以证实：在地表沉降稳定后，根据随机介质理论的影响角推算的 i_R 要大于 i 值，但差值并不是开挖跨度的一半，见表 3-2。

3.4 对比分析实例

为了验证上节的结论，本节根据目前国内多个城市隧道开挖引起地表沉降的实测数据，应用本书的反分析程序获得了地表沉降的影响角正切 $\tan\beta$，同时根据式（3-17）得到 i_R 值，列于表 3-3。从计算结果可以看出，i_R 值均大于文献 [34] 通过 Peck 公式直接拟合所得的 i 值。但是它们之间的差值并不是隧道跨度的一半。并且，随机介质理论反分析得出的沉降槽影响范围更接近实测范围。如文献 [35]，实测沉降槽宽约 19.5m，随机介质理论反分析结果约 17.1m，Peck 反分析结果约 14m；文献 [37]，实测沉降槽宽约 17m，随机介质理论反分析结果约 16.4m，Peck 反分析结果约 11.2m；文献 [39]，实测沉降槽宽约 14m，随机介质理论反分析结果约 14.2m，Peck 反分析结果约 12.2m。这充分验证了上一节的结论。

另外，表 3-3 中计算结果的意义还在于完善了目前国内研究的成果。我国学者利用随机介质理论反分析的方法得到了世界各地及我国广州、柳州、香港、台湾以及西北地区多种隧道开挖引起的地表移动参数 $\tan\beta$ 和 ΔA。而本章通过这种方法分析了我国其他地区的相关参数，为进一步完善相关研究提供了基础。

3.5 本章小结

现有地表变形的分析方法，在进行地表变形预测时，往往需要通过经验来确定相关地表移动参数。不同的地层条件，参数会有较大的差别。本章利用两种不同方法基于实测数据对特定地质条件进行了深入分析，对于该地区地层典型的"上软下硬"特点，大跨度浅埋暗挖地铁车站施工引起的地表沉降特征如下：

（1）沉降槽宽度利用公式 $i/R = (H/2R)^n$，当 $n = 1.0$ 时的计算结果，与该地区独特地层条件的 i 值拟合结果最接近；

（2）本章在反分析优化计算中采用的直接积分和自适应遗传算法，能够更加精确地得到地表移动参数；

（3）该地区典型地铁车站开挖引起的地表沉降的影响角为 $\tan(\beta)=1.45$，约 $55°$；

（4）通过 Peck 和随机介质理论两种方法的对比分析证实，Peck 方法拟合得到的沉降槽宽度小于实际沉降槽宽度，特别是在开挖跨度较大时。结合本章的研究结论，可初步预测该类地质条件下地铁车站开挖引起的地表最大沉降值以及沉降槽范围，为施工环境影响预测提供依据。

4　隧道下穿建筑物变形和应力分析

从现有的关于隧道下穿建筑物引起的建筑物损伤研究结果可以看出，建筑物在地表沉降影响下所表现出来的附加应力具有极大的复杂性，通过单个构件受力和变形分析对建筑物的安全性进行评价已不能满足工程应用的需要[44-46]。而有限元方法是分析隧道施工对建筑物整体结构产生影响的一种有力工具[47-50]。另外，模拟分析建筑物的沉降变形规律，首先要准确分析建筑物下方地表的变形规律。基于此，本章以青岛某地铁隧道下穿建筑物为例，利用施工过程中监测的地表沉降数据，借助随机介质理论方法和 Peck 方法反分析地表移动参数；将准确预测的地表沉降结果施加于研究对象建筑物上，通过有限元建立三维分析模型，分析建筑物沉降变形和产生的附加应力的一般规律。

4.1　工程概况

本章选取某地铁区间隧道下穿的一栋钢筋混凝土框架—剪力墙结构建筑物为对象（图 4-1），分析其在隧道施工影响下的沉降变形规律，该建筑物与双线隧道的相对位置关系见图 4-2。与本节研究相关的建筑物和隧道基本情况见表 4-1。隧道下穿建筑物地段的地质条件如图 4-3 所示。

图 4-1　某地铁区间隧道下穿建筑物

建筑物和隧道基本情况   表 4-1

隧道断面（m）	建筑物层数	房屋结构	基础类型及埋深	隧道拱顶埋深(m)	拱顶与基础底距离(m)	爆破振动控制值（cm/s）	建筑物沉降控制值(cm)
5.86×6.4	15	框架—剪力墙结构	筏形基础+抗浮锚杆,13m	23.5	10.5	2	2

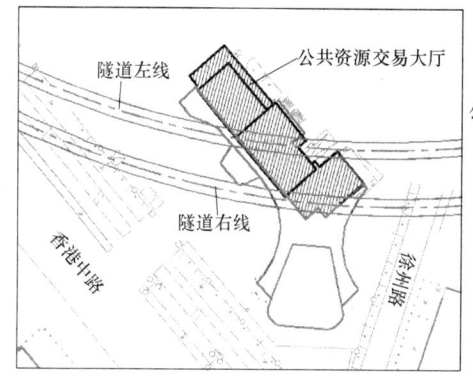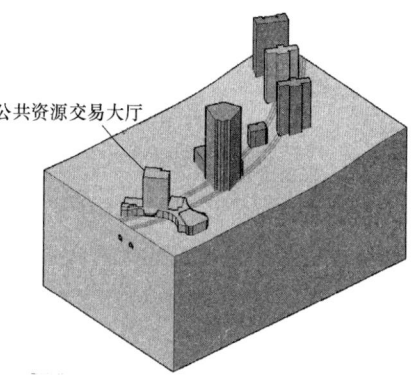

图 4-2　建筑物与下穿隧道相对位置关系

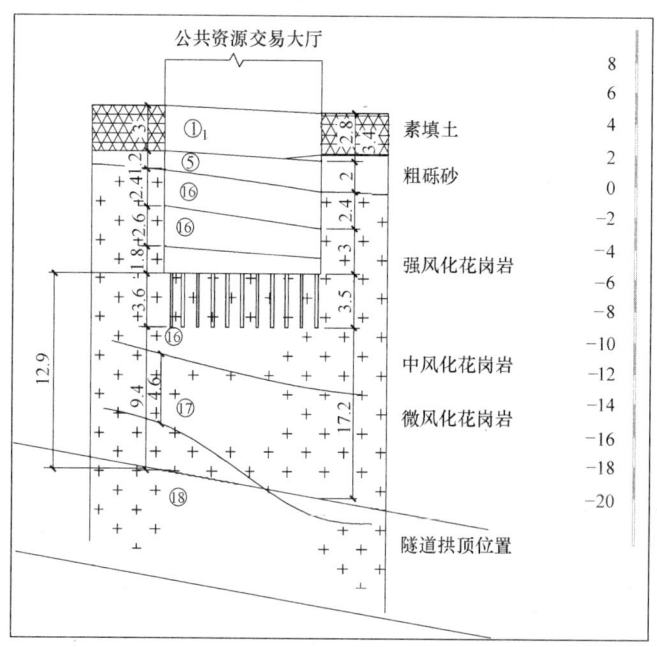

图 4-3　下穿建筑物地段地质纵断面图

4.2 地表沉降规律

4.2.1 Peck 方法反分析地表移动参数

此处对选取的 6 个断面（根据现场实际的监测断面编号为 20、21、22、23、24、25）数据进行拟合，拟合参数为反弯点距离 i。基于隧道开挖尺寸通过理论计算的方法获得参数 V_l；基于上述两个参数绘制沉降曲线，断面 20 拟合结果如图 4-4 所示。由图 4-4 可知，采用高斯分布曲线进行拟合，能够较好地反映隧道开挖引起的横向地表沉降。通过该方法对隧道其他 5 个断面的沉降数据进行了拟合，如图 4-5 所示。各断面的沉降槽宽度和地层损失率见表 4-2。

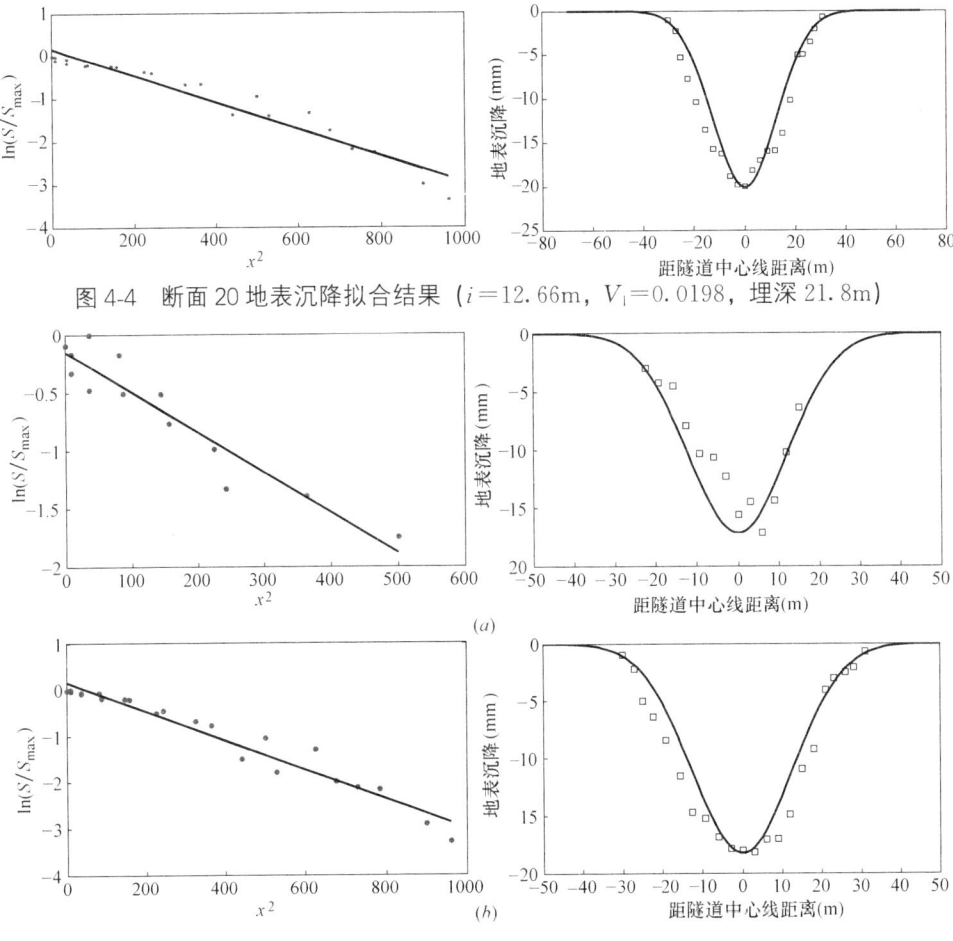

图 4-4　断面 20 地表沉降拟合结果（$i=12.66$m，$V_l=0.0198$，埋深 21.8m）

图 4-5　其他断面地表沉降拟合分析（一）

（a）断面 21 地表沉降拟合结果（$i=12.03$m，$V_l=0.0161$，埋深 16.6m）；
（b）断面 22 地表沉降拟合结果（$i=12.59$m，$V_l=0.0179$，埋深 21.1m）

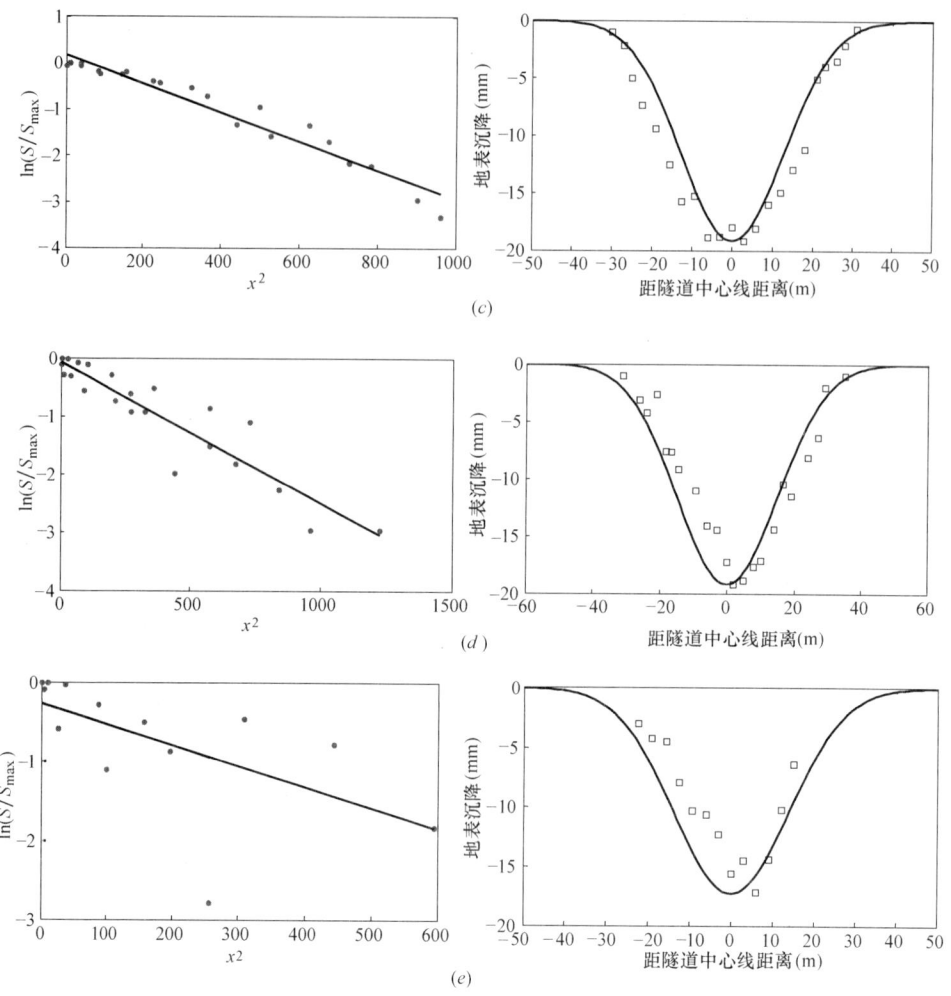

图 4-5　其他断面地表沉降拟合分析（二）

（c）断面 23 地表沉降拟合结果（$i=12.66\text{m}$，$V_l=0.0189$，埋深 22.0m）；

（d）断面 24 地表沉降拟合结果（$i=14.35\text{m}$，$V_l=0.0215$，埋深 18.6m）；

（e）断面 25 地表沉降拟合结果（$i=13.75\text{m}$，$V_l=0.0185$，埋深 20.6m）

各断面地表沉降规律统计　　　　　　　　　　表 4-2

断面编号	埋深（m）	沉降槽宽度（m）	沉降槽宽度参数	地层损失率
20	21.8	12.66	0.71	0.0198
21	16.6	12.03	0.59	0.0161
22	21.1	12.59	0.59	0.0179
23	22.0	12.66	0.60	0.0189

续表

断面编号	埋深(m)	沉降槽宽度(m)	沉降槽宽度参数	地层损失率
24	18.6	14.35	0.56	0.0215
25	20.6	13.75	0.63	0.0185
平均值			0.613	0.01928

4.2.2 随机介质理论反分析地表移动参数

随机介质理论可以用来预测由隧道开挖引起的地表沉降，开挖位置地层条件影响角的正切值 $\tan\beta$（或 β）和隧道断面的均匀收缩值 ΔA 这两个参数，取决于开挖位置的特定地层条件和采用的施工方法及施工条件等因素，是多个影响因素的综合影响结果。表4-3给出了根据3.2.2节分析方法得到的相似地层多个监测断面的地表移动参数结果。图4-6给出了6个断面的反分析参数预测结果与实测结果的对比。

地表沉降反分析参数 表 4-3

断面	1	2	3	4	5	6
$\tan\beta$	1.110	0.813	0.712	0.724	0.719	0.634
ΔR(mm)	11.34	18.13	19.75	19.67	15.89	13.40

4.3 框架—剪力墙结构竖向位移和应力分析

4.3.1 有限元模型

模型参数的取值来源于该建筑物的设计资料及现场检测结果。该混凝土结构总高55.4m，共15层，层高3.6m（第一层设计为商铺，层高5.0m），平面布置图如图4-7所示。构件截面尺寸、混凝土强度等级及配筋率见表4-4。结构有限元模型如图4-8所示。模型中剪力墙、楼板均为现浇钢筋混凝土，混凝土材料的参数取值为泊松比 $\mu_1 = 0.2$，密度 $\rho = 2500\text{kg/m}^3$，其余参数同 MISO 型多线性强化模型。

构件属性表 表 4-4

构件	截面尺寸(mm)	混凝土强度等级	配筋率(%)
柱1(1~7层)	700×700	C40	0.80
柱2(8~15层)	600×600	C35	0.78
框架梁1	300×650	C35	0.79
框架梁2	250×400	C35	0.79

续表

构件	截面尺寸(mm)	混凝土强度等级	配筋率(%)
连梁	250×400	C35	0.81
剪力墙	$h=250$	C35	0.36

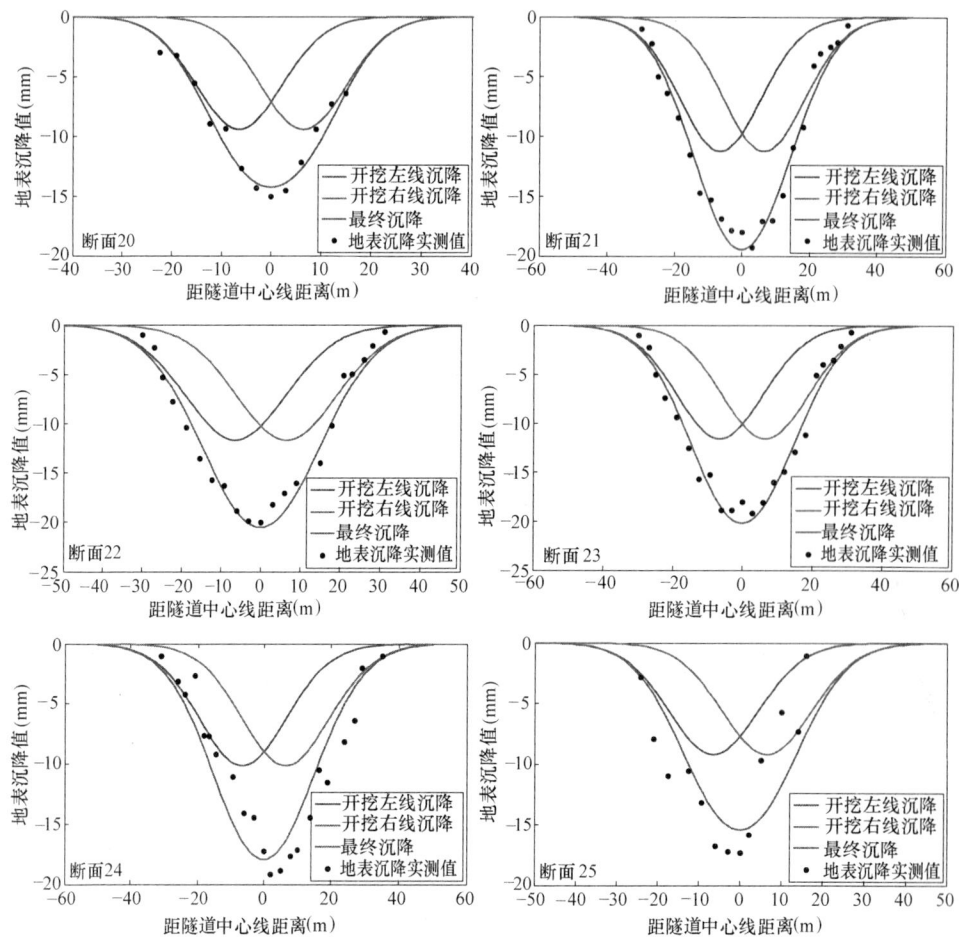

图 4-6　隧道断面反分析结果预测曲线与实测值

4.3.2　模型施加的沉降条件

为了对比研究，选取两种工况进行分析，一种是隧道开挖初期，即地表沉降较小时对建筑物产生的影响；另一种是该处的地表沉降趋于稳定时对建筑物产生的影响。具体施加工况如下。

工况 1：地表沉降槽宽度参数 $K=0.613$，地层损失率 $V_l=0.0035$。

工况 2：地表沉降槽宽度参数 $K=0.613$，地层损失率 $V_l=0.0193$。

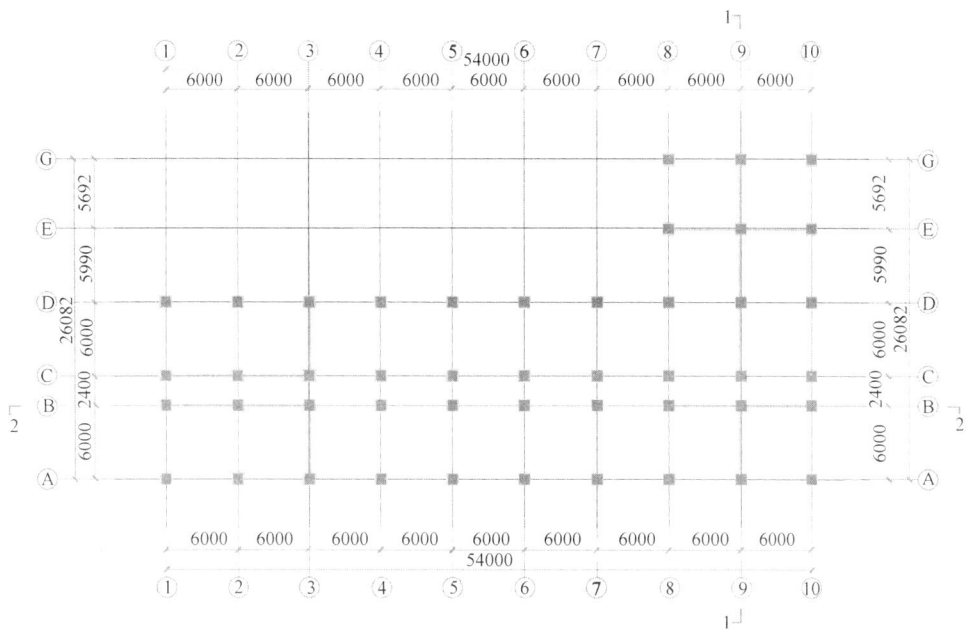

图 4-7   建筑物平面及剖面剖切位置

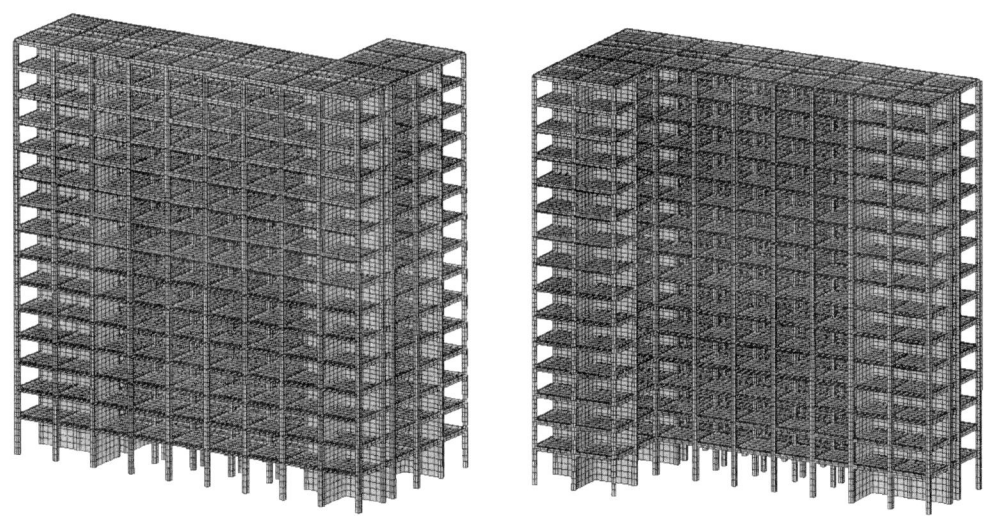

图 4-8   结构三维有限元模型

4.3.3   不同工况结构的位移和应力分析

1. 地表沉降工况 1

为了分析地表沉降对建筑物竖向位移的影响规律，首先分析重力在建筑物上产生的竖向位移。建筑物在重力作用下的竖向位移见图 4-9，其中（a）为建筑物的正面，（b）为建筑物的背面，（c）、（d）为建筑物的剖面，剖面位置见图 4-7。从该竖向位移云图可以看出，建筑物在自身重力作用下产生的最大位移值出现在建筑物平面的中部，大小为 7.3mm。

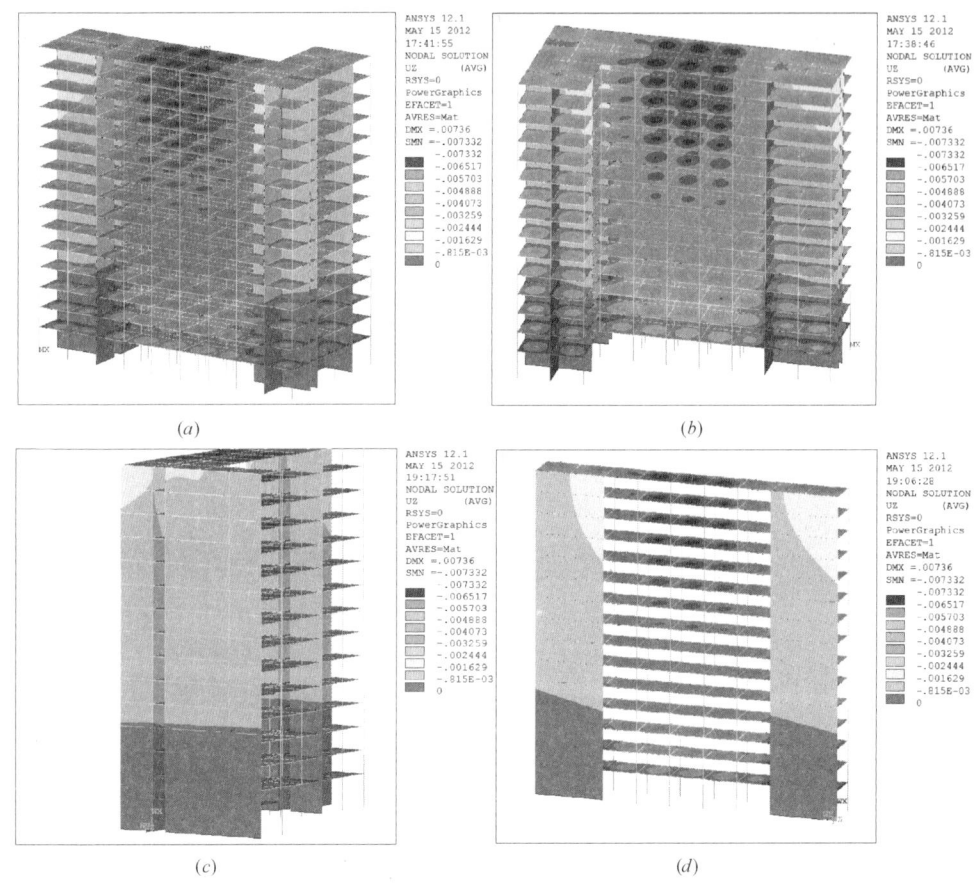

图 4-9 重力作用下的竖向位移

（a）正面；（b）背面；（c）剖面 1；（d）剖面 2

将工况 1 的沉降变形荷载施加于建筑物的底部，得到建筑物的位移云图如图 4-10 所示。

同时，从模型分析结果中提取了建筑物应力分布云图，如图 4-11 和图 4.12 所示。图 4-12 为重力荷载单独作用下的应力分布情况，图 4-12 为重力荷载和沉降荷载同时作用下的应力分布情况。从图中可以看出，建筑物内的应力底部大、上部小，随着荷载的增大，等效应力也随之增大。

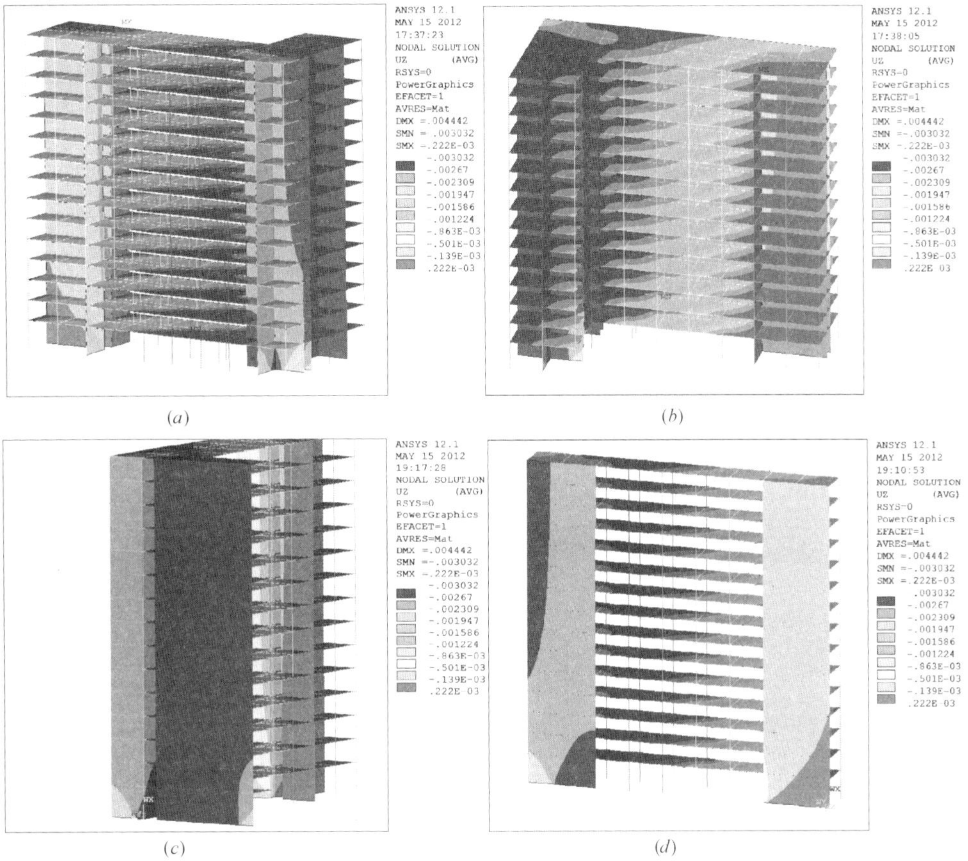

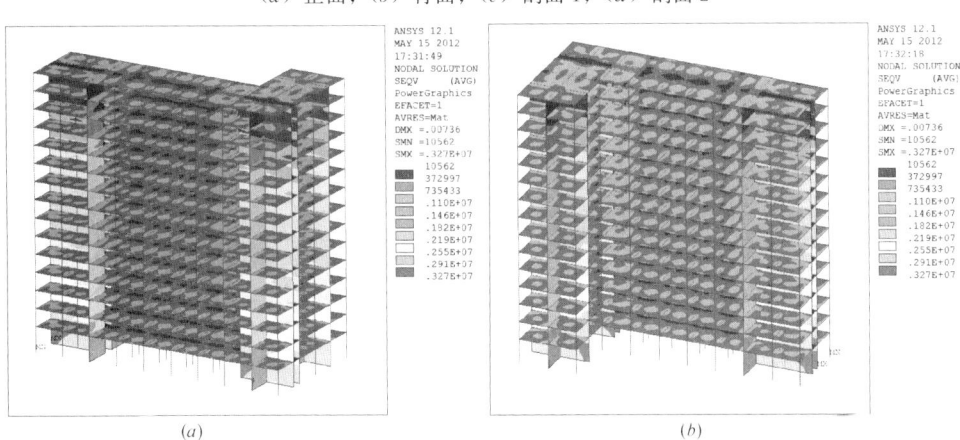

图 4-10 沉降作用下的竖向位移

（a）正面；（b）背面；（c）剖面1；（d）剖面2

图 4-11 重力作用下的等效应力图（一）

（a）正面；（b）背面

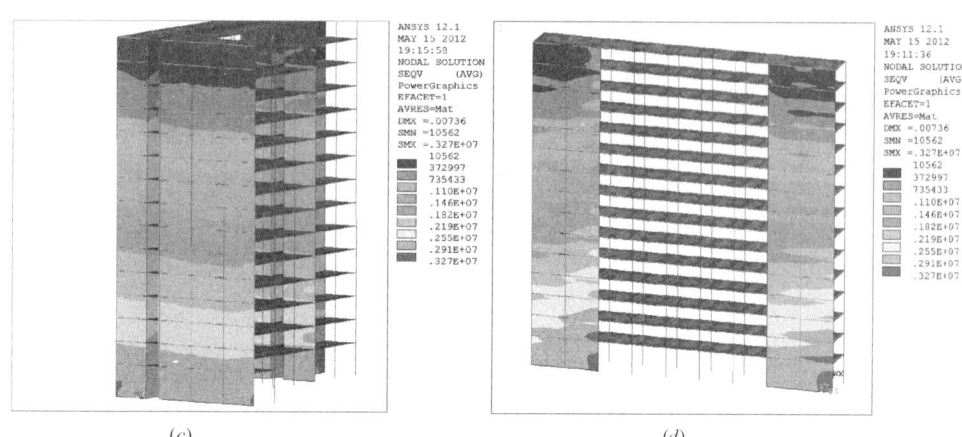

（c）

（d）

图 4-11　重力作用下的等效应力图（二）

（c）剖面 1；（d）剖面 2

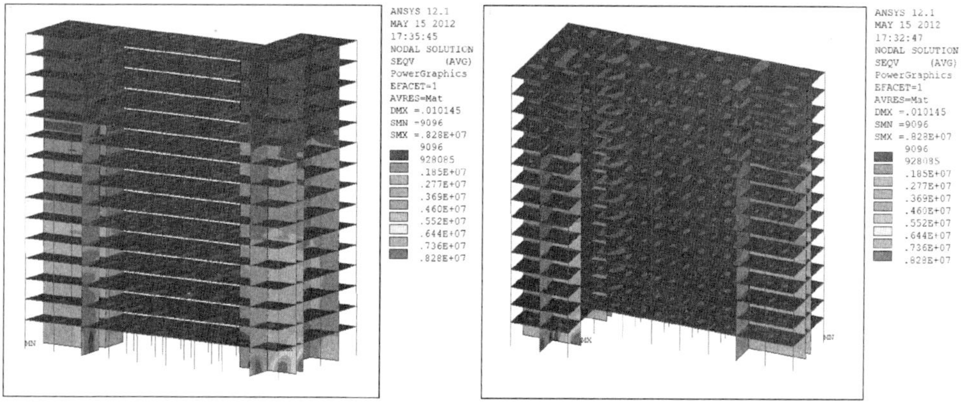

（a）

（b）

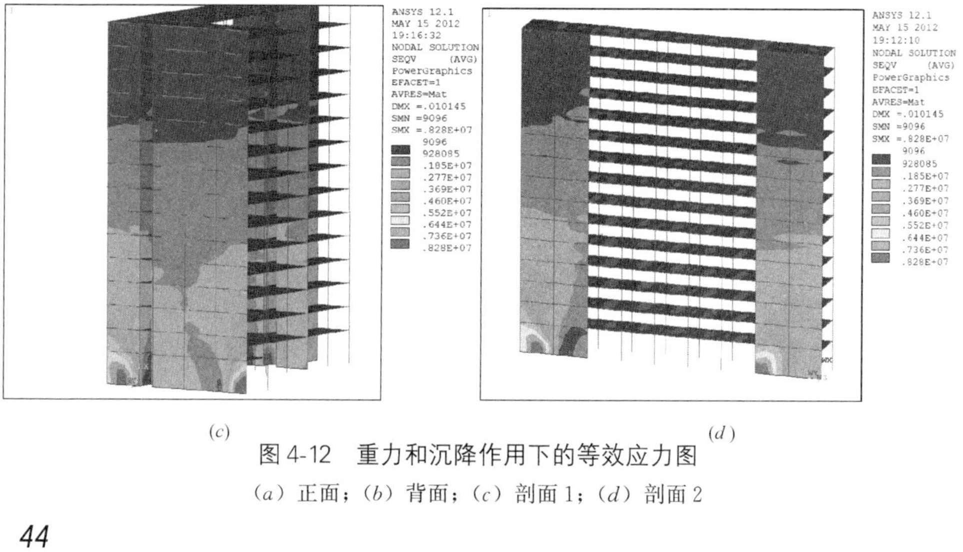

（c）

（d）

图 4-12　重力和沉降作用下的等效应力图

（a）正面；（b）背面；（c）剖面 1；（d）剖面 2

　　图 4-13 提取了重力荷载作用下、竖向沉降荷载作用下以及两种荷载共同作用下一层顶部混凝土梁的竖向位移。在建筑物的短轴方向（剖面 1），由于剪力墙的存在，重力作用下的竖向位移接近一条直线。在建筑物长轴方向上（剖面2），由于尺寸范围较大以及剪力墙的影响，一层顶部混凝土梁的竖向位移在重力作用下的分布就不是一条直线；同时，在地表沉降的作用下，整体竖向变形也符合沉降槽的分布形状。

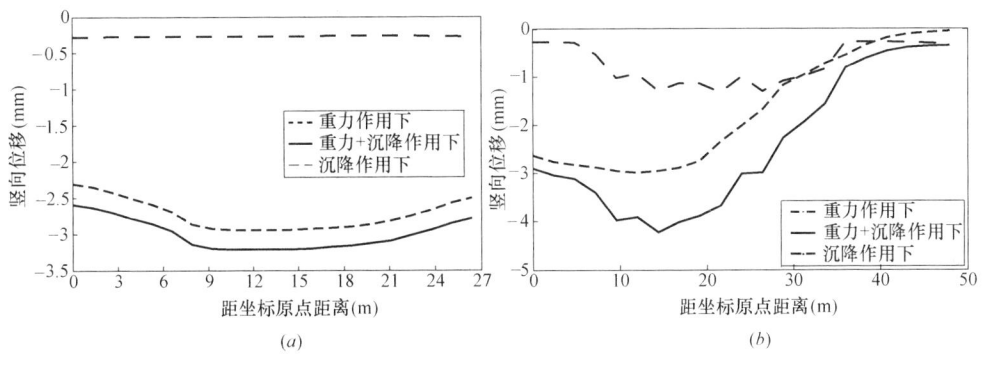

图 4-13　工况 1 剖面一层顶部沉降曲线

（a）剖面 1；（b）剖面 2

　　图 4-14 为两个剖面上一层顶部的等效应力曲线。从图中可以看出，同一高度结构中的应力变化很大，在框架和剪力墙的节点处出现应力集中。根据已有的研究成果，混凝土结构的等效应力达到一定程度，会导致结构构件的开裂。

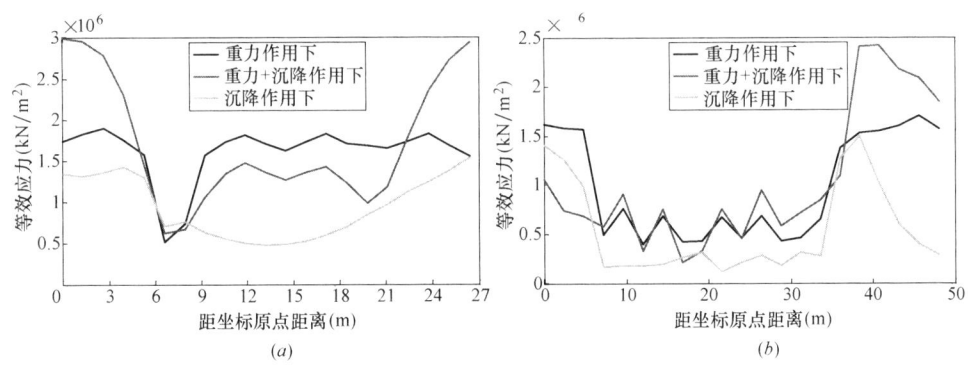

图 4-14　工况 1 剖面一层顶部等效应力曲线

（a）剖面 1；（b）剖面 2

2. 地表沉降工况 2

施加工况 2 的沉降荷载于建筑物上，得到的建筑物在重力和沉降荷载共同作用下的竖向位移云图如图 4-15 所示，沉降荷载单独作用下的位移云图如图 4-16 所示，重力和沉降荷载作用下的等效应力云图如图 4-17 所示。从结果中可以看出，竖向位移和等效应力的分布规律和工况 1 基本相同，数值较大。

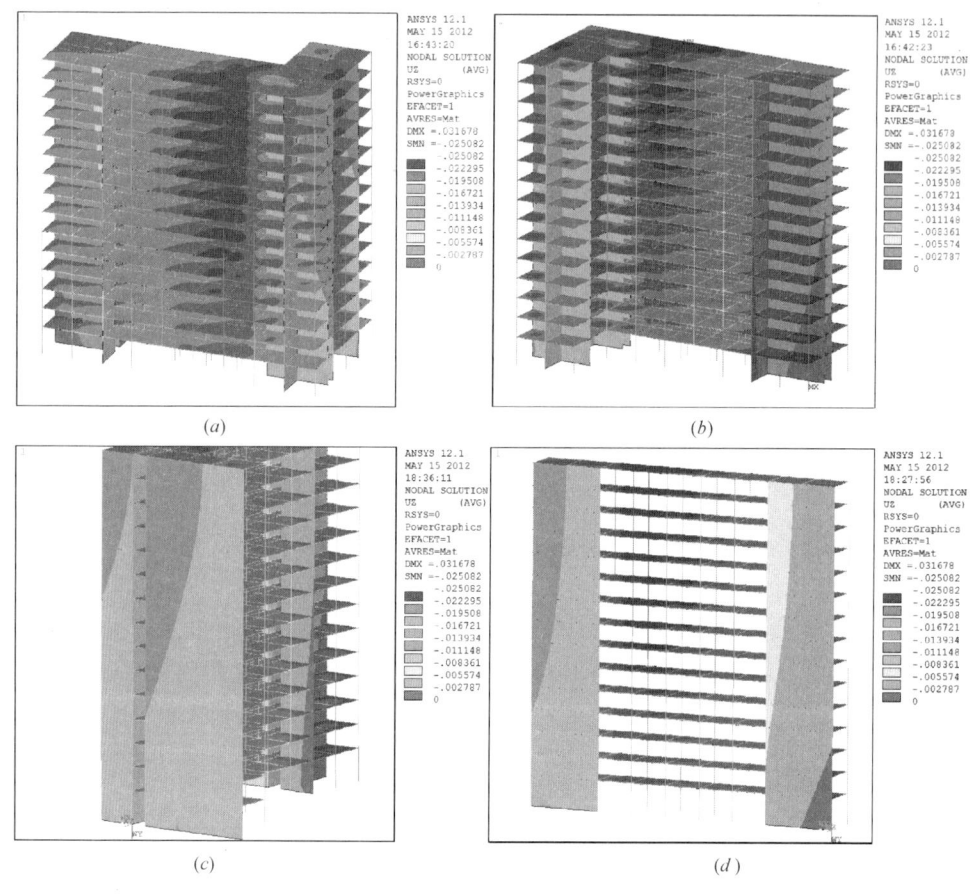

图 4-15   重力和沉降作用下的竖向位移
（*a*）正面；（*b*）背面；（*c*）剖面 1；（*d*）剖面 2

两个剖面上的一层顶部竖向位移曲线如图 4-18 所示。从图中的纵向剖面竖向位移分布曲线可以看出，两种工况下建筑物的变形规律基本一致。两个剖面一层顶部等效应力曲线如图 4-19 所示。

图 4-20～图 4-23 给出了建筑物两个剖面上不同工况下的位移和等效应力曲线。这些结果对比分析的是重力荷载及其叠加沉降荷载后建筑物的竖向位移和等效应力变化幅度。根据这些分析结果，可以清晰地了解建筑物在不同工况时的变形和受力变化情况，为建筑物的保护提供了理论基础。

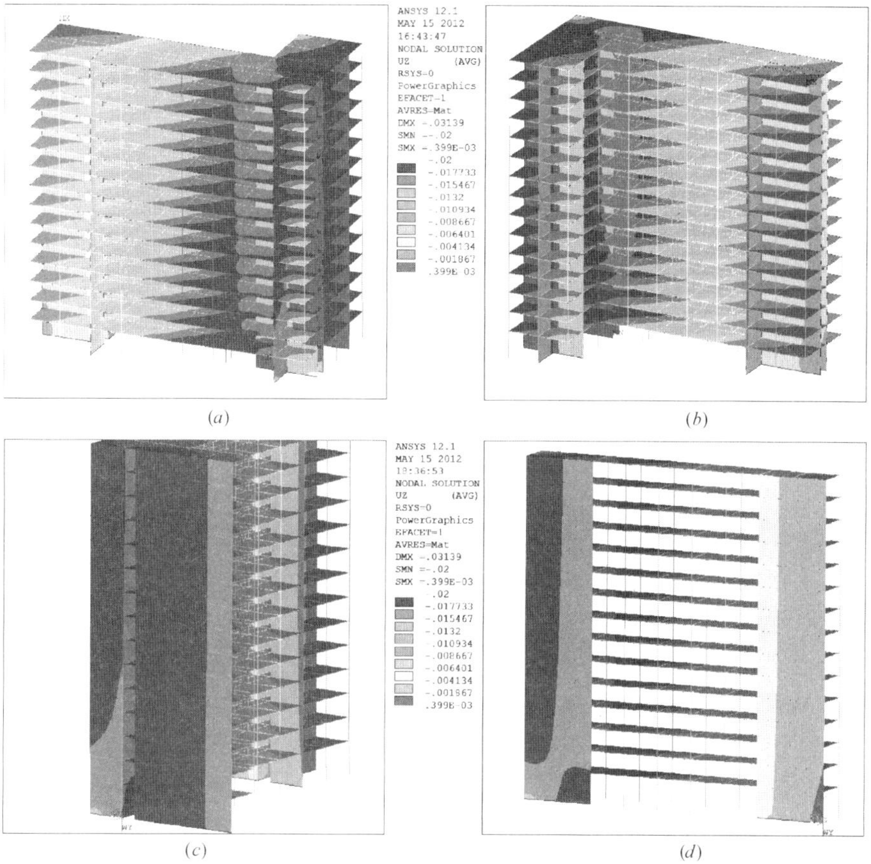

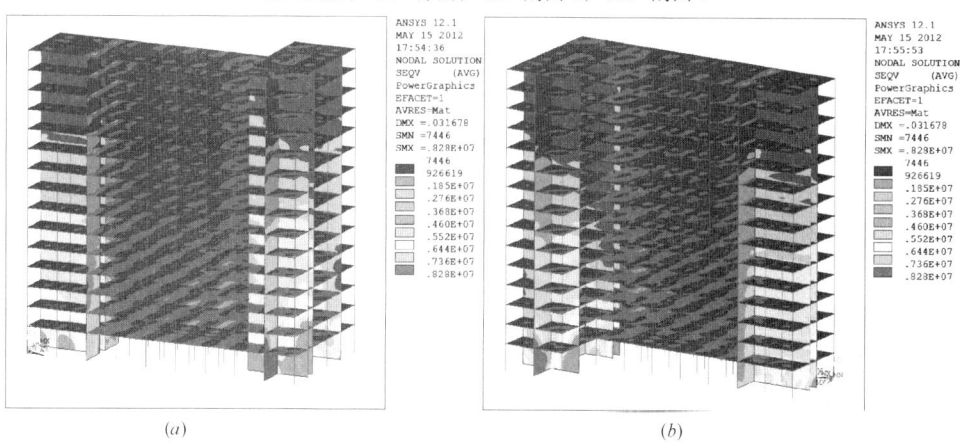

图 4-16　沉降作用下的竖向位移

（a）正面；（b）背面；（c）剖面 1；（d）剖面 2

图 4-17　重力和沉降作用下的等效应力图（一）

（a）正面；（b）背面

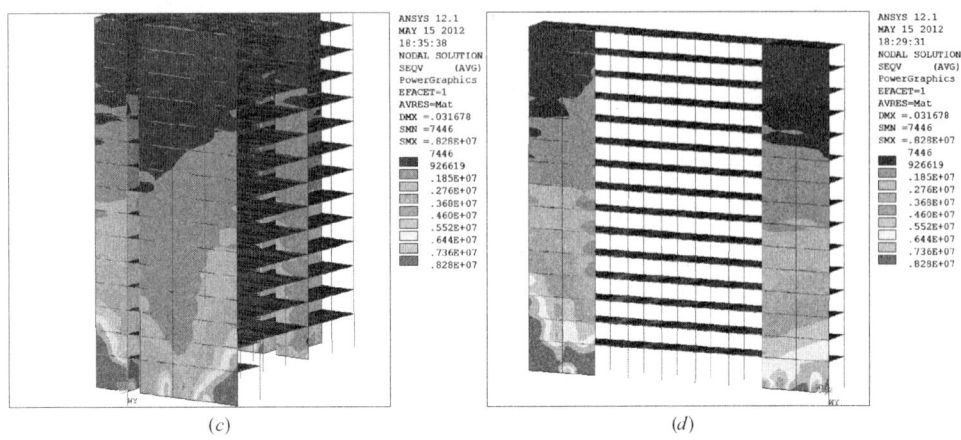

图 4-17 重力和沉降作用下的等效应力图（二）

（c）剖面 1；（d）剖面 2

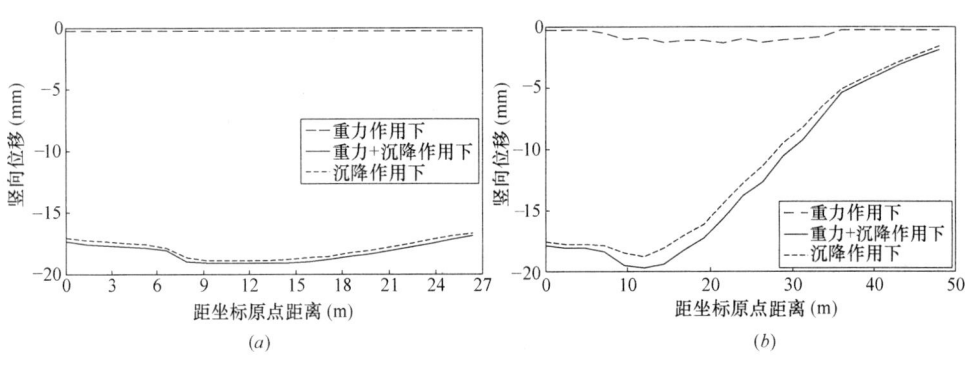

图 4-18 工况 2 剖面一层顶部沉降曲线

（a）剖面 1；（b）剖面 2

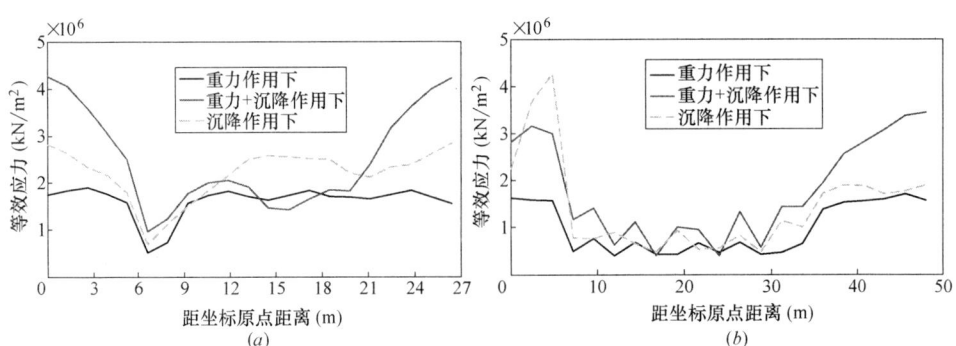

图 4-19 工况 2 剖面一层顶部等效应力曲线

（a）剖面 1；（b）剖面 2

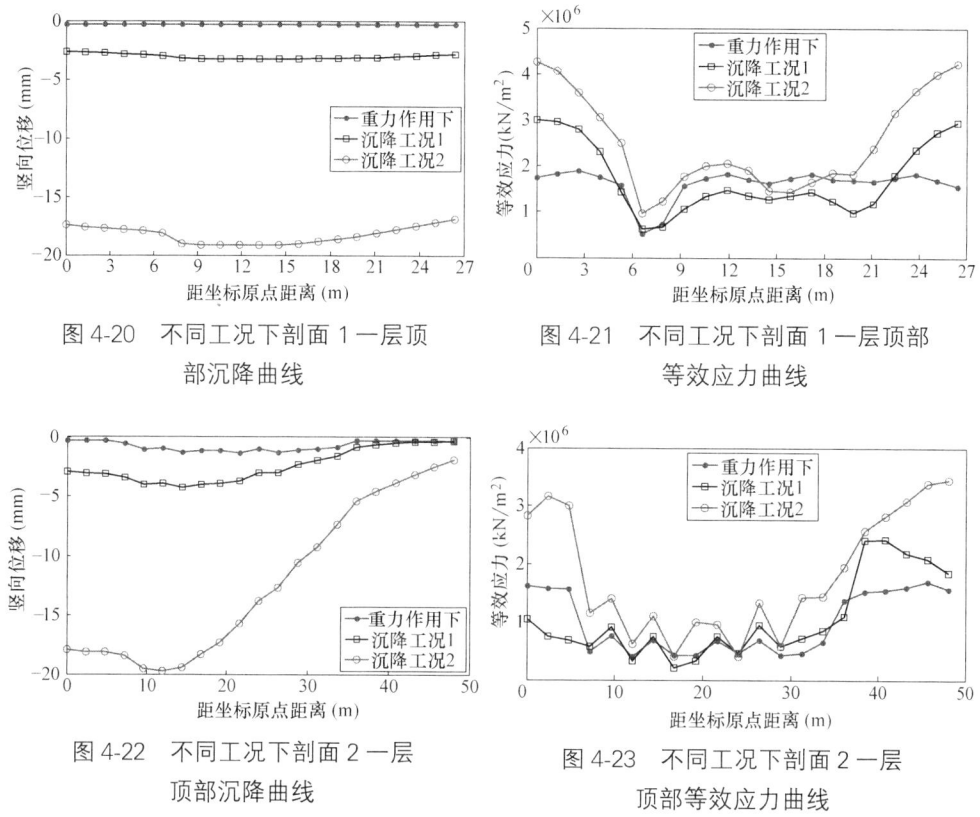

图 4-20 不同工况下剖面 1—层顶 部沉降曲线

图 4-21 不同工况下剖面 1—层顶部 等效应力曲线

图 4-22 不同工况下剖面 2—层 顶部沉降曲线

图 4-23 不同工况下剖面 2—层 顶部等效应力曲线

4.4 本章小结

本章通过对建筑物下方地表沉降的预测，运用理论方法，基于实测地表沉降数据反分析了特定地层条件的地表变形参数，建立了研究对象钢筋混凝土框架—剪力墙结构的有限元模型，分析了地表沉降荷载作用下建筑物的竖向变形规律，得到以下结论：

（1）研究目标建筑物所处地层的变形参数为：地表沉降槽宽度参数 $K=$ 0.613，地层损失率 $V_l=0.01928$，主要影响角正切值为 $\tan\beta=0.785$，平均断面收缩 $\Delta A=16.36\mathrm{mm}$；

（2）随着地表变形程度的加大，结构竖向位移随之增大，结构竖向位移规律受地表变形规律的影响；

（3）本章的研究对象建筑物处于隧道开挖引起地表沉降曲线的上方，建筑物中部很大范围受到地表沉降的影响，结构构件的变形将加大钢筋混凝土材料的有效应力，引起附加应力，导致结构产生破坏。

5 隧道穿越建筑物损伤定量预测方法

城市地铁隧道下穿建筑物时，工程沉降和爆破振动的控制标准一直是难以解决的基本问题。本章结合地铁隧道下穿建筑物的工程实践，首先以地表沉降实测数据为基础，反分析地表移动参数，并利用所得参数对隧道下穿建筑物引起其沉降进行预测；其次，基于 Ottosen 和过-王等 8 种混凝土破坏准则，推导了适用于混凝土材料的屈服接近度模型；最后，通过有限元计算，得到建筑结构在地表沉降和爆破振动影响下的应力分布情况，结合 Ottosen 和过-王破坏准则的屈服接近度函数，得出建筑结构的损伤分布范围和演化过程。由此实现了对不同沉降量和爆破振速影响下建筑结构开裂损伤的量化评估与控制。研究结果表明：在建筑结构的开裂损伤演化中，地表沉降的影响程度远大于爆破振动的影响程度。利用本章计算方法预测的建筑结构开裂损伤分布情况及给出的控制标准，对地铁隧道穿越建筑物现场施工具有重要的参考价值。

5.1 工程概况及沉降预测

5.1.1 工程概况

某地铁隧道区间全长 1085.65m ，采用钻爆法施工，穿岩层段采用全断面开挖，穿砂层段采用台阶法开挖，断面形式均为马蹄形。区间共下穿 7 栋建筑物。本章的研究对象即为区间下穿的 7 栋建筑物之一，该建筑物及其与区间隧道的相对位置关系见图 5-1。区间隧道下穿某商厦建筑物里程：左 K19＋533.5～左 K19＋590.00，隧道断面尺寸 6.35m×5.9m，围岩等级Ⅵ级。

隧道穿越建筑物开挖前，对富水砂层采用水泥—水玻璃双浆液进行超前注浆加固地层。开挖时，超前小导管 $\phi42$，长 3m，环纵间距 300mm×1000mm，型钢拱架纵向间距为 500mm，250mm 厚喷射混凝土，单层钢筋网 8@150×150，每榀型钢拱架 8 根 $\phi42$、$L=3.5$m 锁脚锚杆，下半断面初喷混凝土 100mm。

5.1.2 沉降预测

本节的目的是通过隧道穿越建筑物前地表沉降实测数据反分析地表移动参数，用以预测建筑物下方地表沉降。地表移动参数的反分析方法见 3.2 节，此处

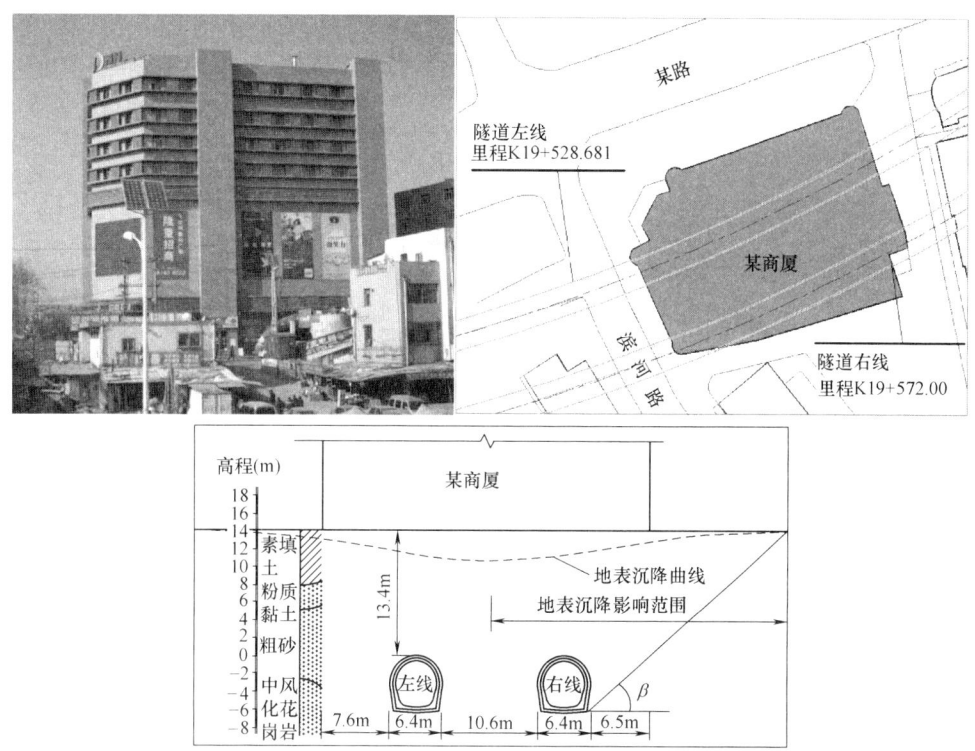

图 5-1　建筑物与隧道的相对位置关系

与上述章节的不同之处在于隧道为双线区间隧道。

　　双线断面地铁隧道，两隧道处于同一水平面，隧道开挖深度为 H，开挖初始半径均为 A_s，两隧道中心距为 L（$L > A_s$），建立如图 5-2 所示的坐标系。设隧道施工完成后隧道 Ⅰ 和隧道 Ⅱ 半径收缩值均为 ΔA_s，那么，总地表下沉 $S(x)$ 为开挖隧道 Ⅰ 所引起的地表下沉 $S_{\mathrm{I}}(x)$［表达式见式（3-13）］和开挖隧道 Ⅱ 所引起的地表下沉 $S_{\mathrm{II}}(x)$ 线性叠加，即：

图 5-2　双线隧道开挖示意图

$$S(x) = S_{\mathrm{I}}(x) + S_{\mathrm{II}}(x) \tag{5-1}$$

式中，$S_{\mathrm{I}}(x) = \int_{a_1}^{b_1}\int_{c_1}^{d_1} s_{\mathrm{I}}(x,\xi,\eta)\mathrm{d}\xi\mathrm{d}\eta - \int_{e_1}^{f_1}\int_{g_1}^{h_1} s_{\mathrm{I}}(x,\xi,\eta)\mathrm{d}\xi\mathrm{d}\eta$，

$$s_{\mathrm{I}}(x,\xi,\eta) = \frac{\tan\beta}{\eta}\exp\left[-\frac{\pi\tan^2\beta}{\eta^2}\left(x+\frac{L}{2}-\xi\right)^2\right],$$

$$S_{\mathrm{II}}(x) = \int_{a_2}^{b_2}\int_{c_2}^{d_2} s_{\mathrm{II}}(x,\xi,\eta)\mathrm{d}\xi\mathrm{d}\eta - \int_{e_2}^{f_2}\int_{g_2}^{h_2} s_{\mathrm{II}}(x,\xi,\eta)\mathrm{d}\xi\mathrm{d}\eta$$

$$s_{\text{II}}(x,\xi,\eta) = \frac{\tan\beta}{\eta}\exp\left[-\frac{\pi\tan^2\beta}{\eta^2}(x-\frac{L}{2}-\xi)^2\right],$$

其中，$a_1 = a_2 = H - A_s$，$b_1 = b_2 = H + A_s$，$\begin{matrix}c_1\\c_2\end{matrix} = -\sqrt{A_s^2-(H-\eta)^2}\mp\frac{L}{2}$，

$\begin{matrix}d_1\\d_2\end{matrix} = \sqrt{A_s^2-(H-\eta)^2}\mp\frac{L}{2}$，$e_1 = e_2 = H - (A_s - \Delta A_s)$，

$f_1 = f_2 = H + (A_s - \Delta A_s)$，$\begin{matrix}g_1\\g_2\end{matrix} = -\sqrt{(A_s-\Delta A_s)^2-(H-\eta)^2}\mp\frac{L}{2}$，

$\begin{matrix}h_1\\h_2\end{matrix} = \sqrt{(A_s-\Delta A_s)^2-(H-\eta)^2}\mp\frac{L}{2}$。

针对这种积分区间，本节选取 5 个断面进行地表移动参数反分析，各断面的反分析结果见表 5-1。断面 1 利用反分析参数进行断面地表沉降的预测结果、地表沉降实测值以及各测点在反分析过程中的计算值见图 5-3。

地表沉降反分析参数　　　　　　　　　　表 5-1

断面	H(m)	L(m)	$\tan/\beta$	ΔA_s(mm)
1	19.5	14.5	0.7322	20.2
2	19.8	14.4	0.7657	21.4
3	20.6	15.4	0.8120	18.3
4	23.8	16.3	1.0460	21.8
5	22.1	16.2	0.9262	17.4
平均值			0.8564	19.8

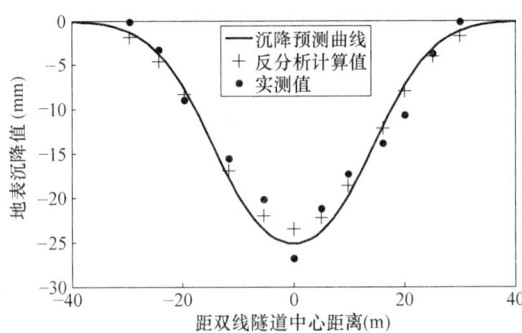

图 5-3　隧道各断面反分析结果预测曲线与实测值

其余各断面的沉降预测曲线和实测值见图 5-4。为了进一步分析隧道穿越建筑物时结构开裂损伤及演化过程，在此利用上述 5 个断面的反分析参数平均值

（表 5-1）对建筑物下方地表沉降结果进行了预测。结果见图 5-5（$H = 13.4\mathrm{m}$，$L = 17.0\mathrm{m}$）。

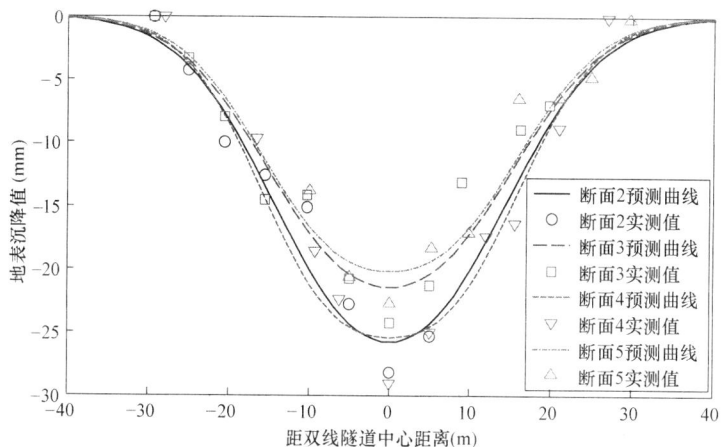

图 5-4　隧道不同断面地表沉降预测曲线

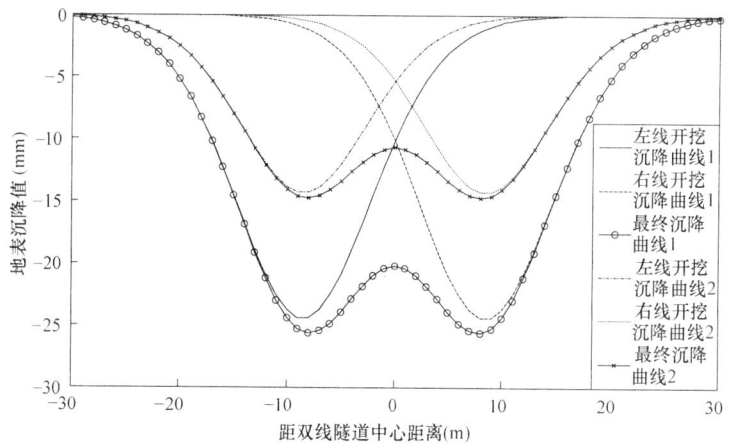

图 5-5　隧道断面不同开挖阶段地表沉降预测曲线

5.2　建筑结构损伤预测方法

5.2.1　屈服接近度函数

文献［15］为了研究围岩稳定性问题，针对 Mohr-Coulomb 准则等古典强度理论推导了屈服接近度的计算函数。具体做法是将问题假定为理想弹塑性问题，假设岩石的强度准则为 Mohr-Coulomb 准则或其他屈服准则，根据主应力空间中非屈服应力点和屈服面的关系，在经典塑性理论框架内定义了屈服接近度指标，并建立了相应于不同类型的屈服准则的屈服接近度函数，其中 Mohr-Coulomb 准则的屈服接近度函数为：

$$F(\sigma_\pi, \tau_\pi, \theta_\sigma) = [1/\sqrt{3}\, I_1 \sin\varphi + (\cos\theta_\sigma - 1/\sqrt{3}\sin\theta_\sigma \sin\varphi)$$
$$\sqrt{J_2} - c\cos\varphi]/(1/\sqrt{3}\, I_1 \sin\varphi - c\cos\varphi) \tag{5-2}$$

式中　τ_π、σ_π——π 平面上的剪应力和正应力，$\tau_\pi = \sqrt{2J_2}$，$\sigma_\pi = I_1/\sqrt{3}$；

　　　　J_2——第二偏应力不变量；

　　　　I_1——第一主应力不变量；

　　　　c——剪切强度（MPa）；

　　　　φ——内摩擦角；

　　　　θ_σ——应力罗德角（°）。

古典的强度理论都是针对某种特定材料提出的，其破坏包络面与土木工程中的钢筋混凝土材料的破坏包络面相差较多，特别是对于整个结构的受力分析更是如此。为了解决混凝土结构的开裂损伤问题，此处引入混凝土材料的破坏准则来建立相应的屈服接近度函数模型。Ottosen 破坏准则[23] 表达式为：

$$a\frac{J_2}{f_c^2} + \lambda\frac{\sqrt{J_2}}{f_c} + b\frac{I_1}{f_c} - 1 = 0 \tag{5-3}$$

式中　f_c——混凝土材料的单轴抗压强度（MPa）。

根据关系：

$$\tau_0 f_c = \frac{\sqrt{(\sigma_1 - \sigma_2)^2 + (\sigma_2 - \sigma_3)^2 + (\sigma_3 - \sigma_1)^2}}{3} = \sqrt{\frac{2J_2}{3}} \text{ 及 } \sigma_0 f_c = (\sigma_1 + \sigma_2 + \sigma_3)/3 = I_1/3 \tag{5-4}$$

可将式（5-3）变为：

$$\sigma_0 - \frac{1}{3b} + \sqrt{\frac{1}{6}\frac{\lambda}{b}\tau_0 + \frac{a}{2b}\tau_0^2} = 0 \tag{5-5}$$

令 $H = \sqrt{3}f_c$，根据屈服接近度函数的定义，可得 Ottosen 破坏准则的屈服接近度函数为：

$$f(\sigma_\pi, \tau_\pi) = \frac{-B - \sqrt{B^2 - \dfrac{4C(H \cdot A - \sigma_\pi)}{H}} - \dfrac{2C \cdot \tau_\pi}{H}}{-B - \sqrt{B^2 - \dfrac{4C(H \cdot A - \sigma_\pi)}{H}}} \tag{5-6}$$

式中，$A = \dfrac{1}{3b}$，$B = -\sqrt{\dfrac{1}{6}} \cdot \dfrac{\lambda}{b}$，$C = \dfrac{a}{2b}$。

混凝土破坏准则的屈服接近度函数

破坏准则	表达式	屈服接近度函数
过-王准则	$\tau_0 = a(b-\sigma_0/(c-\sigma_0))^d$	$aH \cdot \left(\dfrac{b-\sigma_\pi/H}{c-\sigma_\pi/H}\right)^d - \tau_\pi/aH \cdot \left(\dfrac{b-\sigma_\pi/H}{c-\sigma_\pi/H}\right)^d$
Kotsovos	$0=0°:$ $\tau_{0t} = a(c-\sigma_0)^b$ $0=60°:$ $\tau_{0t} = d(c-\sigma_0)^v$	$0=0°: aH \cdot (c-\sigma_\pi/H)^b - \tau_\pi/aH \cdot (c-\sigma_\pi/H)^b$ $0=60°: dH \cdot (c-\sigma_\pi/H)^v - \tau_\pi/dH \cdot (c-\sigma_\pi/H)^v$
Reimann	$\sigma_0 = -\sqrt{3}\dfrac{a}{\phi^2}\tau_0^2 - \dfrac{b}{\phi}\tau_0 + \dfrac{1}{\sqrt{3}}c$	$\dfrac{-B-\sqrt{B^2-\dfrac{4C(H\cdot A-\sigma_\pi)}{H}}}{\;} - \dfrac{2C\cdot\tau_\pi}{H}$ $-B-\sqrt{B^2-\dfrac{4C(H\cdot A-\sigma_\pi)}{H}}$ $A=c/\sqrt{3}, B=-b/\phi,$ $C=-\sqrt{3}a/\phi^2$
Hsich -Ting-Chen	$\sigma_0 = -\dfrac{a}{2d}\tau_0^2 - \sqrt{\dfrac{1}{6}}\dfrac{b}{d}\tau_0 + \left(\dfrac{1}{3d}-\dfrac{c}{3d}\dfrac{\sigma_1}{f_c}\right)$	$A=\dfrac{1}{3d}-\dfrac{c}{3d}\dfrac{\sigma_1}{f_c},$ $B=-\sqrt{\dfrac{1}{6}}\dfrac{b}{d}, C=-\dfrac{a}{2d}$
Podgorski	$\sigma_0 = -c_2 f_c \cdot \tau_0^2 - c_1 P \cdot \tau_0 + c_0$	$A=c_0, B=-c_1 P, C=-c_2 f_c$
Bresler -Pister	$\tau_0 = a - b\sigma_0 + c\sigma_0^2$	$A=a, B=-b, C=c$ $\dfrac{HA-B\sigma_\pi+\dfrac{C}{H}\sigma_\pi^2 - \tau_\pi}{HA-B\sigma_\pi+\dfrac{C}{H}\sigma_\pi^2}$
Willam -Warnke	$0=0°:$ $\tau_{0t} = \dfrac{a_2}{\sqrt{0.6}}\sigma_0^2 + \dfrac{a_1}{\sqrt{0.6}}\sigma_0 + \dfrac{a_0}{\sqrt{0.6}}, 0=60°:$ $\tau_{0c} = \dfrac{b_2}{\sqrt{0.6}}\sigma_0^2 + \dfrac{b_1}{\sqrt{0.6}}\sigma_0 + \dfrac{b_0}{\sqrt{0.6}}$	$0=0°, A=a_2/\sqrt{0.6},$ $B=a_1/\sqrt{0.6},$ $C=a_0/\sqrt{0.6}$ $0=60°, A=b_2/\sqrt{0.6},$ $B=b_1/\sqrt{0.6},$ $C=b_0/\sqrt{0.6}$

根据这种方法，可以推导其余几种常用混凝土破坏准则的屈服接近度，见表 5-2 所列。屈服接近度可广义地描述为一点的现时状态与相对最安全状态参量的比，$f \in [0, 1]$，同时，屈服接近度也是一种开裂安全度定义，有分布、演化特征，其力学含义明确。所以，用屈服接近度来定义结构的开裂安全将是合适的。因此，本章将结构开裂损伤安全度定义为：

$$f(\sigma_\pi, \tau_\pi) = \begin{cases} [0.0, 0.1] & \text{开裂损伤破坏} \\ [0.1, 0.2] & \text{接近开裂损伤} \\ [0.2, 1.0] & \text{结构安全} \end{cases} \tag{5-7}$$

5.2.2　混凝土建筑结构损伤结果分析

为了得到基于混凝土破坏准则的屈服接近度损伤模型中的相应主应力和偏应力不变量，此处选取图 5-1 中建筑物的一榀框架建立有限元模型，如图 5-6 所示。在建立有限元模型的过程中，相关参数均根据现场检测结果确定：① 框架结构层高 4.2m，共 9 层；②构件尺寸：柱截面 600mm×600mm，梁截面 200mm×400mm；③混凝土材料：梁、柱均采用 C35 混凝土，泊松比 $\mu_1 = 0.2$，密度 $\rho = 2700 \text{kg/m}^3$；④构件的配筋量：构件所用钢筋型号均为 HRB335，对称配筋，柱配筋率为 1.1%，梁配筋率为 0.4%。

在建筑结构的开裂损伤计算中，可以选取两种破坏准则分别进行计算。在 Ottosen 准则中：

$$\begin{cases} \theta \leqslant 30° & \lambda = k_1 \cos[\cos^{-1}(k_2 \cos 3\theta)/3] \\ \theta \geqslant 30° & \lambda = k_1 \cos[\pi/3 - \cos^{-1}(-k_2 \cos 3\theta)/3] \end{cases} \tag{5-8}$$

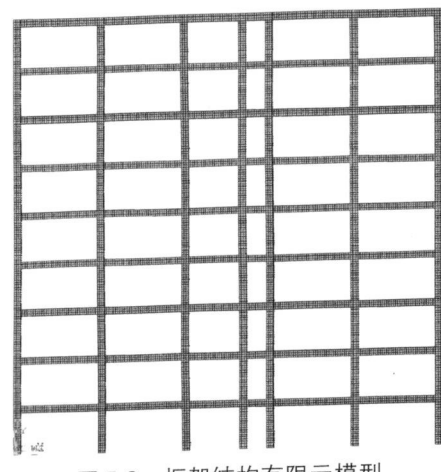

图 5-6　框架结构有限元模型

该准则中的四个参数分别取值为：$a = 1.2759$、$b = 3.1962$、$k_1 = 11.7365$、$k_2 = 0.9801$。

过-王准则中：

$$c = c_t (\cos 1.5\theta)^{1.5} + c_c (\sin 1.5\theta)^2 \tag{5-9}$$

该准则中五个参数分别取值为 $a = 6.9638$、$b = 0.09$、$d = 0.9297$、$c_t = 12.2445$、$c_c = 7.3319$。

根据图 5-5 的沉降预测结果，将左线开挖完成后的沉降值作为边界条件施加于有限元模型，得到的建筑结构第一主应力云图如图 5-7 所示，一层框架梁应力分布情况和开裂损伤情况如图 5-8 所示。

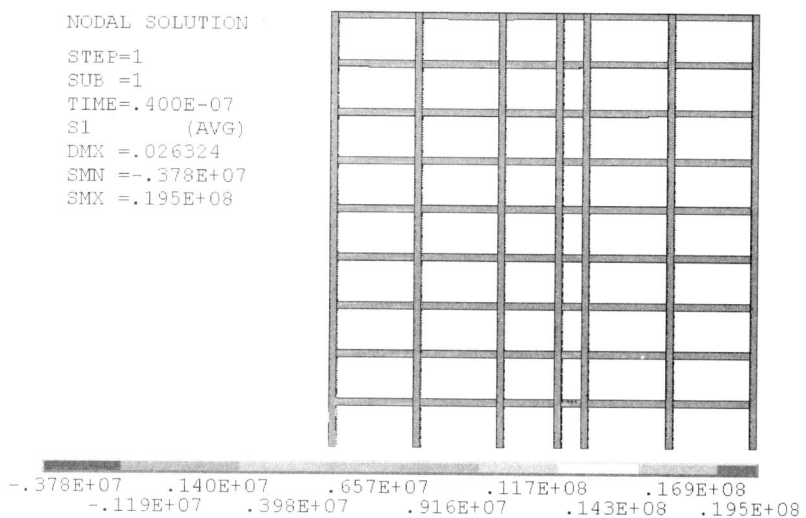

NODAL SOLUTION
STEP=1
SUB =1
TIME=.400E-07
S1   (AVG)
DMX =.026324
SMN =-.378E+07
SMX =.195E+08

-.378E+07   .140E+07   .657E+07   .117E+08   .169E+08
      -.119E+07   .398E+07   .916E+07   .143E+08   .195E+08

图 5-7　左线开挖完成结构第一主应力云图

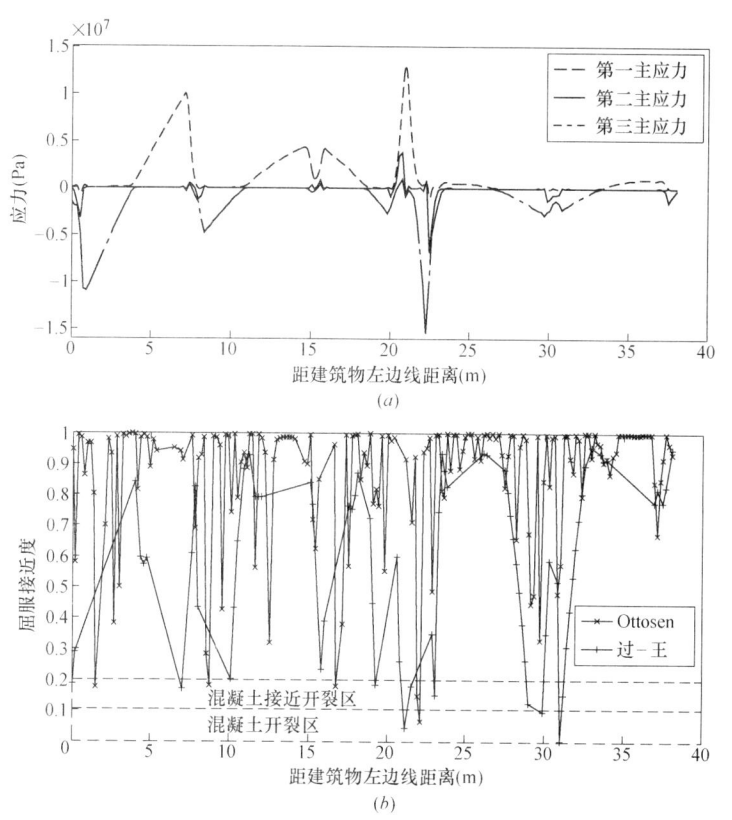

图 5-8　左线开挖完成一层框架梁应力分布及开裂损伤情况

（a）应力分布曲线；（b）屈服接近度分布曲线

57

从图 5-8 中可以看出，Ottosen 准则的预测结果显示一层框架梁有 5 处进入开裂或接近开裂状态，过-王准则的预测显示有 11 处进入开裂或接近开裂状态。顶层梁的应力分布和开裂损伤情况如图 5-9 所示，Ottosen 准则的预测结果显示顶层框架梁有 7 处进入开裂或接近开裂状态，过-王准则的预测显示有 10 处进入开裂或接近开裂状态。

双线隧道开挖完成后，地表沉降曲线如图 5-5 中马鞍形的最终沉降曲线。将此沉降值作为边界条件施加于该模型，第一主应力云图如图 5-10 所示，一层框架梁应力分布情况和开裂损伤情况如图 5-11 所示。从图 5-11 中可以看出，相对于左线开挖完成，双线开挖完成后建筑结构的应力分布发生了变化，最大应力变小了，框架应力分布更加均匀，损伤进一步加剧。

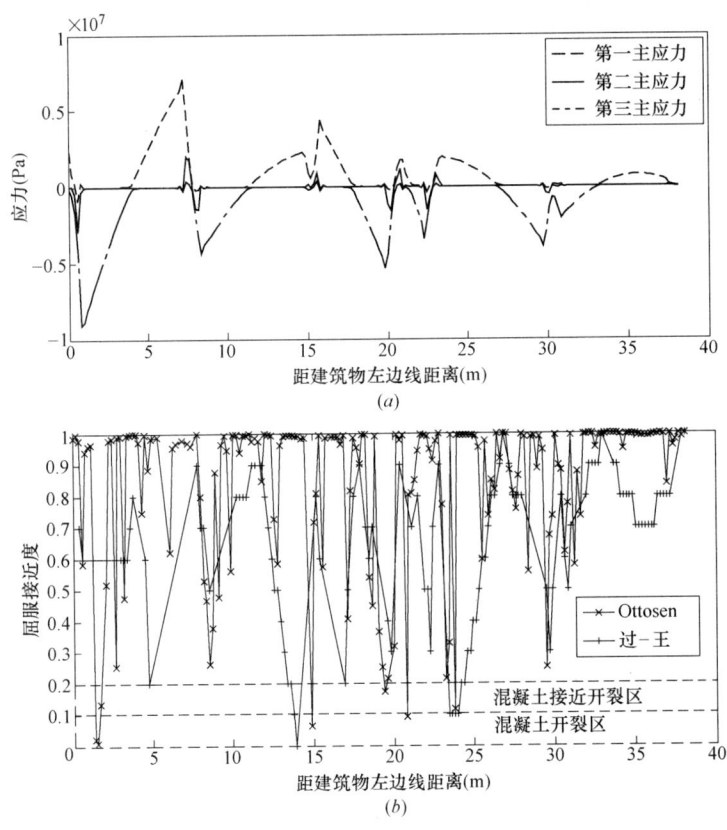

图 5-9　左线开挖完成顶层框架梁应力分布及开裂损伤情况

（a）应力分布曲线；（b）屈服接近度分布曲线

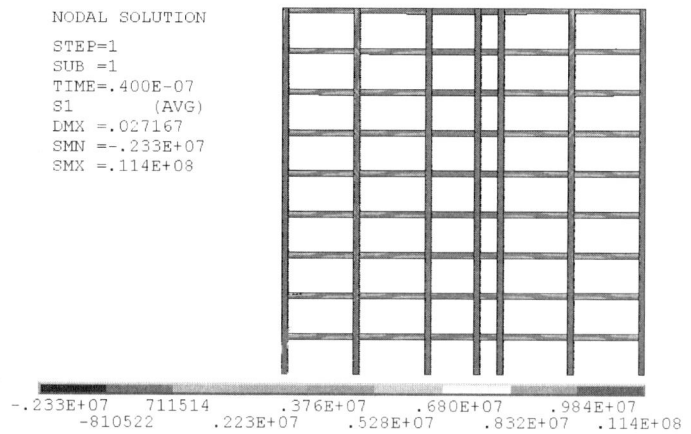

NODAL SOLUTION
STEP=1
SUB =1
TIME=.400E-07
S1   (AVG)
DMX =.027167
SMN =-.233E+07
SMX =.114E+08

-.233E+07   711514   .376E+07   .680E+07   .984E+07
      -810522   .223E+07   .528E+07   .832E+07   .114E+08

图 5-10   最终沉降结构第一主应力云图

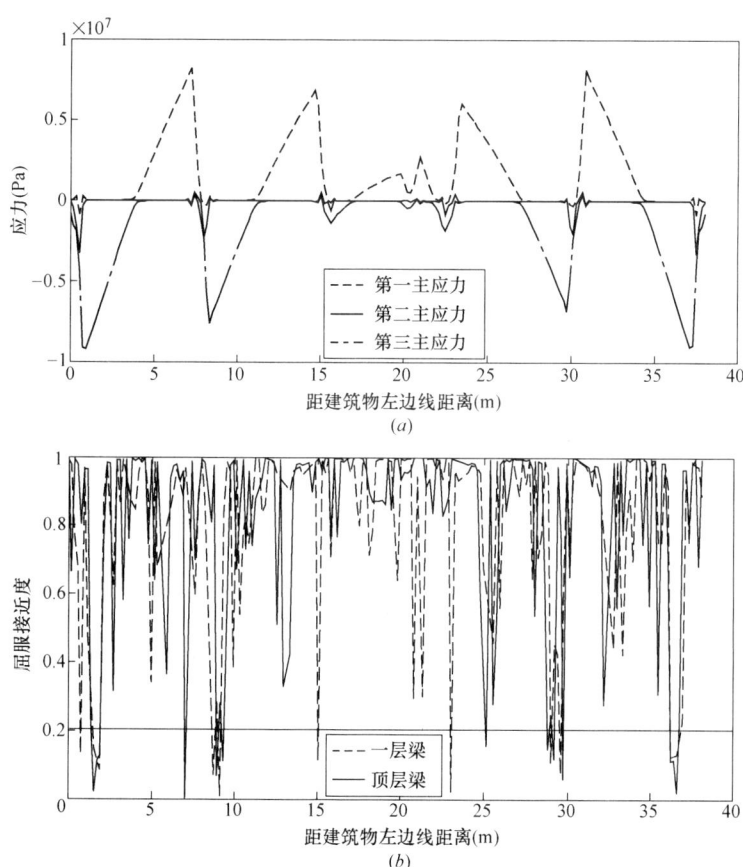

图 5-11   最终沉降框架梁屈服接近度分布曲线

（a）应力分布曲线；（b）屈服接近应力分布曲线

5.3 爆破振动影响混凝土结构损伤预测及控制标准

5.3.1 沉降控制标准

从上一节建筑结构的损伤结果分析可以看出，通过预测隧道开挖引起地表沉降，对建筑物产生影响是该混凝土结构将会有若干个区域损伤开裂。因此，本节在上一节的基础上，通过调整地层变形参数，获取不同地层参数时地表沉降的范围和大小，进一步计算各种地表沉降影响下的建筑结构应力变化及损伤分布。其中，当地表沉降最大值控制为 18mm 时，建筑结构的第一主应力云图如图 5-12 所示，一层梁的应力分布情况、一层和顶层的损伤破坏情况如图 5-13 所示。

从图 5-13 中可以看出，在该地表沉降的影响下，混凝土梁的屈服接近度最小值在 0.23 左右，不会发生开裂损伤破坏。结合图 5-8、图 5-9 的结构损伤情况，以及图 5-5 的地表沉降情况，认为将地表沉降最大值控制在 18mm 较为合适，在这个范围内，建筑物不会出现开裂损伤。

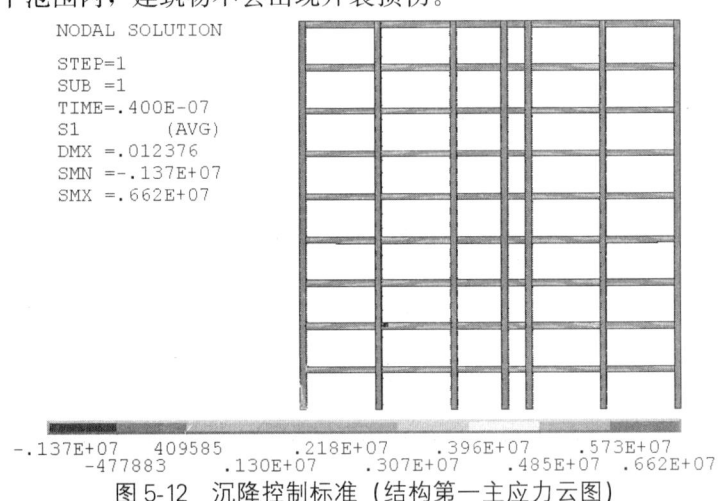

```
NODAL SOLUTION
STEP=1
SUB =1
TIME=.400E-07
S1          (AVG)
DMX =.012376
SMN =-.137E+07
SMX =.662E+07
```

```
-.137E+07    409585      .218E+07      .396E+07      .573E+07
     -477883      .130E+07      .307E+07      .485E+07   .662E+07
```

图 5-12 沉降控制标准（结构第一主应力云图）

5.3.2 爆破振动监测结果及分析

钻爆法施工穿越建筑物时，建筑物不仅受到地表沉降的影响，还会受到爆破振动的影响。在实际工程中，这两种作用应该同时作用于建筑结构，甚至爆破波对结构的冲击效应更为提前。但是为了简化计算，在研究两种因素的双重影响时，采用先对结构施加沉降，然后施加爆破振动激励，据此来分析这两种扰动对建筑结构的影响。

本节选用的爆破振动数据来源于根据建筑物与隧道的空间位置及距离，在建筑物附近每间隔 15～18m 的地方布置 14 个监测点，从爆破振动监测结果中选定

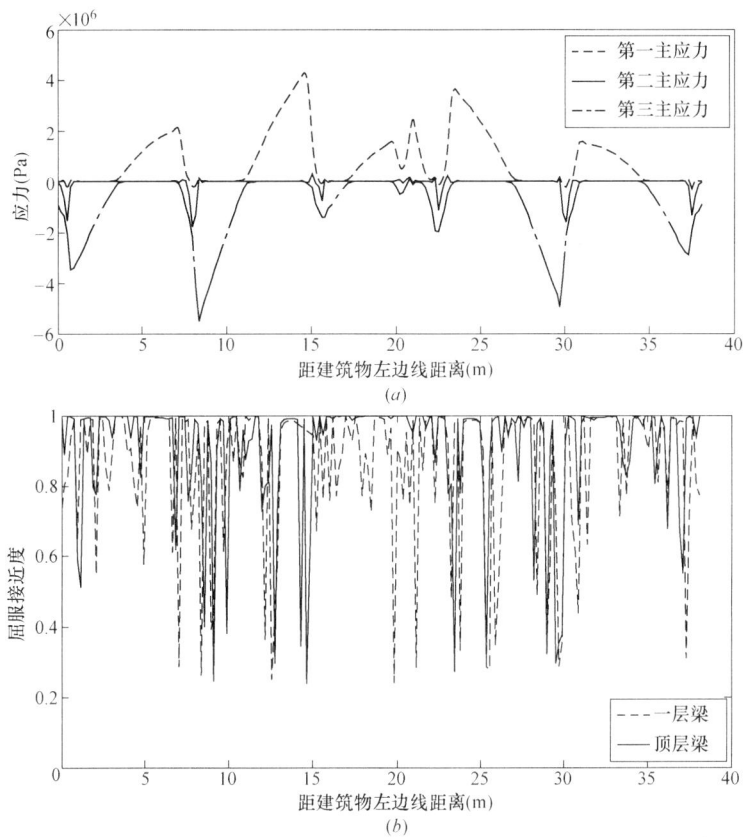

图 5-13　最大沉降控制 18mm 时应力和损伤分布情况

（a）一层框架梁应力分布曲线；（b）屈服接近度分布曲线

3 个监测点的监测数据，根据这 3 点的切向速度时程曲线经微分处理得到其加速度时程曲线，如图 5-14 所示。

　　在阻尼比 ξ 给定的条件下，可以由一系列不同自振频率的单自由度系统在地面或基础加速度荷载作用下的绝对加速度和相对速度反应的绝对最大值，分别计算出绝对加速度反应谱 $S_a(T)$ 和相对速度反应谱 $S_v(T)$，见式（5-10）、式（5-11）。绝对加速度反应谱揭示了地震动过程建筑结构的惯性力响应随自振频率的变化规律；相对速度反应谱揭示了地震动过程建筑结构的黏性阻尼力响应随自振频率的变化规律。

$$S_a(T) = \left| \frac{2\pi\sqrt{1-\xi^2}}{T} \int_0^t \ddot{x}_g(\tau) e^{-\xi w(t-\tau)} \left[\left(\frac{1-2\xi^2}{1-\xi^2} \right) \sin \frac{2\pi\sqrt{1-\xi^2}}{T} (t-\tau) \right. \right.$$

$$\left. \left. - \frac{2\xi}{\sqrt{1-\xi^2}} \cos \frac{2\pi\sqrt{1-\xi^2}}{T} (t-\tau) \right] d\tau \right|_{\max}$$

（5-10）

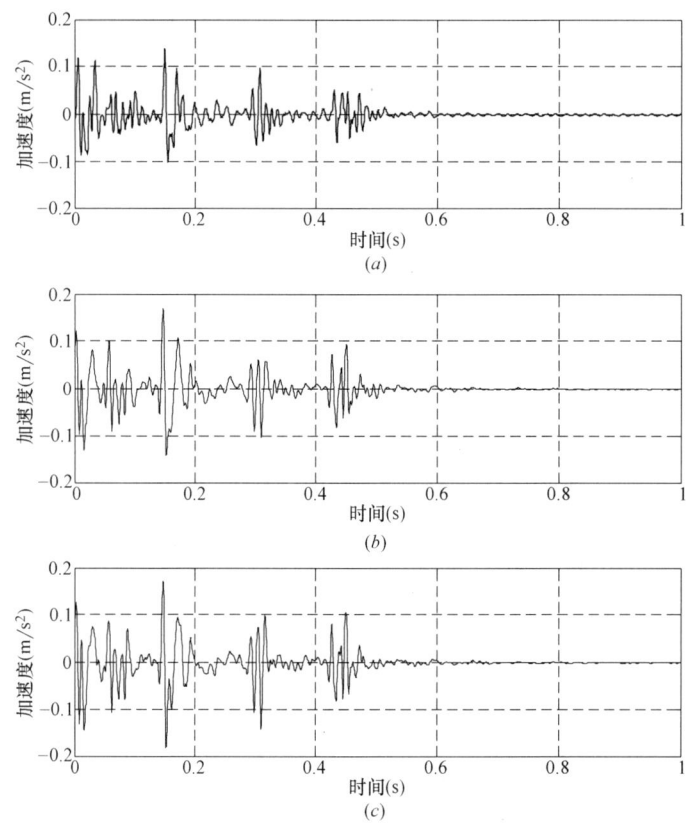

图 5-14 加速度时程曲线

(a) 振动峰值速度水平切向分量 1.63cm/s；(b) 振动峰值速度水平切向分量 2.66cm/s；

(c) 振动峰值速度水平切向分量 2.79cm/s

$$S_v(T) = \left| \int_0^t \ddot{x}_g(\tau) e^{-\xi w(t-\tau)} \left[\cos \frac{2\pi\sqrt{1-\xi^2}}{T}(t-\tau) \right. \right.$$

$$\left. \left. - \frac{\xi}{\sqrt{1-\xi^2}} \sin \frac{2\pi\sqrt{1-\xi^2}}{T}(t-\tau) \right] d\tau \right|_{\max} \tag{5-11}$$

阻尼比为 0.05 时的爆破振动加速度反应谱如图 5-15 所示；爆破振动速度反应谱如图 5-16 所示。绝对加速度反应谱主频率在 90~120Hz 之间，相对速度反应谱在 30~50Hz 之间，建筑物自振频率与爆破主振频率相差很大，不会发生共振的现象。

根据监测到的爆破加速度时程曲线利用 Matlab 编制程序求得其对应的自功率谱密度函数如图 5-17 所示。由图 5-17 可以清楚地展现振动信号各频率处功率的分布情况，可以看到选取监测点爆破的主要功率集中在 50~130Hz 之间。

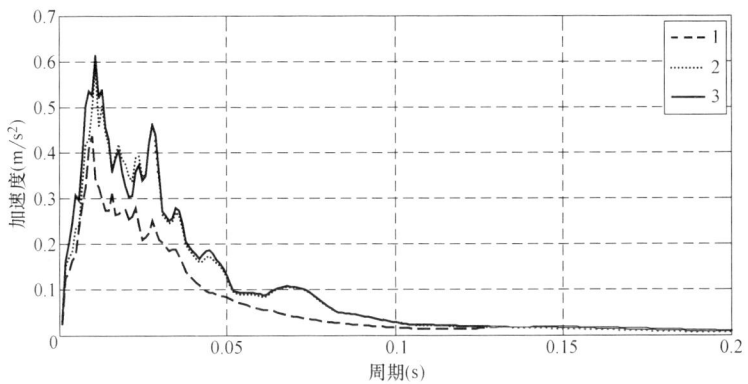

图 5-15 爆破振动加速度反应谱

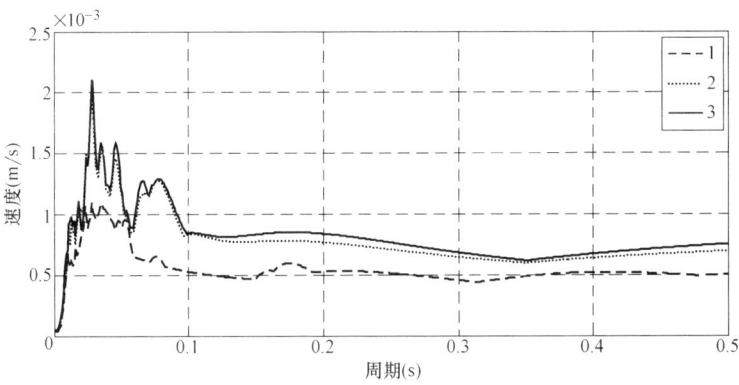

图 5-16 爆破振动速度反应谱

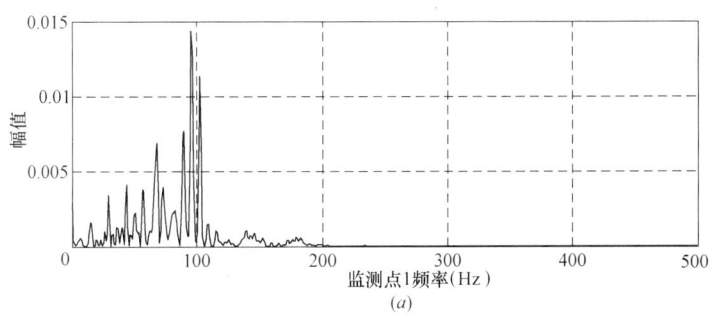

图 5-17 自功率谱密度（一）

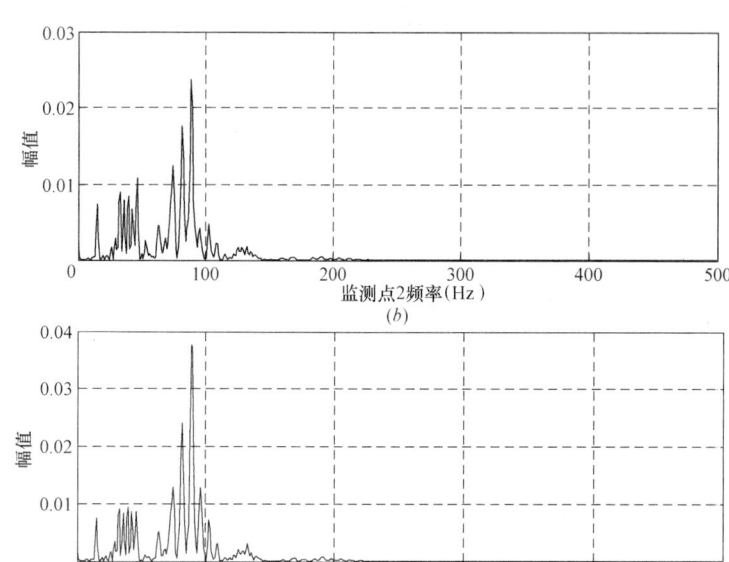

图 5-17　自功率谱密度（二）

5.3.3　建筑结构爆破振动影响损伤预测

作为范例，对建筑结构有限元模型（图 5-6）输入第三条爆破振动加速度曲线，得到建筑结构在爆破振动影响下的应力分布情况，如图 5-18 所示。

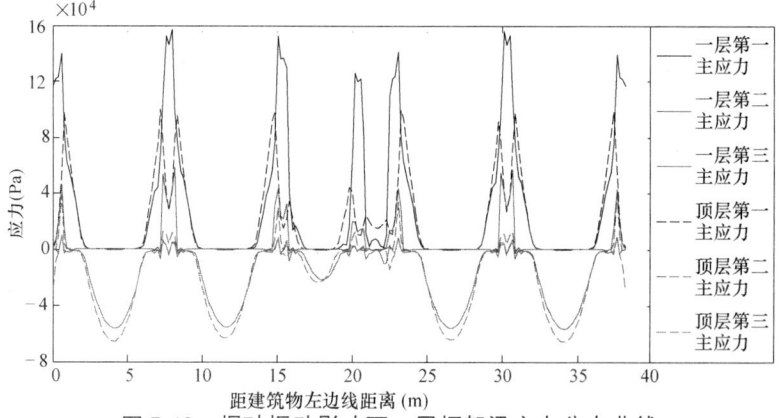

图 5-18　爆破振动影响下一层框架梁应力分布曲线

根据爆破振动作用下建筑结构的应力分布，结合屈服接近度函数式（5-5）便可定量计算建筑结构的损伤分布。图 5-19 为第一条和第三条两种爆破振动作用下一层框架梁的损伤分布情况。从图中可以看出，爆破振动影响时，屈服接近度在 0.95~1.0 范围内。根据式（5-6）屈服接近度的定义，爆破振动冲击对建筑结构开裂损伤的影响较小。

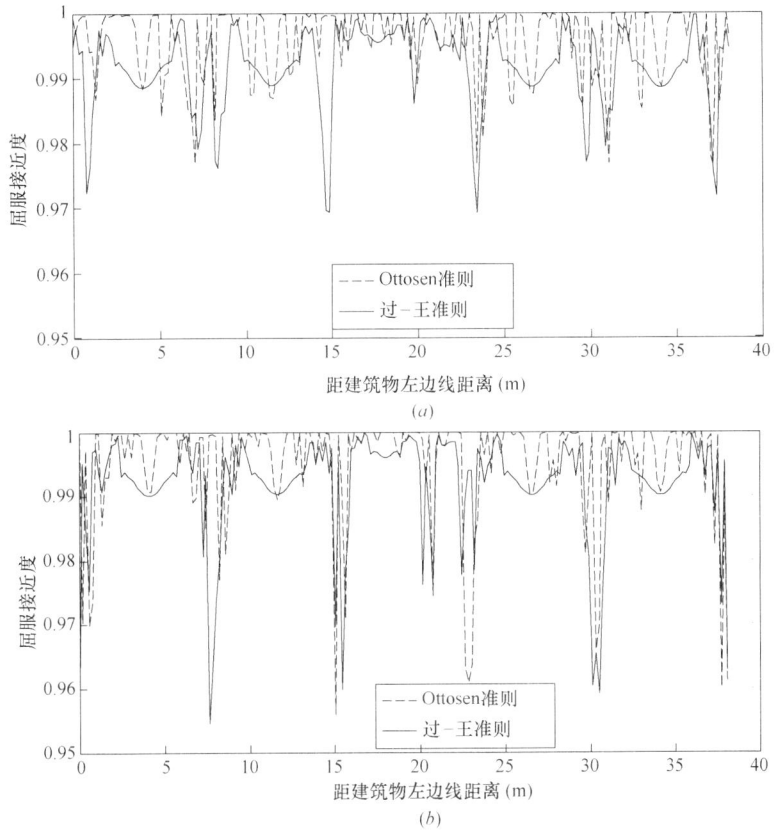

图 5-19 爆破振动框架梁屈服接近度分布曲线

（a）第一条爆破曲线；（b）第三条爆破曲线

5.3.4 地表沉降和爆破振动双重影响建筑结构损伤预测

由于钻爆法施工隧道穿越的建筑物会同时受到地表沉降和爆破振动冲击的双重影响，因此，本节首先给建筑结构施加最大值为 18mm 的沉降，然后再将前述两条爆破振动加速度时程曲线输入到变形后的建筑结构，分析两种效应叠加作用下建筑结构的损伤开裂情况。图 5-20（a）为第一种爆破振动加速度时程曲线作用下一层框架梁的应力分布情况，图 5-20（b）为一层和顶层梁的损伤开裂分布情况，双重影响下，建筑物一层和顶层框架梁出现部分区域接近开裂损伤。比较图 5-13 和图 5-20（a）（b）可以看出，建筑结构在地表沉降的作用下和在两种效应的同时作用下应力分布和开裂损伤分布发生了变化。虽然因为爆破振动的频率远高于建筑物的自振频率，爆破振动的单独作用不至于导致建筑结构的开裂损伤，但沉降影响后的建筑结构爆破振动对建筑结构损伤开裂贡献不可忽略。

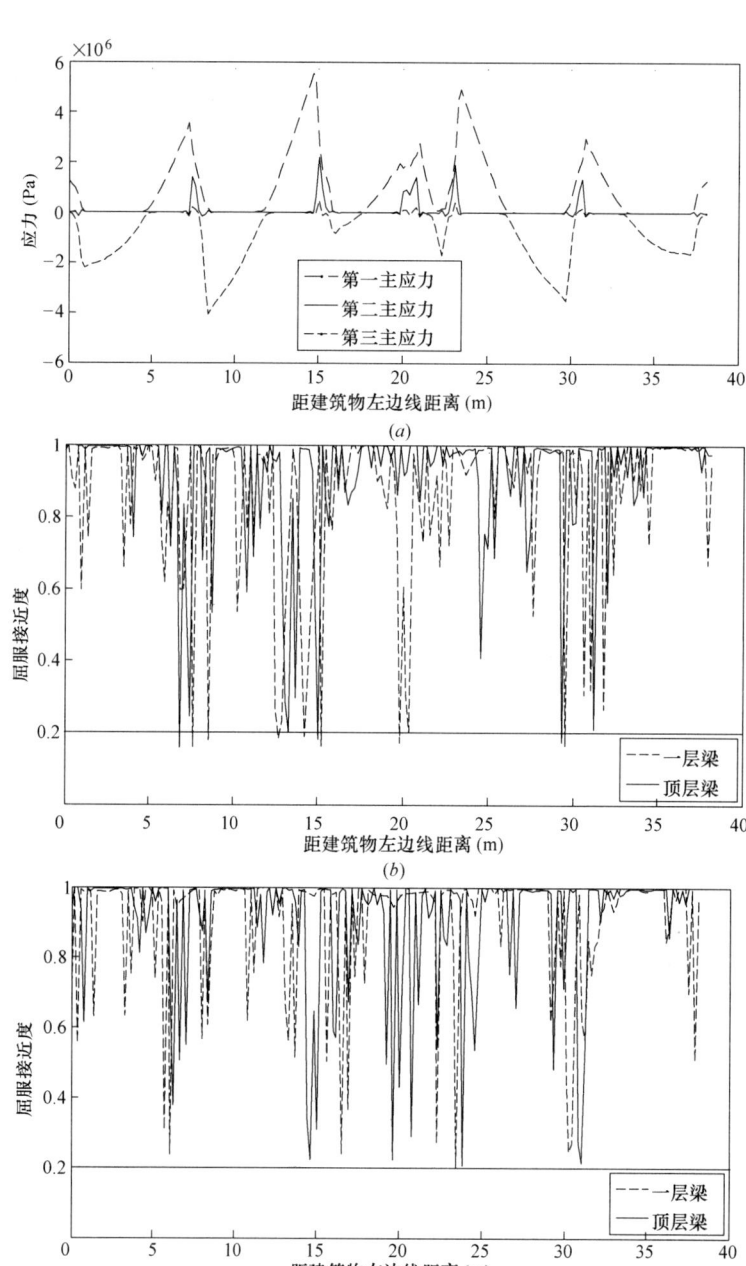

图 5-20　不同沉降控制标准下的爆破振动对建筑的损伤

（a）一层框架梁应力分布曲线；（b）屈服接近度分布曲线（18mm）；

（c）屈服接近度分布曲线（15mm）

图 5-20（c）为地表沉降最大值控制为 15mm 时，同时施加第一种爆破振动，双重影响下的建筑物损伤开裂情况。从图中可以看出，混凝土梁的屈服接近度最小值在 0.20 以上，不会发生损伤开裂破坏。因此，当沉降最大值控制为 15mm 时，沉降和爆破振动的双重影响不会导致建筑物开裂损伤。

5.4 本章小结

本章在实测数据反分析地表沉降参数并进行地表沉降预测的基础上，推导基于混凝土破坏准则的屈服接近度函数模型，综合分析地表沉降和爆破振动双重影响下建筑结构的损伤分布和演化过程，得到了以下结论：

（1）通过屈服接近度函数模型，实现了建筑结构损伤开裂的量化评估。该种方法可以针对具体建筑物，在现场检测的基础上给出具体的沉降和爆破振动控制标准，为隧道的设计施工提供指导。

（2）根据随机介质理论，该种类型地层在隧道开挖时地表沉降的影响角约为 40.6°，相应施工方法开挖的隧道断面收缩率约为 19.8mm。

（3）如不考虑爆破振动影响，建筑物沉降量为 0~18mm 时，建筑结构不会出现损伤开裂；当根据这种控制标准进行施工控制时，建筑物的沉降监测点应布置在主体结构上，布置于围护结构上的监测点不能反映真实的结构变形；当建筑物沉降量大于 18mm 时，建筑结构部分区域出现损伤开裂破坏，虽然不能确定破坏区的破坏程度，但是可以确定结构裂缝有超过规范限值的风险。

（4）当考虑爆破振动的影响，建筑物的沉降最大值应控制在 15mm，否则地表沉降和爆破振动的双重作用将导致建筑物部分区域损伤开裂。

（5）由于爆破振动频率与建筑物本身的自振频率相差较多，因此爆破振动引起的建筑结构损伤较小。根据本章工程实例的研究结果，振速小于某个特定数值的爆破振动单独作用不会对混凝土结构产生明显的开裂损伤。考虑到地铁隧道上覆加固地层的稳定、建筑结构主体现有质量状况、建筑物附属结构的安全以及其他影响因素，该控制振速还应除以一个综合的安全系数。

6 隧道施工穿越建（构）筑物风险管理

城市隧道施工穿越建（构）筑物是一个复杂的高风险性系统工程[33,51]。从宏观的角度，建立一套全过程、全方位较为完整的安全风险管理体系，对隧道施工全过程实行动态管理[52]，是解决建（构）筑物破坏事故多发的主要途径。本章基于城市地下工程基本力学问题与风险管理目标的分析，结合工程实践，从系统的角度出发，提出了城市隧道施工穿越建（构）筑物安全风险管理的一般程序，具体阐述了其中所包含的建（构）筑物的现状评估和安全性评价、隧道施工方案优化、施工过程控制、过程监测及施工后评估和恢复等五个方面的主要工作内容，强调从技术可操作性层面上对建（构）筑物安全性进行系统性控制，由此构建了隧道施工穿越建（构）筑物的安全风险管理体系。该体系已用于指导工程实际，取得了良好效果，也期待在基础理论研究、定量化分析及操作细化等问题上进一步深化和完善。

6.1 风险管理目标

6.1.1 轨道交通工程建设环境安全管理分级

北京轨道交通工程建设环境安全采用分级管理制度，根据工程经验，参照下述定性规定进行分级[53]。

（1）特级环境安全风险：指下穿既有轨道线路（含铁路）的新建工程。

（2）一级环境安全风险：指下穿既有建（构）筑物，上穿既有轨道线路的新建工程。

（3）二级环境安全风险：指邻近既有建（构）筑物，下穿重要市政管线及河流的新建工程。

（4）三级环境安全风险：指下穿一般市政管线及其他市政基础设施的新建工程。

具体工程中，可结合工程特点和环境特点，在充分调查研究及分析的基础上，将某一等级的环境安全风险适当提高或降低一个等级。

6.1.2 隧道工程基本力学问题与安全风险管理目标

风险管理目标以环境安全风险控制为主体，涉及地表建筑物、地下管线及既有道路等既有建（构）筑物和基础设施的安全性控制，以基本力学问题为着眼点，来设定相应的风险管理目标[54]，如图 6-1 所示。同时，地下工程建设对环境的影响是一个复杂的相互作用过程，也是一个连续的循环过程，这就需要风险管理具有动态的特征。因此，针对潜在的风险，采用动态的风险管理方法才能有效地控制隧道施工对环境产生的影响[55-57]。

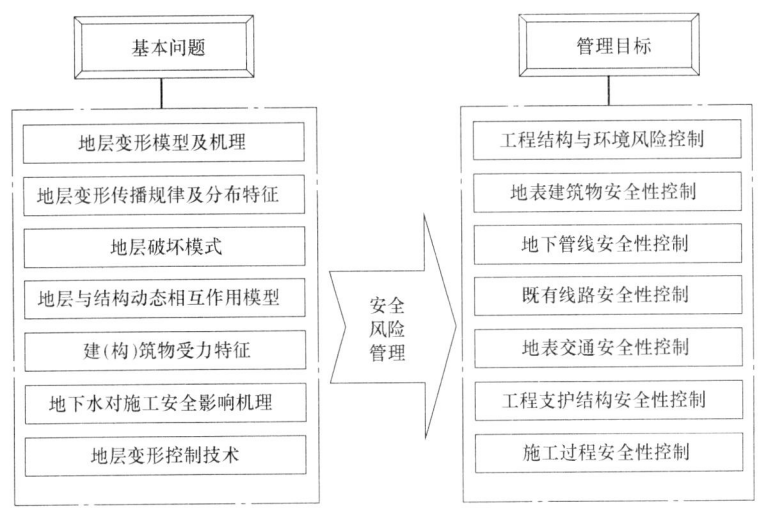

图 6-1　地铁隧道工程基本问题与风险管理目标

6.2　风险管理体系

隧道穿越既有建（构）筑物施工安全风险管理体系，具体体现在如图 6-2 所示的工作流程中。根据此工作流程，城市隧道施工穿越重要建筑物安全风险管理的一般程序如图 6-3 所示。

6.2.1　施工前建（构）筑物现状调查评估和风险分级

施工前需要识别城市隧道施工影响范围内建（构）筑物的风险等级，便于施工安全和成本的控制。对建（构）筑物进行风险分级的第一步是对其进行调查和安全性评估，以此作为风险分级的主要考虑因素。对建（构）筑物进行现状调查和安全性评估，主要依据以下方面：

（1）建（构）筑物的基本调查结果，包括建（构）筑物的重要性程度、设计使用年限、建设年代、结构类型、层数、用途、总高度、基础形式、与隧道的相对位置关系、建筑物下方围岩的类型以及其他水文地质条件；

（2）来自权威工程质量检测鉴定机构的安全性鉴定报告，该报告中应包括结

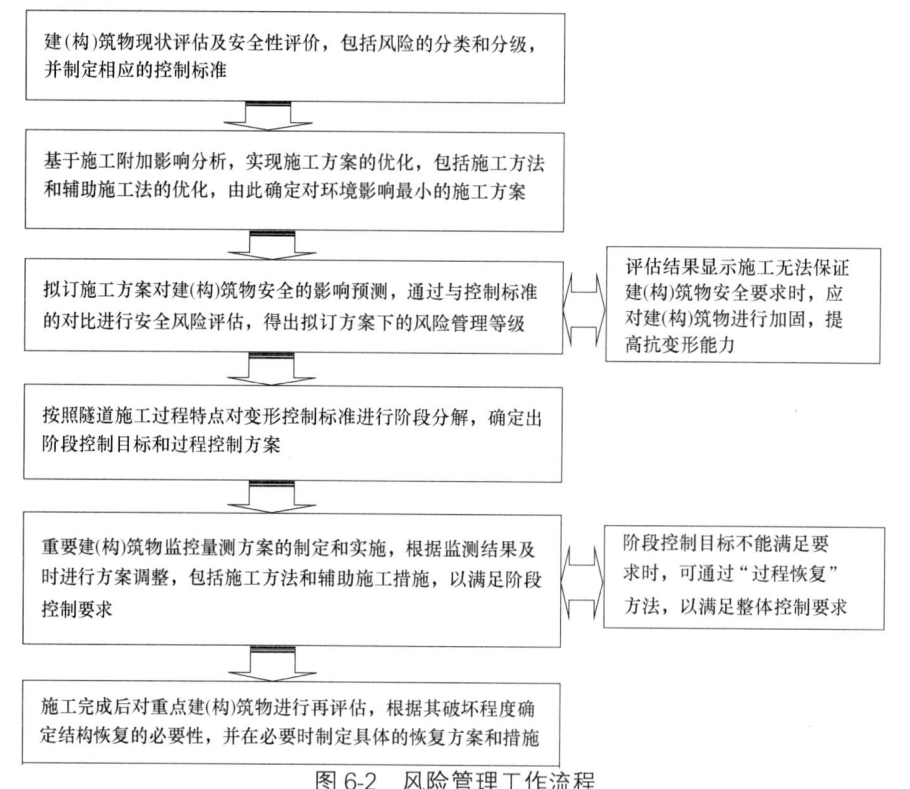

图 6-2 风险管理工作流程

构计算分析和抗震分析验算等内容。

通过对建（构）筑物基本状况的了解，结合城市隧道施工方案，依据现场地层变形、地下水等监测数据，预测建（构）筑物的地基变形程度，验算建（构）筑物在此附加荷载作用下的响应。综合考虑各种因素，通过模糊评价方法等手段对建（构）筑物的风险等级进行划分。

6.2.2 建（构）筑物安全控制标准制定

实际工程建设过程中，我们针对不同的风险对象，会划分不同的控制标准，这样既有利于施工风险的控制，又具有很强的可操作性。所以，建（构）筑物的重要性程度、建（构）筑物的自身特征（结构类型、层数、用途、总高度、基础形式）以及与隧道的相对位置关系都是其安全控制标准制定的依据。建（构）筑物安全控制标准制定具体包括以下步骤：

（1）以建（构）筑物和隧道作为整体考虑对象，建立数值分析模型或理论分析模型，模型中应包括建（构）筑物的建设年代特征、现有的强度特征、现有的质量缺陷、与隧道的位置关系、围岩等级以及其他水文地质条件。

（2）整体分析隧道开挖过程对建（构）筑物的影响，模拟隧道开挖过程，分析地层变形荷载对建（构）筑物产生的影响，进而计算分析不同特征的结构对附加荷载的响应，根据结构的响应特征制定相应的安全控制标准。

（3）参照现有的规范标准，考虑一定的安全系数，制定不同建（构）筑物的控制标准值，作为施工的依据。

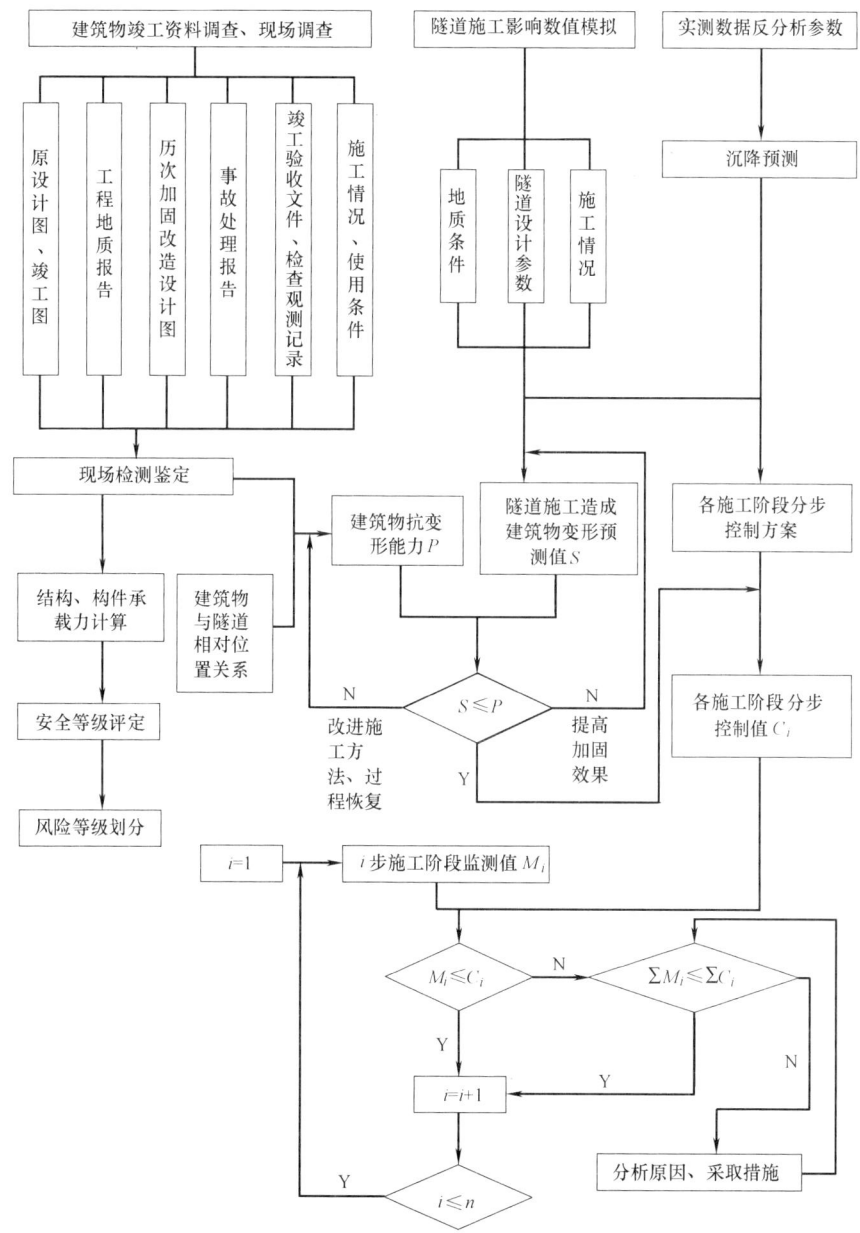

图 6-3　隧道施工穿越建筑物的风险管理程序

6.3 城市隧道穿越建筑物风险管理工程应用

6.3.1 隧道沿线建筑物调查、检测和鉴定

为了如实掌握某地铁隧道穿越重点建筑物的结构形式、基础形式、建筑年代及其与隧道的相对位置关系，特别是其现有质量状况问题（如有无因建筑质量、基础不均匀沉降、温度裂缝、使用不当、年久失修等造成的建筑损伤），正确评价该建筑物抗变形能力，计算该建筑物允许变形值，科学确定该建筑物的沉降控制标准和爆破振动控制标准，并提出科学的地表沉降控制措施和爆破振动控制措施，指导地铁隧道安全施工，在地铁隧道施工前对隧道穿越的 3 个重点区间 20 栋重点建筑物进行检测鉴定（表 6-1～表 6-3，现状照片及其他信息见附录 B）。

区间 1 建筑物鉴定结果统计表　　　　　　　　　　　　表 6-1

建筑物编号	建设年代	建筑层数及地下室	房屋结构	基础形式	穿越方式垂直距离	围岩等级	安全等级	风险等级
1	1994 年	地下 1 层、地上 3 层	框架结构	毛石条形基础	下穿 13.9m	Ⅳ-Ⅴ	B_{su}	Ⅰ
2	1994 年	地下 1 层、地上 3 层	框架结构	毛石条形基础	下穿 11.8m	Ⅳ	C_{su}	Ⅰ
3	1992 年	9 层	框架结构	毛石条形基础	下穿 14.3m	Ⅳ	B_{su}	Ⅰ

岭～清区间建筑物鉴定结果统计表　　　　　　　　　　表 6-2

建筑物编号	建设年代	建筑层数及地下室	结构形式	基础形式	穿越方式垂直距离	围岩等级	安全等级	风险等级
1	20 世纪 80 年代	4 层	混合结构	毛石条形基础	下穿 11.3m	Ⅳ	C_{su}	Ⅱ
2	1986 年	6 层	砖混结构	毛石条形基础	下穿 10.7m	Ⅳ	C_{su}	Ⅱ
3	1986 年	6 层	砖混结构	毛石条形基础	下穿 10.4m	Ⅳ	C_{su}	Ⅱ
4	1986 年	6 层	砖混结构	毛石条形基础	下穿 10.4m	Ⅳ	C_{su}	Ⅱ
5	1994 年	7 层、局部 2 层	底框结构	独立柱基毛石条基	侧穿 12.6m	Ⅱ	C_{su}	Ⅲ

续表

建筑物编号	建设年代	建筑层数及地下室	结构形式	基础形式	穿越方式垂直距离	围岩等级	安全等级	风险等级
6	2004 年	6 层、局部 1 层	底框结构	桩基础(进入花岗岩持力层不小于 1 倍桩径或 1m)	下穿 5.1m	V	B_{su}	II
7	2001 年	6 层	底框结构	桩基础	下穿 4.6m	V	B_{su}	III
8	2001 年	6 层	底框结构	桩基础	下穿 6.8m	V	B_{su}	II
9	2001 年	6 层	底框结构	桩基础	侧穿 3.0m	III	B_{su}	III
10	1995 年	7 层	砖混结构	钢筋混凝土整板基础(2.02m)	下穿 16.7m	V	B_{su}	II

区间 3 建筑物鉴定结果统计表　　　　　　　　表 6-3

建筑物编号	建设年代	建筑层数及地下室	房屋结构	基础形式	穿越方式垂直距离	围岩等级	安全等级	风险等级
1	1994 年	地下 1 层、地上 3 层	框架结构	夯管桩基础	下穿 13.9m	VI	B_{su}	I
2	1994 年	地下 1 层、地上 3 层	框架结构	夯管桩基础	下穿 11.8m	VI	B_{su}	I
3	1992 年	9 层	框架结构	钢筋混凝土条形基础	下穿 14.3m	VI	B_{su}	III
4	2003 年	7 层	底框结构	独立基础	侧穿 14.3m	VI	B_{su}	I
5	1995 年	5 层	砖混结构	毛石条形基础	下穿 13.0m	VI	C_{su}	I
6	1994 年	6 层	混合结构	毛石条形基础	下穿 12.5m	VI	B_{su}	I
7	2003 年	6 层、局部 7 层、有地下室	混合结构	独立基础和钢筋混凝土条形基础	下穿 10.9m	VI	B_{su}	I

鉴定的主要内容有:

(1) 对建筑物的基础形式、结构形式、结构布置、建筑结构构件的材料强度、构件的损伤状况进行现场检测,鉴定其存在安全隐患的部位或问题;

(2) 实地勘测或测量建筑物基础的不均匀沉降量或建筑物的倾斜量;

（3）在现场检测的基础上，对建筑物现有质量进行科学评价，估算建筑物抵抗地表变形和爆破振动的能力；

（4）预测地下隧道施工引起的地表沉降和爆破振动对该建筑物的影响；

（5）对该建筑物给出鉴定意见，确定其安全等级，并提出科学的地表沉降控制对策和爆破振动控制对策。

其中对一栋典型建筑物的安全性出具了鉴定报告。鉴定报告有别于传统的建筑物安全性鉴定报告，主要是因为报告中充分考虑了隧道的围岩特征以及建筑物和隧道的相对位置关系，为下一步建筑物的风险等级划分提供理论支撑。

6.3.2　地铁隧道与建筑物相对位置关系

（1）区间 1 建筑物与隧道的平面和空间位置关系

太延区间施工将下穿的建筑物为香港西路 20 号伊美尔整形医院、22 号为如家连锁酒店太平角店、26 号为济南军区第一疗养院口腔科、湛山路 3 号民房等。建筑物和隧道的平面和空间相对位置关系见图 6-4、图 6-5。

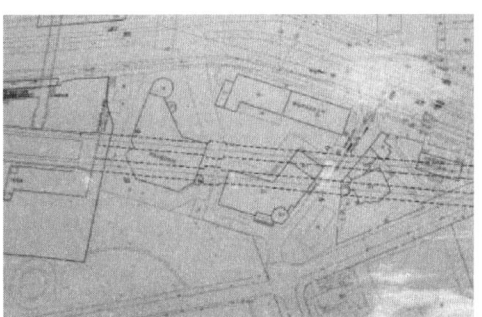

图 6-4　区间 1 穿越建筑物与隧道平面位置关系

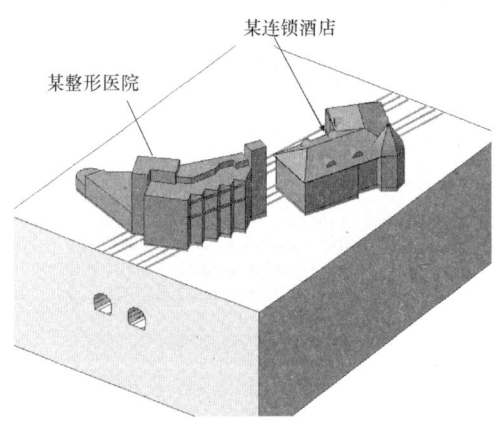

图 6-5　区间 1 穿越建筑物与隧道空间位置关系

（2）区间 2 建筑物与隧道的平面和空间位置关系

岭清区间施工穿越建筑物与隧道相对位置关系见图 6-6～图 6-9。

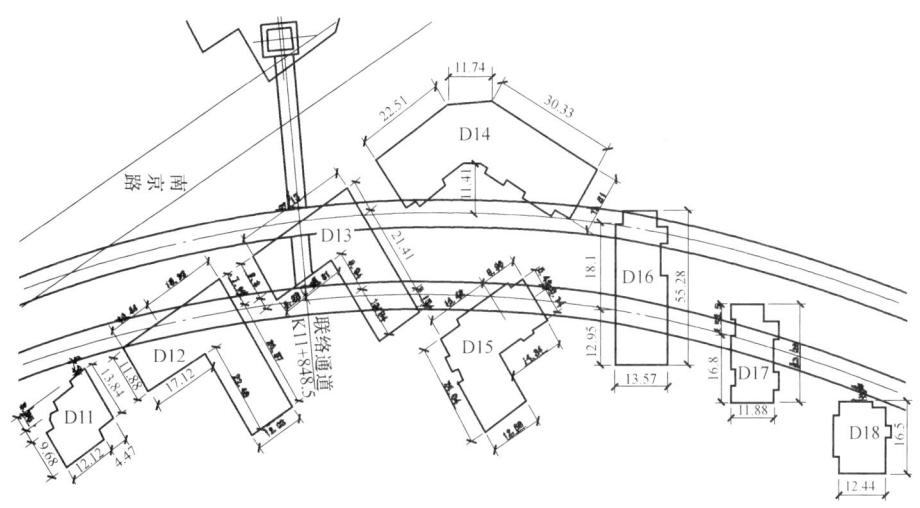

图 6-6 区间 2 穿越建筑物尺寸及隧道位置平面图

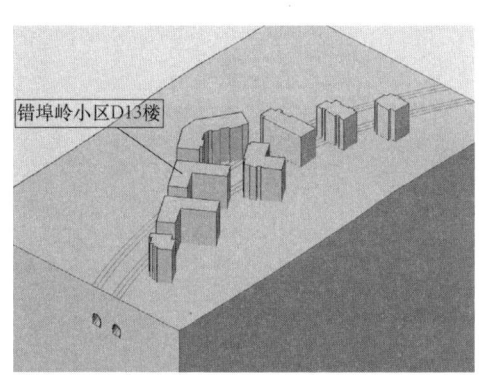

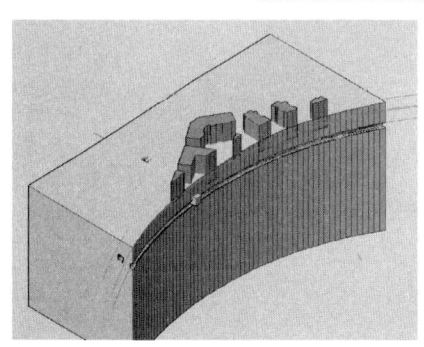

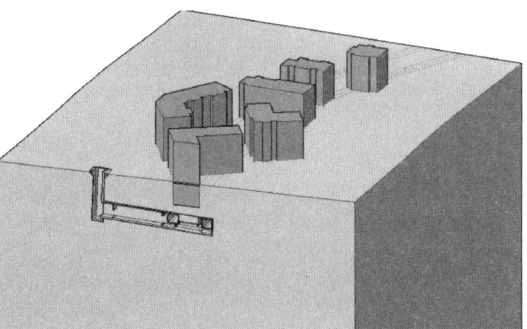

图 6-7 区间 2 穿越建筑物与隧道空间位置关系（1）

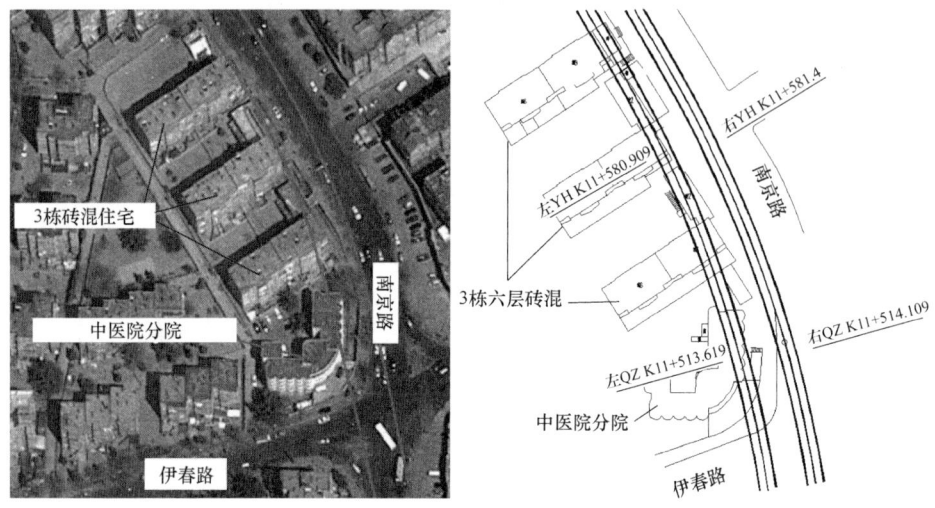

图6-8 区间2穿越建筑物与隧道平面位置关系（2）

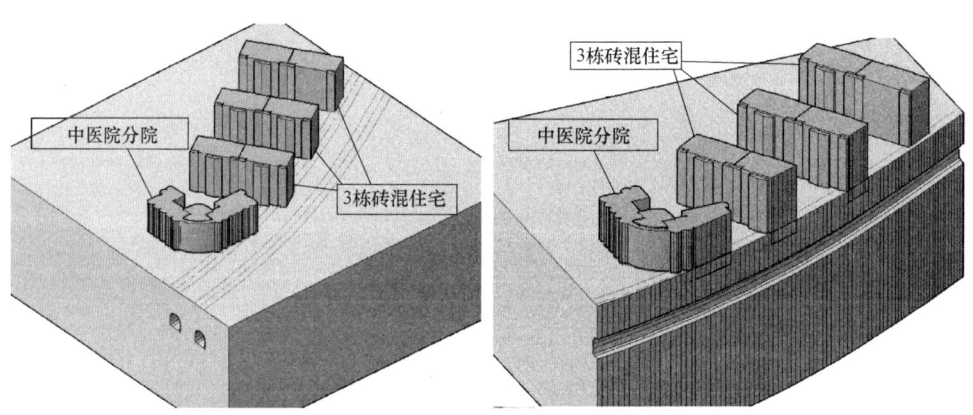

图6-9 区间2穿越建筑物与隧道空间位置关系（3）

（3）区间3建筑物与隧道的平面位置关系

区间3穿越的建筑物与隧道的平面位置关系见图6-10。

隧道开挖向外传播的影响随距离增大而逐渐衰减，从而建筑物距隧道越远，受到的影响越小。本章针对上述3个区间隧道穿越建筑物的实际工程情况，以隧道结构外缘50m的建筑红线和双线隧道结构边缘为界，将平面位置关系的下穿和侧穿更加详细地划分为"极邻近、邻近、较邻近、非邻近"4个等级。

6.3.3 建筑物风险等级划分

1. 建筑物安全等级划分和评判要素的选取

建筑物结构类型、基础形式、长高比、体型、现有质量状况等都是建筑物风

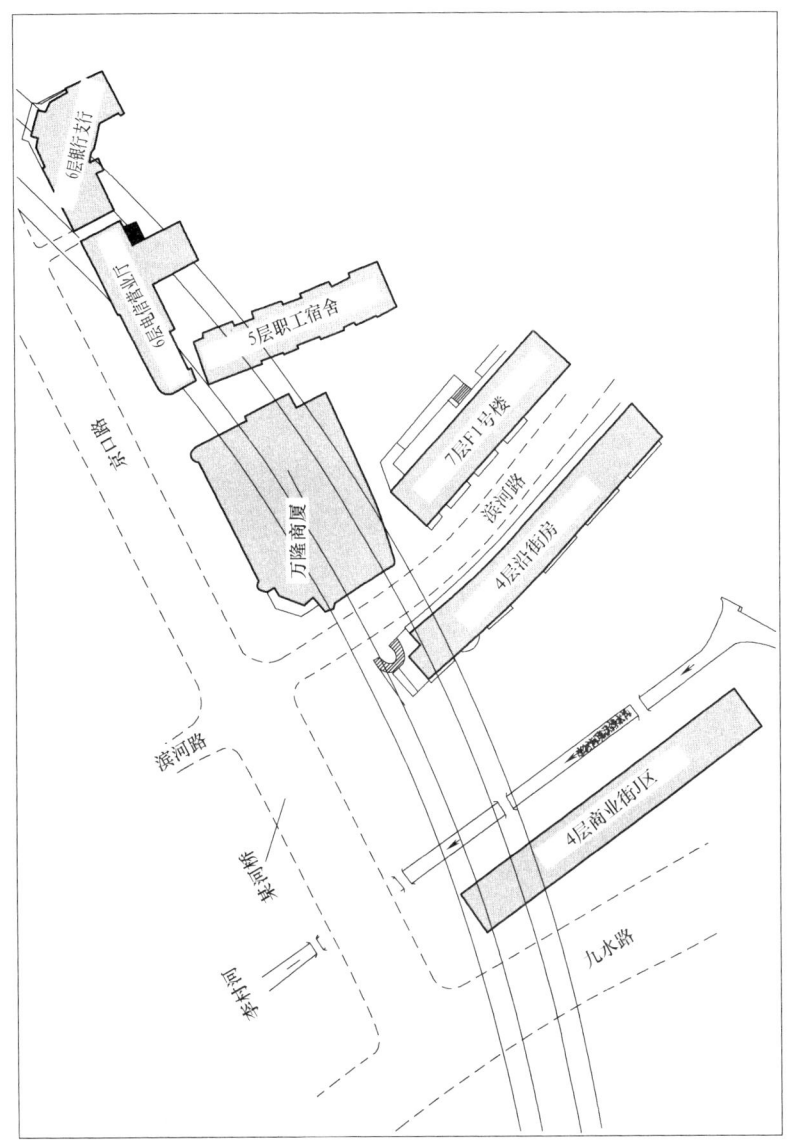

图 6-10 区间 3 穿越建筑物与隧道平面位置关系

险等级划分的影响因素，此外，地铁隧道的特征（如隧道穿越建筑物的方式、隧道拱顶至基础的距离、建筑物所处工程地质条件、隧道开挖与支护方式等）也是影响风险等级划分的重要因素。因涉及建筑物数量较多且风险差别较大，为满足工程需要，将建筑物的风险划分为很大、较大、一般、较小、很小 5 个等级，分别用Ⅰ、Ⅱ、Ⅲ、Ⅳ、Ⅴ级表示，相应的影响因素及其等级划分见表 6-4 所列。

2. 确定相关各因素的隶属函数

通常，选取隶属函数主要通过两种方法，一种是利用模糊统计，将统计曲线与模糊分布曲线作比较，找出最相似的分布；另一种是根据研究对象的特点进行选择。

作用因素及评判等级表

表6-4

建筑物风险等级	建筑物自身状况					地铁工程影响条件			
	现有质量状况	基础类型	结构形式	长高比	建筑物体型	与建筑物平面相对位置关系	地质条件	埋深（m）	开挖与支护方式
Ⅰ	劣	劣	劣	＞3.7	劣	劣	劣	＜10	劣
Ⅱ	差	差	差	3.0～3.7	差	差	差	10～15	差
Ⅲ	中	中	中	2.5～3.0	中	中	中	15～20	中
Ⅳ	良	良	良	2.0～2.5	良	良	良	20～30	良
Ⅴ	优	优	优	＜2.0	优	优	优	＞30	优

对于定量指标，可通过合理选取隶属函数确定其对不同评判等级的隶属度，而对于建筑物而言，以定性指标居多，则可通过模糊数学的方法转化为定量指标。对于定量指标，采用岭形隶属函数进行描述[58-60]，隶属函数分布如下：

$$\mu_{\text{I}} = \begin{cases} 1 & x \leqslant a \\ \dfrac{1}{2} - \dfrac{1}{2}\sin\dfrac{2\pi}{(b-a)}\left(x - \dfrac{3a+b}{4}\right) & a < x \leqslant \dfrac{(a+b)}{2} \\ 0 & x > (a+b)/2 \end{cases} \tag{6-1a}$$

$$\mu_{\text{II}} = \begin{cases} 0 & x \leqslant a \\ \dfrac{1}{2} + \dfrac{1}{2}\sin\dfrac{2\pi}{(b-a)}\left(x - \dfrac{3a+b}{4}\right) & a < x \leqslant \dfrac{(a+b)}{2} \\ \dfrac{1}{2} - \dfrac{1}{2}\sin\dfrac{2\pi}{(c-a)}\left(x - \dfrac{a+2b+c}{2}\right) & \dfrac{(a+b)}{2} < x \leqslant \dfrac{(b+c)}{2} \\ 0 & x > (b+c)/2 \end{cases}$$

$$\tag{6-1b}$$

$$\mu_{\text{III}} = \begin{cases} 0 & x \leqslant (a+b)/2 \\ \dfrac{1}{2} + \dfrac{1}{2}\sin\dfrac{2\pi}{(c-a)}\left(x - \dfrac{a+2b+c}{2}\right) & \dfrac{(a+b)}{2} < x \leqslant \dfrac{(b+c)}{2} \\ \dfrac{1}{2} - \dfrac{1}{2}\sin\dfrac{2\pi}{(d-b)}\left(x - \dfrac{b+2c+d}{2}\right) & \dfrac{(b+c)}{2} < x \leqslant \dfrac{(c+d)}{2} \\ 0 & x > (c+d)/2 \end{cases}$$

$$\tag{6-1c}$$

$$\mu_{\text{IV}} = \begin{cases} 0 & x \leqslant (b+c)/2 \\ \dfrac{1}{2} + \dfrac{1}{2}\sin\dfrac{2\pi}{(d-b)}\left(x - \dfrac{b+2c+d}{2}\right) & \dfrac{(b+c)}{2} < x \leqslant \dfrac{(c+d)}{2} \\ \dfrac{1}{2} - \dfrac{1}{2}\sin\dfrac{2\pi}{(d-c)}\left(x - \dfrac{c+3d}{4}\right) & \dfrac{(c+d)}{2} < x \leqslant d \\ 0 & x > d \end{cases}$$

$$(6\text{-}1d)$$

$$\mu_{\text{V}} = \begin{cases} 0 & x \leqslant (c+d)/2 \\ \dfrac{1}{2} - \dfrac{1}{2}\sin\dfrac{2\pi}{(d-c)}\left(x - \dfrac{c+3d}{4}\right) & \dfrac{(c+d)}{2} < x \leqslant d \\ 1 & x > d \end{cases} \qquad (6\text{-}1e)$$

式中 a、b、c、d 为评价因素和评语对应的 5 个区间 $(-\infty, a]$、$(a, b]$、$(b, c]$、$(c, d]$、$(d, +\infty)$，其对应的评语为很严重（v_1）、严重（v_2）、一般（v_3）、轻微（v_4）和无影响（v_5）5 个档次。针对隧道埋深，根据本章研究对象的实际埋深情况，定义 $a=10$、$b=15$、$c=20$、$d=30$，将其隶属函数表示为：

$$\mu_{\text{I}} = \begin{cases} 1 & x \leqslant 10 \\ \dfrac{1}{2} - \dfrac{1}{2}\sin\dfrac{4}{10}\pi(x - 11.25) & 10 < x \leqslant 12.5 \\ 0 & x > 12.5 \end{cases} \qquad (6\text{-}2a)$$

$$\mu_{\text{II}} = \begin{cases} 0 & x \leqslant 10 \\ \dfrac{1}{2} + \dfrac{1}{2}\sin\dfrac{4}{10}\pi(x - 11.25) & 10 < x \leqslant 12.5 \\ \dfrac{1}{2} - \dfrac{1}{2}\sin\dfrac{2}{10}\pi(x - 30) & 12.5 < x \leqslant 17.5 \\ 0 & x > 17.5 \end{cases} \qquad (6\text{-}2b)$$

$$\mu_{\text{III}} = \begin{cases} 0 & x \leqslant 12.5 \\ \dfrac{1}{2} + \dfrac{1}{2}\sin\dfrac{2\pi}{10}\left(x - \dfrac{60}{2}\right) & 12.5 < x \leqslant 17.5 \\ \dfrac{1}{2} - \dfrac{1}{2}\sin\dfrac{2\pi}{15}\left(x - \dfrac{85}{2}\right) & 17.5 < x \leqslant 25 \\ 0 & x > 25 \end{cases} \qquad (6\text{-}2c)$$

$$\mu_{\text{IV}} = \begin{cases} 0 & x \leqslant 17.5 \\ \dfrac{1}{2} + \dfrac{1}{2}\sin\dfrac{2\pi}{15}\left(x - \dfrac{85}{2}\right) & 17.5 < x \leqslant 25 \\ \dfrac{1}{2} - \dfrac{1}{2}\sin\dfrac{2\pi}{10}\left(x - \dfrac{110}{4}\right) & 25 < x \leqslant 30 \\ 0 & x > 30 \end{cases} \qquad (6\text{-}2d)$$

$$\mu_V = \begin{cases} 0 & x \leqslant 25 \\ \dfrac{1}{2} - \dfrac{1}{2}\sin\dfrac{2\pi}{10}\left(x - \dfrac{110}{4}\right) & 25 < x \leqslant 30 \\ 1 & x > 30 \end{cases} \tag{6-2e}$$

针对建筑物长高比，根据本章研究对象建筑物长高比情况，定义 $a=3.5$、$b=3$、$c=2.5$、$d=2$，将其隶属函数表示为：

$$\mu_I = \begin{cases} 1 & x \geqslant 3.5 \\ \dfrac{1}{2} - \dfrac{1}{2}\sin\dfrac{2\pi}{0.5}\left(\dfrac{13.5}{4} - x\right) & 3.25 \leqslant x < 3.5 \\ 0 & x < 3.25 \end{cases} \tag{6-3a}$$

$$\mu_{II} = \begin{cases} 0 & x \geqslant 3.5 \\ \dfrac{1}{2} + \dfrac{1}{2}\sin\dfrac{2\pi}{0.5}\left(\dfrac{13.5}{4} - x\right) & 3.25 \leqslant x < 3.5 \\ \dfrac{1}{2} - \dfrac{1}{2}\sin\dfrac{2\pi}{1}\left(\dfrac{12}{2} - x\right) & 2.75 \leqslant x < 3.25 \\ 0 & x < 2.75 \end{cases} \tag{6-3b}$$

$$\mu_{III} = \begin{cases} 0 & x \geqslant 3.25 \\ \dfrac{1}{2} + \dfrac{1}{2}\sin\dfrac{2\pi}{1}\left(\dfrac{12}{2} - x\right) & 2.75 \leqslant x < 3.25 \\ \dfrac{1}{2} - \dfrac{1}{2}\sin\dfrac{2\pi}{1}\left(\dfrac{10}{2} - x\right) & 2.25 \leqslant x < 2.75 \\ 0 & x < 2.25 \end{cases} \tag{6-3c}$$

$$\mu_{IV} = \begin{cases} 0 & x \geqslant 2.75 \\ \dfrac{1}{2} + \dfrac{1}{2}\sin\dfrac{2\pi}{1}\left(\dfrac{10}{2} - x\right) & 2.25 \leqslant x < 2.75 \\ \dfrac{1}{2} - \dfrac{1}{2}\sin\dfrac{2\pi}{0.5}\left(\dfrac{8.5}{4} - x\right) & 2 \leqslant x < 2.25 \\ 0 & x < 2 \end{cases} \tag{6-3d}$$

$$\mu_V = \begin{cases} 0 & x \geqslant 2.25 \\ \dfrac{1}{2} - \dfrac{1}{2}\sin\dfrac{2\pi}{0.5}\left(\dfrac{8.5}{4} - x\right) & 2 \leqslant x < 2.25 \\ 1 & x < 2 \end{cases} \tag{6-3e}$$

而对于定性指标，则将其量化即采用模糊矩阵分为 5 个等级（优、良、中、差、劣）（表 6-4）后，采用梯形隶属函数，隶属函数分布如下：

$$\mu_I = \begin{cases} 1 & (x < 0.15) \\ 2.5 - 10x & (0.15 \leqslant x < 0.25) \\ 0 & (x > 0.25) \end{cases} \tag{6-4a}$$

$$\mu_{\mathrm{II}}=\begin{cases} 0 & x<0.15 \\ 10x-1.5 & 0.15<x\leqslant0.25 \\ 1 & 0.25<x\leqslant0.35 \\ 4.5-10x & 0.35<x\leqslant0.45 \\ 0 & x>0.45 \end{cases} \quad (6\text{-}4b)$$

$$\mu_{\mathrm{III}}=\begin{cases} 0 & x\leqslant0.35 \\ 10x-3.5 & 0.35<x\leqslant0.45 \\ 1 & 0.45<x\leqslant0.55 \\ 6.5-10x & 0.55<x\leqslant0.65 \\ 0 & x>0.65 \end{cases} \quad (6\text{-}4c)$$

$$\mu_{\mathrm{IV}}=\begin{cases} 0 & x<0.55 \\ 10x-5.5 & 0.55<x\leqslant0.65 \\ 1 & 0.65<x\leqslant0.75 \\ 8.5-10x & 0.75<x\leqslant0.85 \\ 0 & x>0.85 \end{cases} \quad (6\text{-}4d)$$

$$\mu_{\mathrm{V}}=\begin{cases} 0 & x\leqslant0.75 \\ 10x-7.5 & 0.75<x\leqslant0.85 \\ 1 & x>0.85 \end{cases} \quad (6\text{-}4e)$$

为对影响因素集 U 中的 $u_i(i=1,2,\cdots,m)$ 作单因素评判，从影响因素 u_i 确定该事物对评判等级 $V_j(j=1,2,\cdots,n)$ 的隶属度 r_{ij}。在本研究中 u 代表建筑物自身因素和地铁工程影响因素，并由此得出 u_i 的单因素评判集 $r_{ij}=\{r_{i1},r_{i2},\cdots,r_{i5}\}$，它是评判集合 V 上的模糊子集 $\widetilde{R}=\{r_{i1},r_{i2},r_{i3},r_{i4},r_{i5}\}$。由 m 个影响因素的评价集可构造出模糊关系：

$$\widetilde{R}=\begin{bmatrix} u_{11} & \cdots & u_{15} \\ \vdots & \ddots & \vdots \\ u_{91} & \cdots & u_{95} \end{bmatrix} \quad (6\text{-}5)$$

式中　μ_{ij}——第 i 项因素指标对第 j 等级的隶属度。

3. 对建筑物的安全等级评判

以 5.1.1 节出现的建筑物为研究对象，对其进行隧道暗挖施工安全风险的模糊综合评判。确定各评价因素对评价对象的权重，建立综合评价集合，根据评判等级可表示为评判矩阵，其具体的评判矩阵为式（6-6）。

进行一级模糊综合评判并作归一化处理，所得评价集为：$\widetilde{B}=\{0.36,0.13,0.01,0.45,0.05\}$。按最大隶属度原则，可知该建筑物安全风险等级为Ⅳ级，即认为该建筑物风险较小，施工前建筑物需要采取简单保护，需小修。类似地，可采用上述评判方法体系对其余建筑物的安全风险进行分析、评估和分级，最终其余 19 栋建筑物相关参数及风险等级见表 6-1～表 6-3。

$$R(H) = \begin{bmatrix} 0 & 0 & 0 & 1 & 0 \\ 0 & 0 & 0 & 1 & 0 \\ 0 & 0 & 0 & 1 & 0 \\ 0 & 0 & 0 & 0 & 1 \\ 0 & 0 & 0 & 1 & 0 \\ 1 & 0 & 0 & 0 & 0 \\ 1 & 0 & 0 & 0 & 0 \\ 0 & 0.29 & 0.71 & 0 & 0 \\ 0 & 1 & 0 & 0 & 0 \end{bmatrix} \tag{6-6}$$

6.3.4 建筑物沉降控制标准

1. 规范分析及修正

《建筑地基基础设计规范》GB 50007—2011 第 5.3.4 条对建筑物在其服役期内地基变形允许值有明确规定（表 2-4）。

目前，大多采用的隧道开挖引起建筑物倾斜控制标准"0.003"是根据规范中"多层和高层建筑的整体倾斜（$24 < H_g \leqslant 60$）"的情况确定的。根据规范的定义，它代表了建筑物在"建设过程＋整个服役期"内产生的倾斜量的限值。众所周知，在建筑物建成初期，建筑物本身就存在整体倾斜，并且随着使用时间的延长，其整体倾斜量会逐渐增大。而隧道开挖导致的建筑物倾斜量只能是建筑物倾斜控制标准"0.003"的一部分，否则会导致建筑物的倾斜量超过规范限值。所以，目前采用的地铁隧道施工引起建筑物倾斜或差异沉降的控制标准有待进一步提高。根据本课题组前期的研究总结，结合地铁隧道施工的影响，建筑物的整体倾斜的产生定义为三个阶段：前、中、后。阶段"前"表示建筑物在隧道开挖影响前产生倾斜的过程，这个阶段的倾斜量占建筑物总倾斜量的 30％；阶段"中"表示建筑物在隧道开挖影响时产生倾斜的过程，这个阶段的倾斜量占建筑物总倾斜量的 30％；阶段"后"表示建筑物在隧道开挖后产生倾斜的过程，这个阶段的倾斜量占建筑物总倾斜量的 40％（图 6-11）。根据这一标准，课题组将地铁开挖影响下建筑物的地基变形允许值加以修正，见表 6-5 所列。

2. 基于现场检测鉴定的建筑物抗变形能力

为了如实掌握建筑物的现有质量状况（如有无因建筑质量、基础不均匀沉降、温度裂缝、使用不当、年久失修等造成的建筑损伤），正确评价建筑物抗变形能力，确定建筑物允许变形值，科学确定建筑物的沉降控制标准和爆破振动控制标准，指导地铁隧道安全施工，本研究在地铁隧道施工前对涉及建筑物进行检测鉴定。

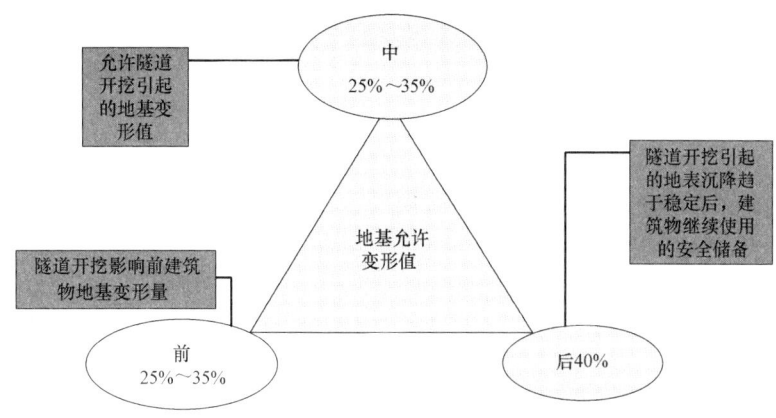

图 6-11 建筑物地基允许变形值分配原则

（注：不同的建筑物其比例分配不同，应根据建筑物鉴定结果给出科学分配）

青岛地铁开挖影响下建筑物的地基变形允许值 表 6-5

结构形式	基础形式	变形特征	修正值	
			中、低压缩性土	高压缩性土
砌体承重结构	条形基础	基础的局部倾斜	0.0006	0.0009
	砌石基础			
	桩基	基础的局部倾斜		
		相邻桩基的沉降差（mm）	0.00021L	0.0003L
框架结构	独立基础	相邻柱（桩）基的沉降差（mm）	0.0006L	0.0009L
	桩基			
	筏板基础			
	装配式条形基础	基础的局部倾斜	0.0006	0.0009
当基础不均匀沉降时不产生附加应力的结构	独立基础	相邻柱（桩）基的沉降差（mm）	0.0015L	0.0015L
	桩基			
*底框砌体结构	条形基础	基础的局部倾斜	<0.0006	<0.0009
	独立基础	相邻柱（桩）基的沉降差（mm）	<0.00021L	<0.0003L
多层和高层建筑的整体倾斜	$H_g \leqslant 24$		0.0012	
	$24 < H_g \leqslant 60$		0.0009	
	$60 < H_g \leqslant 100$		0.00075	
	$H_g > 100$		0.0006	

注：1. *底层框架的多层砌体结构，对不均匀沉降很敏感，应专门调研。

2. 对重要结构应进行现场调研，根据其使用要求确定允许的变形量。

3. 以上所有控制标准均按 60%预警、80%警戒。

本次现场检测鉴定的 1 栋建筑物为地上 5 层、局部地下 1 层，地下室底板顶面标高为 −2.5m。整体呈 L 形布置，两边长度分别为 32.3m 和 38.6m。层高 4.2m，总高度 21m。占地 1518m²，建筑面积 5897m²，本次鉴定面积为 5897m²。

建筑物主体结构为钢筋混凝土框架结构和砌体承重的混合结构，部分外围墙体为砌体承重结构，其余部分为钢筋混凝土框架结构，钢筋混凝土现浇楼板。地下室底板、墙板和顶板均为钢筋混凝土浇筑，墙厚为 250mm。该建筑物框架柱下基础形式为独立基础，埋深 −2.0m，墙下基础为水泥砂浆砌筑方石条形基础，条形基础和柱基以下均为水泥砂浆砌筑毛石。

经过现场全面的勘察、检测、监测和科学的验算、鉴定，对该建筑物获得如下鉴定结论：

（1）地基未发生明显的不均匀沉降，地基较稳定，且承载力较充足，根据设计图纸可知，基础为方石条形基础和柱下独立基础；

（2）建筑物结构形式为框架砌体混合结构；

（3）材料强度较低，其中砌筑砂浆抗压强度推定为 0.6MPa，混凝土强度推定为 C20；

（4）该建筑物的安全性等级为 B_{su} 级。

本研究结合建筑物鉴定结论给出某商贸大厦建筑物的沉降和爆破振动控制标准建议值，见表 6-6 所列。

综合利用现有规范的分析和修正、建筑物的现场检测鉴定结论，再结合本书第 5 章采用的建筑物数值模拟和损伤理论分析，本章研究为某地铁隧道穿越的重点建筑物制定了相关控制标准，见表 6-7 所列。该标准在现场施工过程中已得到了科学应用和实践检验。

6.3.5 建筑物爆破振动控制标准

地铁隧道施工过程中，应严格按照《爆破安全规程》GB 6722—2014 进行爆破施工，选取建筑物安全允许振速时，应综合考虑建筑物的重要性、建筑质量、新旧程度、自振频率、地基条件等因素，见表 6-8 所列。

沉降和爆破振动控制标准建议值   表 6-6

建筑物名称	沉降控制标准（mm）	差异沉降控制标准（mm）	爆破控制标准（cm/s）
某商厦	20	10	≤1.0

标准使用说明：

(1)"沉降控制标准"为建筑物上单个测点的累计沉降量。

(2)"差异沉降"是指沿隧道横断面方向相邻两点的沉降差（如下图两柱的沉降差）。

续表

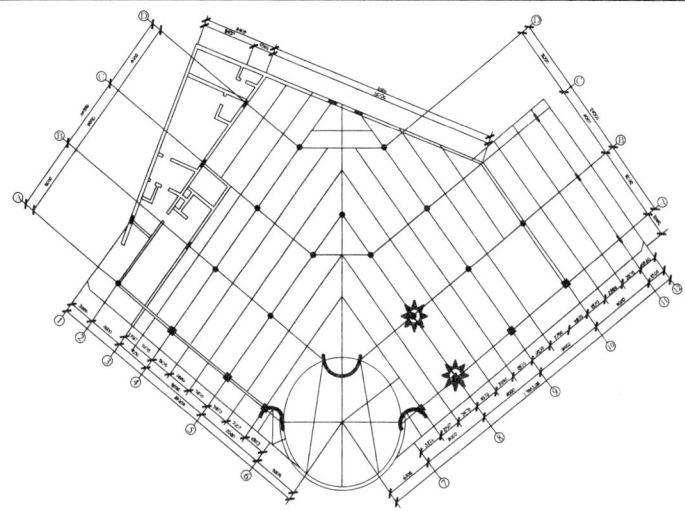

标准制定依据：

(1)砌体结构按建筑物基础的局部倾斜来控制建筑物的变形；框架结构和底框结构按相邻柱基的沉降差来控制建筑物的变形；多层和高层建筑物同时考虑整体倾斜来控制建筑物的变形。

(2)《建筑地基基础设计规范》GB 50007—2011规定的建筑物地基实际最终变形允许值。

(3)根据建筑物的现有质量状况推定的建筑物允许变形值。

(4)现场量测的建筑物地基基础已有变形量。

(5)建筑物与隧道的平面和空间位置关系。

(6)建筑物下方地铁隧道围岩等级。

(7)建筑物的体量和用途。

(8)建筑物的保护级别。

建议：

(1)在地铁隧道施工过程中严格控制地表沉降量、建筑物变形量和爆破单段装药量。

(2)严格按照设计等各方提出的建筑物沉降和爆破振动控制标准进行施工。

(3)准确掌握建筑物的基础类型、埋深。

(4)施工过程中对建筑物进行现场监测，及时掌握隧道施工对建筑物的影响情况，以便适时调整施工方法、施工进度，并对建筑物采取针对性的保护措施。

(5)在隧道穿越时，对建筑物出现的结构性裂缝加强监控。

某地铁隧道穿越重点建筑物控制标准建议值　　　　　　　　表 6-7

区间 1			
建筑物编号	沉降控制标准(mm)	差异沉降控制标准(mm)	爆破控制标准(cm/s)
1	20	10	≤1.0
2	20	15	≤1.0
3	25	20	≤2.0

续表

区间 2			
建筑物编号	沉降控制标准（mm）	差异沉降控制标准（mm）	爆破控制标准（cm/s）
1	15	10	≤1.0
2	15	10	≤1.0
3	15	10	≤1.0
4	15	10	≤1.0
5	10	5（相邻柱间）	≤1.0
6	10	5（相邻柱间）	≤1.0
7	15	10	≤1.0
8	10	5（相邻柱间）	≤1.0
9	10	5（相邻柱间）	≤1.0
10	10	5（相邻柱间）	≤1.0

区间 3			
建筑物编号	沉降控制标准（mm）	差异沉降控制标准（mm，点间距）	爆破控制标准（cm/s）
1	10	5（相邻两柱的间距）	≤1.0
2	10	6（相邻两柱的间距）	≤1.0
3	15	10（相邻两柱的间距）	≤1.0
4	15	6（相邻两柱的间距）	≤1.0
5	15	10（＊＊＊）	≤1.0
6	15	8（相邻两柱的间距）	≤1.0
7	15	6	≤1.0

标准使用说明：
(1)"沉降控制标准"为建筑物上单个测点的累计沉降量。
(2)"差异沉降"是指沿隧道横断面方向相邻两点的沉降差。
(3)"＊＊＊"是指沿隧道横断面方向隧道中心线正上方处测点和距该点 10m 处测点的沉降差。

标准制定依据：

(1)砌体结构按建筑物基础的局部倾斜来控制建筑物的变形；框架结构和底框结构按相邻柱基的沉降差来控制建筑物的变形；多层和高层建筑同时考虑整体倾斜来控制建筑物的变形。

(2)《建筑地基基础设计规范》GB 50007—2011 规定的建筑物地基实际最终变形允许值。

(3)根据建筑物的现有质量状况推定的建筑物允许变形值。

(4)现场量测的建筑物地基基础已有变形量。

(5)建筑物与隧道的平面和空间位置关系。

(6)建筑物下方地铁隧道围岩等级。

(7)建筑物的体量和用途。

(8)建筑物的保护级别。

建议：

(1)在地铁隧道施工过程中严格控制地表沉降量、建筑物变形量和爆破单段装药量。

(2)严格按照设计等各方提出的建筑物沉降和爆破振动控制标准进行施工。

(3)准确掌握建筑物的基础类型、埋深。

(4)施工过程中对建筑物进行现场监测，及时掌握隧道施工对建筑物的影响情况，以便适时调整施工方法、施工进度，并对建筑物采取针对性的保护措施。

(5)在隧道穿越时，对建筑物出现的结构性裂缝加强监控。

建筑物安全允许振速 表 6-8

序号	保护对象类别		安全允许振速(cm/s)		
			<10Hz	10～50Hz	50～100Hz
1	土窑洞、土坯房、毛石房屋[a]		0.5～1.0	0.7～1.2	1.1～1.5
2	一般砖房、非抗震的大型砌块建筑物[a]		2.0～2.5	2.3～2.8	2.7～3.0
3	钢筋混凝土结构房屋[a]		3.0～4.0	3.5～4.5	4.2～5.0
4	一般古建筑与古迹[b]		0.1～0.3	0.2～0.4	0.3～0.5
5	水工隧道[c]		7～15		
6	交通隧道[c]		10～20		
7	矿山巷道[c]		15～30		
8	水电站及发电厂中心控制室设备		0.5		
9	新浇大体积混凝土[d]	龄期:初期～3d	2.0～3.0		
		龄期:3～7d	3.0～7.0		
		龄期:7～28d	7.0～12		

注：1. 表列频率为主振频率，系指最大振幅所对应波的频率。

2. 频率范围可根据类似工程或现场实测波形选取。选取频率时亦可参考下列数据：硐室爆破<20Hz；深孔爆破10～60Hz；浅孔爆破40～100Hz。

a. 选取建筑安全允许振速时，应综合考虑建筑物的重要性、建筑质量、新旧程度、自振频率、地基条件等因素。

b. 省级以上（含省级）重点保护古建筑与古迹的安全允许振速，应经专家论证选取，并报相应文物管理部门批准。

c. 选取隧道、巷道安全允许振速时，应综合考虑构筑物的重要性、围岩状况、断面大小、埋深大小、爆源方向、地震振动频率等因素。

d. 非挡水新浇大体积混凝土的安全允许振速，可按本表给出的上限值选取。

根据本章的研究对象，青岛市某地铁隧道施工爆破振动重复扰动地层的情况，在分析现场实测数据和建筑物损伤情况的基础上，将《爆破安全规程》GB 6722—2014 作相应调整，得到了地铁沿线涉及的各种类型建筑物爆破振动控制标准（表6-9）。

地铁隧道施工穿越重点建筑物爆破振速控制标准　　表 6-9

序号	建筑类别	安全允许振速（cm/s）		
		<10Hz	10～50Hz	50～100Hz
1	土坯房、毛石房屋	0.3～0.5	0.5～0.7	0.7～1.0
2	砖木结构、非抗震砌体建筑	1.0～1.2	1.2～1.5	1.5～2.0
3	2002 年前砖混结构	1.2～1.5	1.5～1.8	1.8～2.0
4	2002 年后砖混结构	1.5～1.8	1.8～2.0	2.0～2.5
5	1990 年之前钢筋混凝土结构	1.8～2.0	2.0～2.5	2.5～3.0
6	1990～2002 年钢筋混凝土结构	2.0～2.5	2.5～3.0	3.0～3.5
7	2002 年后钢筋混凝土结构	3.0～3.5	3.5～4.0	4.0～4.5
8	一般古建筑	0.3～0.5	0.5～0.7	0.7～1.0
9	文物古建筑	0.1～0.3	0.3～0.4	0.4～0.5

注：1. 表列频率为主振频率，系指最大振幅所对应波的频率。
　　2. 选取建筑安全允许振速时，应综合考虑建筑物的重要性、建筑质量、新旧程度、自振频率、地基条件等因素。
　　3. 省级以上（含省级）重点保护古建筑与古迹的安全允许振速，应经专家论证选取，并报相应文物管理部门批准。
　　4. 有液化可能的场地振速控制标准需经专家论证选取。
　　5. 表中数据的 60% 预警、80% 警戒。

6.4　本章小结

本章基于全过程的动态管理思想，构建了城市隧道施工穿越建（构）筑物安全风险管理体系，提出了以五个步骤为主体进行安全风险管理的实施程序；该风险管理体系经过了青岛地铁一期工程实践的考验，取得了显著效果，对城市地下工程施工环境安全风险控制具有指导意义。

7 邻近隧道建筑基坑施工地层移动规律

建筑基坑开挖施工过程中不可避免地引起不同程度的坑周土体应力释放，引起支护结构体系和坑周地层的位移，近而对邻近隧道产生附加应力与附加变形，变形过大将导致隧道开裂渗漏，从而影响隧道的结构安全与正常运营[61,62]。因此，有必要针对性地研究基坑开挖对既有隧道的影响规律，对基坑和隧道进行稳定性评价，并研究相关的技术措施，确保隧道和建筑基坑安全[63-67]。本章针对建筑基坑施工引起邻近浅埋隧道地层变形，统计分析国内外建筑基坑开挖对邻近隧道影响规律和青岛典型地质条件下的岩层移动规律，为后续隧道安全影响评价、建筑基坑施工工艺和施工技术以及监测指标、方法和技术改进奠定基础。

7.1 建筑基坑开挖对邻近隧道影响规律统计分析

城市工程建设周边环境日趋复杂，邻近地铁隧道等结构物的基坑工程设计、施工中，基坑变形控制要求越来越严格。建筑基坑此前以强度控制设计为主的方式逐渐被以变形控制设计为主的方式所取代，基坑的变形分析成为基坑工程设计中的一个极其重要的组成部分。根据《基坑工程手册》中对地铁隧道"一般容许变形量"的规定：结构最大位移不能超过 20mm，隧道变形曲率半径不应小于15000m，相对弯曲不应超过 1/2500。如果引起的附加变形过大，会对隧道结构产生损伤，严重时会导致地铁隧道发生开裂、地下水渗出等，从而影响隧道的正常运行。

基坑开挖引起邻近隧道变形的研究主要包括现场实际工程监测分析、理论分析以及数值模拟分析三种。此节收集和统计相关邻近既有隧道的基坑工程案例（表 7-1），从隧道竖向位移、水平位移和隧道收敛等角度探讨了基坑开挖对邻近隧道的影响，所得研究成果可以为类似基坑工程的设计和施工提供参考。

对表 7-1 中 20 个工程案例进一步统计分析得出：

（1）基坑开挖引起邻近隧道产生的水平位移与基坑和隧道的水平距离大致呈幂函数衰减关系（图 7-1）；基坑开挖引起邻近隧道产生的竖向位移与基坑和隧道的水平距离呈指数关系（图 7-2）。

相关工程案例　　　　　　　　　　　　　　　　表7-1

编号	基坑情况	隧道位置	隧道所在土层	围护结构	加固情况	挖土	隧道变形情况
1	某地下通道基坑工程长×宽×深为30m×13m×8m，主体采用箱形混凝土结构	隧道顶在基坑底下最小净距为7.9m	淤泥质黏土	围护结构采用排φ800@600高压旋喷桩，通道入口处四排φ800@600高压旋喷结构采用两排φ800@600高压旋喷桩，围护桩采用φ800@1000钻孔灌注桩，支撑体系为混凝土支撑钢围檩和钢支撑	1. 采用排φ600@1500钻孔注桩。2. 并用φ800@600高压旋喷桩对坑内土体进行满堂加固	考虑时空效应影响，采用大基坑分成小基坑明挖顺作法施工	基坑开挖可引起隧道的上浮最大值1.9mm，对水平位移影响不大，水平收敛数5.9mm
2	某地铁车公庙板桥站基坑开挖深度18.4m，西风道基坑深度8.1m	隧道顶在基坑底下最小净距为3m，上行距3m，上行线距离左侧左侧拔桩0.7m	砾质黏性土	围护结构采用地下连续墙固，纵向间距为5m的钢支撑	风道底板与设两排抗浮钻桩，直径为1000mm的钻孔灌注桩，嵌固段深度12m，单桩抗拔力特征值520kN。采取可调节压力的φ600@450MJS旋喷桩满堂加固	首先施作车站顶板结构，然后开挖风道基坑，使得风道两侧顶部混凝土支撑与车站顶板形成水平传力体系。车站基坑分段分层开挖采取分层开挖方式	整体隆起7.0mm
3	某地东西通道穿越地铁工程基坑开挖深度约11m	隧道顶在基坑底下最小净距5.4m	黏土，粉质黏土	采用φ800@1000的钻孔灌注桩作为围护结构。坑内竖向采用混凝土和钢支撑，在隧道两侧设计了隔离墙兼抗拔桩。同样采用φ800@1000钻孔灌注桩	坑底进行满堂加固，加固深度为隧道底标高，并向基坑两侧伸出宽度为5m的加固区	分层分区开挖，抽条开挖	隧道竖向最大隆起值6.5mm
4	某广场深基坑深度17.5m	基坑距地铁隧道外边界最小水平距离7~10m，隧道顶高于坑底10m	中，粗砂	基坑围护结构采用密集的单排钻孔灌注桩，水平采用钢支撑，分别布置在基坑西北侧、临近地铁隧道的单支撑段，内支撑体系由直径φ609×20钢管、400×400H型钢以及若干钢板组成		根据时空效应原理，分层开挖中间土方形成支撑，先开挖中间土方，然后同时开挖，最后施工地下连续墙	隧道最大沉降值达到4mm，最大水平位移7mm

续表

编号	基坑概况	隧道位置	隧道所在土层	围护结构	加固情况	挖土	隧道变形情况
5	某基坑平面呈矩形,基坑面积约3890m²,开挖深度17.00m	隧道管片离基坑侧向水平距离最近约12.78~13.50m,隧道顶部位于坑底上8.3m	粉土夹粉质黏土	基坑采用的围护结构为:南侧采用1000mm厚地下连续墙,在其他三侧采用φ1050@1250水下三轴钻孔灌注桩。止水帷幕采用3φ850@1200水泥搅拌桩。搅拌桩与灌注桩间净距150mm,紧贴地下连续墙。设置三道钢筋混凝土水平支撑		基坑分层开挖至设计标高,浇筑混凝土围檩	左侧沉降2.14mm,水平位移5.76mm
6	某车站基坑开挖深度为23.35m,端头井深达25.09m	车站北端头井距二号线隧道上行线水平距离仅15m,隧道顶部在坑底之上12m	淤泥质粉质黏土,淤泥质黏土	围护墙及SMW工法搅拌桩。地下连续墙施工完成后,对坑外内埋3m区域采用高压旋喷桩加固,深度到达坑底以下3m处。支护结构逆作法施工,一共设置七道支撑。其中第一道为钢筋混凝土支撑,截面尺寸为800mm×800mm,其余六道为钢管支撑	对坑外3m采用地下搅拌桩工法加固,对坑外内埋3m区域采用高压旋喷桩进行第二次加固,深度到达坑底以下3m处。在楼板位置增加分层加固措施	分块施工,在与车站主体连接处,设封头处,待封头井施工完成后,再施工车站主体	隧道上行线沉降为1.3mm,水平位移3.2mm
7	某基坑面积约1028m²,开挖深度为15.6m	隧道上行线离基坑连续墙外边为10.4~13.5m,隧道顶部在坑底之上8m	淤泥质粉质黏土,淤泥质黏土	围护结构采用地下连续墙,邻近地铁搅拌桩作为槽壁加固体。I区采用地下连续墙+十字正交混凝土搅拌桩。II区基坑采用地下连续墙+第二道混凝土对撑,邻近地铁的一侧设置φ850@600三轴水泥搅拌桩,其中地铁一侧采用坑外设置双排φ850@600三轴水泥搅拌桩进行加固	在I和II区设置φ650@450水泥搅拌桩加固。I区加固深度从坑底以下7.3m左右,宽度约为10m;II区加固深度15m,II区加固到基底以下5.0m左右。从第二道到坑底水下5.0m	开挖远离地铁侧土方,形成临时的内支撑,紧邻地铁中部采用"同隔抽"的方法,II区采用分层、分段原则进行	近侧地铁隧道:水平变形为13.13mm;竖向变形为2.66mm;远侧地铁隧道:水平变形1.97mm,竖向变形为1.34mm

续表

编号	基坑概况	隧道位置	隧道所在土层	围护结构	加固情况	挖土	隧道变形情况
8	某地铁九号线二期基坑工程平均开挖深度10.9m	隧道与基坑最近距离约4.8m	淤泥质黏土	围护结构采用800mm厚地下连续墙,另加2道水平支撑,第1道为钢管混凝土支撑,第2道为钢筋混凝土支撑;先在东侧连续墙600mm间距450mm双排桩的旋喷桩施工,后施工靠近隧道的排桩,非采取隔一打一的顺序跳孔施工	深层井点降水,基坑的四周采用深层搅拌桩加固,加固深度为基坑底下5m,宽度为基坑底下8m	分层、分块,对称,限时,待第一道支撑达到70%的强度后再基坑分6小块对称,先分区块分层,分区开挖	最终沉降为4.2mm,最大水平位移为8mm
9	某基坑深度为6.45m、4.95m	隧道与基坑水平距离11.5m,隧道顶部在坑底下4.8m	淤泥质粉质黏土,灰色淤泥质黏土	基坑围护结构采用φ700@1000,深度13m,灌注桩;灌注桩的外围采用4排φ700双轴搅拌桩作为止水帷幕,埋深13m,地铁一侧设一道斜抛撑,先行开挖基坑地铁侧土层;土层设置底板,采用搅拌桩墩式加固	外围采用4排φ700搅拌桩作为止水帷幕,埋深13m,做邻近基坑侧墩设搅拌桩墩式加固	按照基坑时空效应原理,进行分层、分层,对称开挖。做到"分层、分块,对称,限时,对称平衡"挖土,限时支撑	隧道实测发生5.3mm的位移,有限元计算水平位移5.92mm,竖向位移5.71mm
10	某基坑面积8230m²,开挖深度20.72m	隧道与基坑区北侧最近水平距离为5.4m,隧道埋深为8.5m,隧道顶约在坑底之上9.5m	淤泥质粉质黏土,淤泥质黏土	基坑围护设置两墙合一地下连续墙,厚度为1000mm,地下连续墙深度分别为36m、39.5m、41m。坑内设3道水平支撑,地下连续墙外部的土体不侧限加固,采用三轴搅拌桩墩式加固	北基坑加固,从坑底以下7m至地面,采用满堂加固,水泥掺入量不小于20%,加固满堂的土体本侧限强度不低于1.5MPa	开挖坑底,从下向上顺作施工地下各层结构。基坑开挖遵循"分层、分块,留土护壁,对称,限时开挖支撑"的原则,利用时空效应原理,减少无支撑的时间	累计最大沉降值16.67mm

编号	基坑概况	隧道位置	隧道所在土层	围护结构	加固情况	挖土	隧道变形情况
11	某广场2期工程塔楼基区及襄阳北路北侧一侧周边裙房开挖近9m。基坑开挖深11m，	隧道距离基坑的水平距离最近处处3.8m，隧道顶标高位于坑底下2m处	灰色淤泥质黏土、泥质黏土	围护结构宽为600~800mm，深18~20m地下连续墙。北侧采用钻孔灌注桩(φ=1000mm，l=18m)。桩后两排搅拌桩止水。两道混凝土支撑，绝对标高分别为−2.4m、−7.0m，局部采用双肢钢管支撑	1. 水泥搅拌桩满堂加固，深度为5m。2. 地铁隧道侧加固宽度达10m，水泥掺量为15%，基底以上为8%；3. 深层搅拌桩加固区与地墙的缝隙处进行了压密注浆	先中间后四周的盆式挖土，分区、对称，做到"分层、分块、限时"平衡、挖土支撑。地铁侧开挖留土宽度不小于4倍层深，单块土体的挖土支撑控制在16~24h	累计沉降达到9mm；相应水平位移：上行线8mm，下行线9.5mm，下行线8mm。隧道管片收敛致向基坑卸土方向拉伸速率最大可达0.3mm/d
12	某广场基坑工程基坑深14.4m	上行线隧道距基坑22~26m，下行线隧道基坑7~11m。隧道下行线坑底于北坑质标高下5.1m	淤泥质黏土	采用地下连续墙。在南京路一侧，连续墙深33m，其余部分深31m，厚0.8m。内设三道支撑。其绝对标高分别为−1.95m、−7m、−11.5m	基坑南侧(靠近地铁)坑底以下采用坑宽度为6.2m，加固深度为坑底以下5m的旋喷加固，水泥旋喷掺量为13%以上搅拌桩加固为8%	盆式开挖，按照对称、平衡的原则，即在中间土方开挖形成土方支撑后，两边边的土方在规定时间内开挖并接通达至地下墙	沉降：上行线10mm，下行线8mm（坑内变动）；水平位移（坑内移动）：上行线10mm。隧道收敛呈横鸭蛋状，水平向4mm，下行线10mm。竖直向隧道收敛伸长7.3mm，竖直向缩短21.2mm
13	某广场基坑(北坑)。基坑开挖深15.1~16m	中隔墙与地铁下行线隧道仪相距2.8~5m。地下行线顶标高位于坑底上北坑底土上0.7m	淤泥质粉质黏土	北坑采用厚800mm的地下连续墙深25.2m，四道钢筋混凝土支撑，其绝对标高分别为+1.8m、−1.3m、−4.7m、−8.5m。连续墙外侧采用直径为850mm的灌注桩，长度25m	北坑高压旋喷加固，加固范围以上1.5m至坑底下5m阶梯段加固，隧道两侧格栅条厚1.5m	按"由东向西、先北后南"原则开挖，自然完成土方，分3次开两向浇筑。土方按"3区5块"分期施工接期开挖	沉降：下行线5mm，上行线7.5mm。水平位移：下行线13mm，上行线10mm。隧道收敛呈横鸭蛋状，水平向向伸长22.5mm

续表

编号	基坑概况	隧道位置	隧道所在土层	围护结构	加固情况	挖土	隧道变形情况
14	某广场深基坑面积约5800m²，主楼基坑挖深14m，裙楼12.6m	基坑北面（沿淮海路）邻近地铁，最近3.8m，最近8m	淤泥质黏土中	800mm厚的地下连续墙，五道钢筋混凝土支撑，其标高分别为−0.6m，−3.5m，−6.4m，−9.5m，−13.1m，平面上基坑采用边框架支撑、斜撑为主	在基坑内四周采用深层搅拌桩加固，深至基坑底下5m，采用基坑底上8m。加固宽度为8m，采用深井点降水	先支撑后开挖，分层分区开挖原则，待第一道支撑达到70%的强度后，基坑平面分6小块对称开挖。以下类推	最大沉降6.07mm，（第四道支撑时），底板浇筑后沉降变为4.2mm，最大水平位移为8mm
15	某地铁2号线人民公园站基坑开挖深度22.12m	1号线与基坑最近相距10.7m，隧道顶底标高约16.4m	淤泥质粉质黏土，淤泥质黏土、粉土、黏土	采用两明一暗半逆作法施工。800mm厚地下连续墙，深度40m，六道角撑，其标高分别为：−0.52m，−4.85m，−8.74m，−11.47m，−17.07m，−19.5m		按照时空效应原理，采用分层分块开挖，共分6块开挖	最大沉降10mm，连续墙的最大水平位移端为60mm
16	某基坑开挖深度分别为6.45m，4.95m及3.5m	8号线区间隧道距基坑边缘11.5m。隧道顶埋深10m	淤泥质粉质黏土，淤泥质黏土	基坑地铁采用φ700@1000钻孔灌注桩，桩底埋深13m，一道水平支撑，其标高为−2m（相对于±0.0）	围护外围采用4排φ700SMW工法搅拌桩作止水帷幕，桩底埋深13m，地铁基坑侧裙边进行式整体加固	按照时空效应原理，采用分层分块开挖	隧道发生5.3mm位移
17	某交通枢纽中心基坑组开挖深度6.72m	距离两轨道交通车站轴线20m		采用厚800mm的地下连续墙围护结构，结构梁代替临时支撑（一道水平支撑系统）			车站结构沉降5.3mm；轨道结构沉降−1.3mm

续表

编号	基坑概况	隧道位置	隧道所在土层	围护结构	加固情况	挖土	隧道变形情况
18	某基坑总面积约7548m²。开挖深度塔楼区为10.25m;地下车库9.45m	4号线上行线距离本基坑塔楼外边墙9.89m;隧道顶覆土厚度为11m	淤泥质粉质黏土、淤泥质黏土	塔楼部分采用800mm厚的地下连续墙,地下车库部分采用600mm厚地下连续墙。两标高分别为-2.15m、-6.9m	近地铁侧坑内采用φ560@450水泥搅拌桩加固,宽6.05m,深度至坑底以下6.5m;地铁侧坑内加固与槽壁间采用φ800@1000高压旋喷桩,其余位置采用压密注浆	按照"分层、分块、对称、限时"的要求,采用抽条式间隔开挖,分块开挖时每块边长不大于20m	最大侧向位移为4.9mm,竖向位移为8.4mm(有限元结果)
19	某基坑开挖面积16429m²,邻近地铁侧南侧坑底标高为-15.725m	隧道距离基坑最近处3m,隧道埋深11m,隧道底位于坑底上约4.7m	淤泥质粉质黏土、淤泥质黏土	1m厚地下连续墙,深度32.45m,四道支撑。第一道1000mm×800mm钢筋混凝土支撑,二、三、四道609mm×16mm双拼钢管支撑,支撑的标高分别为-1.75m、-6.45m、-9.95m、-13.025m	坑底不同标高处采用高压旋喷三重管注浆法分层加固,加固深度分别为3.0m和2.6m。注浆体直径不小于1.2m,桩体搭接不大于400mm		隧道产生8mm的沉降
20	某基坑开挖深度11.5m	基坑距隧道最近处约7m,基坑坑底比隧道洞顶低4m	淤泥质黏土、黏土	全逆作施工,地下墙三墙一,邻近地铁侧地下墙为1m厚,深23m,其他三侧为0.8m厚,深23m	深搅桩与高压旋喷相结合加固,四周围5m厚搅拌桩加固,宽7.2m,地铁侧加固10m,增加2.8m宽裙底;坑底高压旋喷加固以上采用裙边式抽条加固至地面	分层、分块、对称、平衡、限时开挖和浇筑垫层,采取盆式开挖中部垫层,而后向两侧对称开挖	隧道产生的最大水平侧位移为4mm

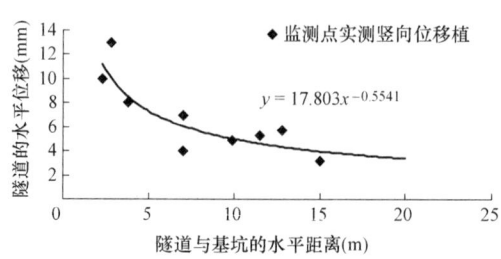

图 7-1 基坑与隧道水平距离对隧道水平位移的影响关系曲线

在保证隧道所在岩土层物理力学性质相似的情况下，从图 7-1 中可以得出，基坑与隧道的水平距离大小对于隧道水平位移影响较大，隧道产生的水平位移与基坑至隧道的水平距离大致呈幂函数衰减关系，它们之间的水平距离越近，隧道水平位移越大。当隧道与基坑水平距离在 5m 之内时，对隧道水平位移影响较大，水平位移为 8～14mm；当隧道与基坑水平距离在 5～13m 之间时，隧道产生的水平位移为 4～7mm；当隧道与基坑水平距离大于 13m 时，隧道产生的水平位移小于 4mm。

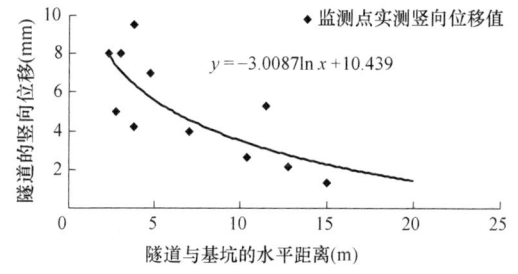

图 7-2 基坑与隧道水平距离对隧道
竖向位移的影响关系曲线

基坑至隧道水平距离对隧道竖向位移也会产生较大影响，根据实测数据统计，隧道产生的竖向位移与基坑至隧道的水平距离大小大致呈指数关系。如图 7-2 所示，隧道与基坑的水平距离在 5m 以内的工程实例显示，隧道产生的竖向附加位移较大，约为 4.2～9.5mm；当隧道与基坑的水平距离大于 5m 时，隧道的竖向位移逐渐减小。需要注意的是，表 7-1 中所列举的前 3 个案例是基坑在隧道正上方开挖，此时，隧道水平位移较小，隧道上浮明显，上浮的原因是隧道拱顶位于基坑底之下，基坑开挖卸荷后，坑底土体隆起，带动下部土体向上移动，从而引起隧道上浮。

（2）基坑开挖对隧道产生的水平位移与基坑底至隧道拱顶之间高差没有显著规律，表现出较大的离散性（图 7-3）；基坑开挖对隧道产生的竖向位移与基坑底至隧道拱顶之间高差线性相关（图 7-4）。

（3）基坑坑内加固和开挖的时空效应均会对隧道变形产生影响，合理的坑内加固以及时空效应开挖可以有效地控制隧道变形。

上述统计案例中，邻近既有隧道基坑开挖基本都采用盆式开挖，并按照"分

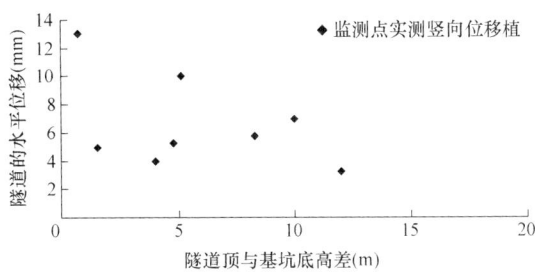

图 7-3 隧道拱顶与基坑底高差对隧道水平位移影响关系

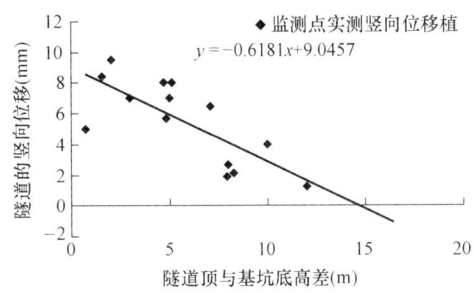

图 7-4 隧道拱顶与基坑底高差对隧道竖向位移影响关系

层、分块、对称、平衡、限时"开挖原则的"时空效应原理"进行开挖。一般先挖除基坑中间和保护等级较低的土体,在及时形成支撑后,预留邻近地铁隧道侧土体的宽度,最后挖除该部分土体,边开挖边支撑,并控制每块挖土支撑施工时间。

(4)综合考虑隧道结构不同方向变形基准来制定合理的降水措施对控制隧道变形有利。

7.2 青岛典型地质条件下的岩层移动规律

青岛地区具有特殊的"上软下硬"土岩二元结构地质条件,地表第四系土层不发育,有的地段富含地下水,有的地段富水性较差,下伏基岩为燕山期花岗岩,隧道穿过的中风化、微风化岩面中赋存节理,一般含有 2~3 组节理,并有煌斑岩侵入。针对上述特点,结合现场实测数据,对青岛地下开挖引起地表沉降曲线总结为以下 5 种曲线,即缓型正态分布曲线或沉降坑、陡型正态分布曲线、偏态分沉降曲线、漏斗塌陷坑状和台阶状沉降曲线,见表 7-2 所列。

青岛地下工程开挖引起岩层移动特征与模式

表 7-2

岩层特征	岩层模式示意图	覆岩破坏形式示意图	开挖引起岩层移动示意图	地表沉降横向曲线模式与特征	地表沉降特征
岩体完整性好、强度高、稳定性好 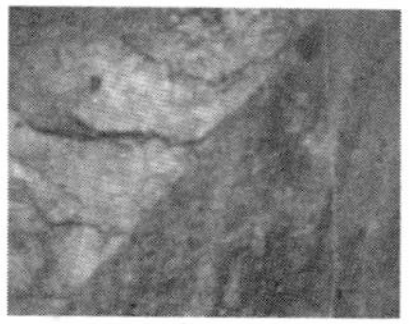	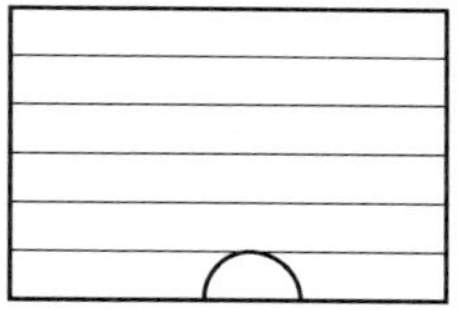	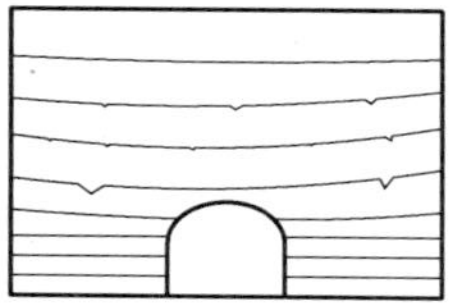	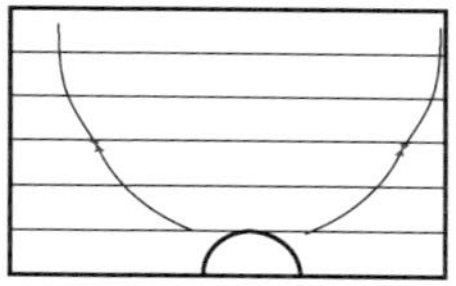	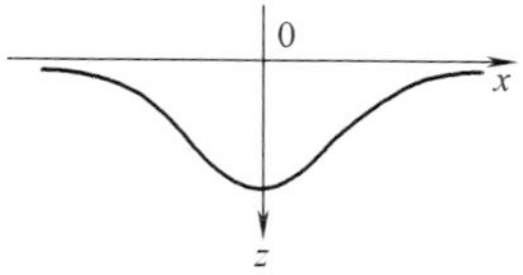 缓型正态分布沉降	隧道开挖引起层状覆岩断裂或着向下弯曲,并逐渐传递到地表,引起地表沉降。地表沉降一般较小,地表沉降一般表现为缓型正态分布曲线
岩层中节理呈接近竖直镶嵌排列形式 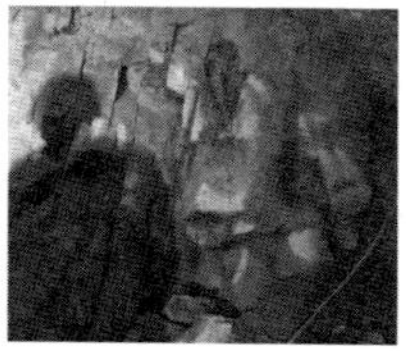	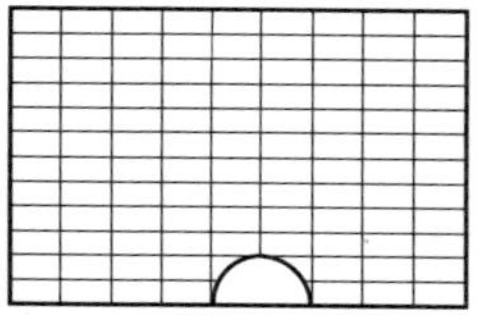	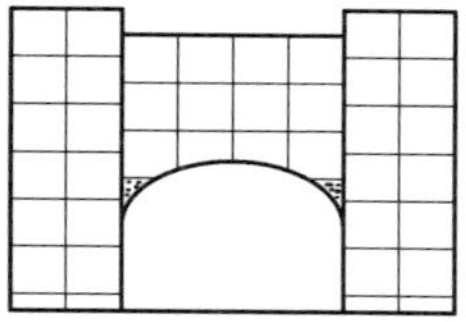	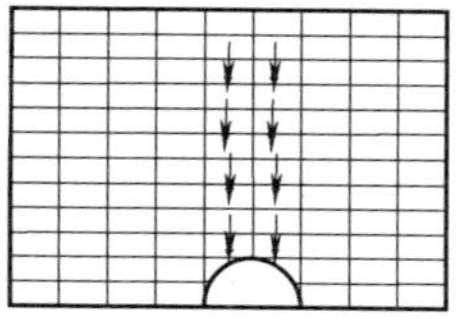	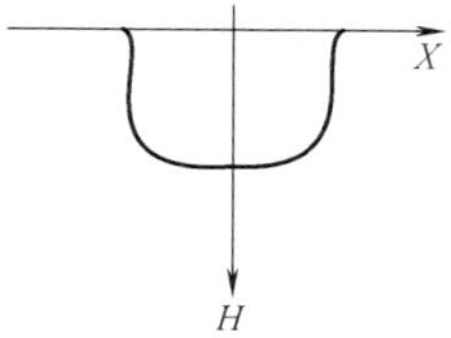 漏斗状沉陷坑	隧道开挖引起岩体沿着竖向节理变形发展,当进行,并且地下覆土层,当地下水位较高时,容易在地面形成漏斗状沉陷坑
岩层中理理倾角与隧道轴向呈一定夹角 	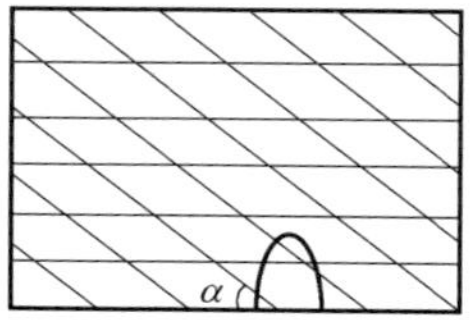	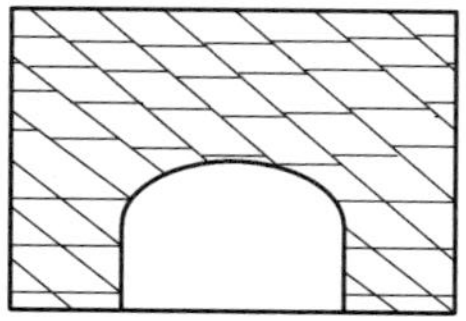	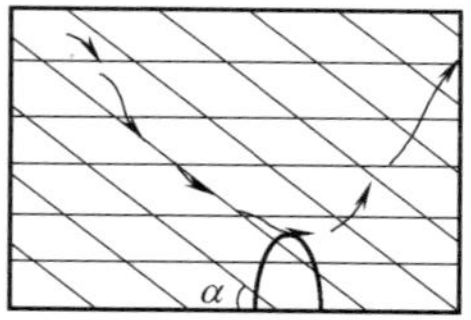	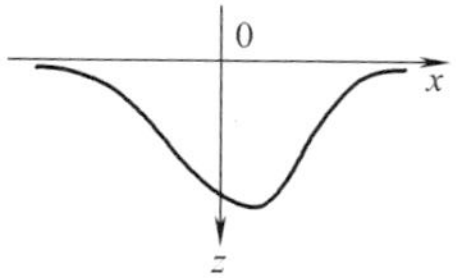 偏态沉降曲线	隧道开挖导致上覆岩体沿着节理弱面产生位移,逐渐发展到地表,产生地表沉降,即地表呈偏态分布,出现偏态分布,最大沉降量不在隧道轴线上,产生偏态沉态沉降曲线

续表

岩层特征	岩层模式示意图	覆岩破坏形式示意图	开挖引起岩层移动示意图	地表沉降横向曲线模式与特征	地表沉降特征
岩体风化严重、比较破碎				 陡型正态沉降曲线	隧道开挖导致上覆破碎岩体下沉、引起岩体变形，逐渐传递到地表，使得起地表沉降呈现陡型降曲线正态分布曲线
含流砂层岩体				 陡型沉降曲线　或　沉陷坑	隧道开挖导致覆岩破坏、下沉，导致地下水与流沙流失，引起地表出现陡型沉降曲线，严重者出现沉陷坑
有煤斑侵入岩体				 台阶状沉降曲线	隧道开挖导致覆岩逐渐沿岩层变形，并逐渐沿地表传递，当遇到煤斑岩层断裂，传递到地表出现台阶状沉降曲线

此处针对"上软下硬"土岩二元结构的典型地质条件建立了考虑节理迹长、间距和节理倾角的地表沉降泊松分布预测模型。该模型计算结果与实际监测结果具有很好的一致性，对实际设计、施工和现场预测有一定的指导作用。

假设存在节理间距和迹长不等的倾斜节理，节理迹宽为 a，节理迹长为 b，倾角为 α。若从最下层挖走 a_1 单元岩块后，由于岩层存在倾斜节理，造成 a_2 与 b_2 下落的机会不均等，以 d 表示单元岩块中心到开挖中心线的水平距离，经过几何推导可知，a_2 与 b_2 下落概率分别为：

$$\begin{cases} p_{a_2} = \dfrac{1}{2}(1+\lambda\cos\alpha) = p_1 \\ p_{b_2} = \dfrac{1}{2}(1-\lambda\cos\alpha) = p_2 \end{cases} \tag{7-1}$$

式中 λ——迹长与间距比，$\lambda = \dfrac{b}{a}$。

可推得，受到开挖影响的第 n 层中第 k 块岩块的下落概率为：

$$P(X=k) = \left(\frac{1}{2}\right)^n C_n^k (1+\lambda\cos\alpha)^{n-k}(1-\lambda\cos\alpha)^k \tag{7-2}$$

$$n = \left[\frac{H}{b\sin\alpha}\right]$$

式中 H——隧道埋深（m），$k \in [0, n]$。

考虑到实际应用中岩层数 $n \geqslant 10$，可以采用泊松分布函数来代替二项分布，即：

$$P(X=k) = \frac{m^k}{k!} e^{-m} \tag{7-3}$$

式中 m——泊松分布参数。

则在深度为 H、节理倾角为 α、节理平均间距为 a，节理迹长为 b 的岩体中开挖单元岩块所引起的地表沉降的表达式为

$$\omega_{ck} = c \times b\sin\alpha \times P(X=k) \tag{7-4}$$

式中 c—岩层性质有关的下沉系数，需要根据实际情况赋值，通过对青岛相关工程提供的资料进行相应反演拟合计算，认为青岛地区一般取 0.05～0.08。

7.3 本章小结

本章统计 20 个国内外建筑基坑开挖对邻近隧道影响规律，分析提出了基坑开挖引起邻近隧道的水平位移与基坑至隧道的水平距离呈幂函数衰减关系、基坑开挖引起邻近隧道的竖向位移与基坑至隧道的水平距离呈指数关系、基坑开挖引

起邻近隧道的水平位移与基坑底至隧道拱顶之间高差表现出较大的离散性关系、基坑开挖引起邻近隧道的竖向位移与基坑底至隧道拱顶之间高差呈线性相关、基坑坑内加固和开挖的时空效应均会对邻近隧道变形产生影响等规律。

同时，系统分析了土岩二元结构典型地质条件下地下工程开挖岩层移动规律，建立了地质模型与数学模型为一体的节理倾角地表沉降随机离散模型，推导了考虑节理迹长、间距和节理倾角的地表沉降泊松分布预测模型。

8 邻近隧道建筑基坑施工关键技术

在上一章的基础上，本章提出邻近已建隧道进行建筑基坑施工对隧道安全影响的评价体系、评价指标和评价方法，给出邻近已建浅埋隧道建筑基坑施工工艺和施工技术，以及施工过程中需要进行监测指标、监测方法及技术改进措施。

8.1 主要研究步骤及内容

城市建筑基坑施工开挖打破了土体原有的应力平衡状态，造成应力重分布，产生土层变形，这种变形传递到邻近已建浅埋隧道，引起隧道变形，危害隧道安全。本章针对该问题展开研究，按照基坑开挖建设程序，技术路线如图 8-1 所示。

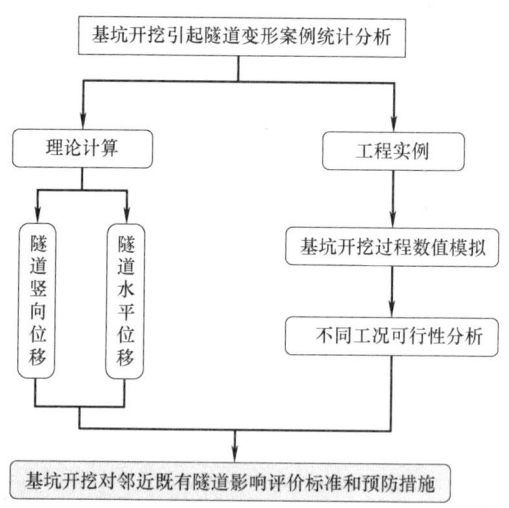

图 8-1 主要研究步骤及内容

各步骤详细内容描述如下：

第一步，研发邻近已建浅埋隧道建筑基坑施工工艺和施工技术。

① 研究基坑开挖导致岩层移动引起邻近隧道变形的演化规律；

② 研发邻近已建浅埋隧道建筑基坑施工工艺和施工技术，减少基坑开挖对邻近隧道的影响。

第二步，邻近已建隧道建筑基坑施工对隧道安全影响的评价指标和评价方法。

① 找出工程施工对隧道的影响因素，并进行总体评价；

② 研究评价指标，确定施工中进行监测的标准；

③ 研究评价方法，便于在施工前对隧道安全影响进行科学的预测。

第三步，研究施工过程中需要进行监测的指标、监测方法以及技术改进措施。

根据现场测试、实验室试验和数值模拟等手段，研发邻近已建隧道建筑基坑施工工艺和技术以及现场监测技术。

8.2 邻近已建浅埋隧道建筑基坑施工工艺和施工技术

8.2.1 基坑开挖对隧道影响过程模拟分析

针对"上软下硬"土岩二元结构典型工程地质条件，结合邻近某青岛接线端隧道的基坑工程，运用 Midas 软件建立真三维数值模型，动态模拟基坑分块、分层开挖过程，得到准实际状态，获得隧道建成以及在后期受邻近基坑开挖施工影响过程状态。有限元模拟分 3 个阶段：第一阶段模拟隧道开挖前初始地应力阶段；第二阶段是隧道开挖过程模拟；第三阶段进行基坑开挖过程模拟。

1. 模型建立和施工过程模拟

考虑基坑开挖的影响范围，模型采用真三维模型，取模型长×宽×高尺寸为 270m×250m×56m，模型采用四面实体单元，单元总数 90635 个，节点 24226 个（图 8-2）。为了准确模拟出基坑开挖前隧道的应力状态，模拟了隧道实际开挖过程。隧道开挖前，模型四周施加水平位移约束，底部施加竖向位移约束，上边界为自由边界，初始荷载分为两部分，第一部分为上覆岩土层自重荷载，第二部分为邻近已建建筑荷载，两处已建建筑均为砖混结构，分别为 12 层、7 层，根据建筑结构设计规范，结构单位面积重力荷载（包括活荷载）12～14kN/m²，统一取 12kN/m²。这时，保留单元应力，位移清零。

为保证有限元模型分析的准确性，兼顾现场实际施工工况和地质条件的复杂性，对实际工程进行适当的简化：

（1）根据实际钻孔信息建立有限元模型地层分层，由于场地整体地势较缓，假设地表及各土层均质水平分布；

（2）由于工程无丰富含水层，地下以基岩裂隙水和上层滞水为主，忽略了地下水水位变化对隧道和基坑开挖的影响；

（3）建模过程中，需要开挖的基坑、基坑坑周、既有建筑基础周围以及隧道洞周围部位加密网格划分；

（4）采用Mohr-Coulomb准则，隧道衬砌以及基坑围护结构的地下连续墙采用板单元模拟，隧道锚杆以及基坑支护锚杆采用植入式桁架模拟。

隧道开挖采用上下台阶法，模拟施工阶段为1～22个阶段，隧道开挖施工完成后得到了准实际的隧道变形和应力状态，此状态可以近似地当作基坑开挖之前地应力状态，在此基础上进行基坑开挖。隧道开挖完成后，在已有的隧道状态下进行基坑开挖及支护，采用分层、分块开挖，边开挖边支护，每层分为6块，分3层开挖，每层开挖2m。开挖之前，基坑周围采用1m厚复合式地连墙作为围护体，对周围土体预先加固止水。坑壁采用预应力锚杆进行围护，锚杆水平间距2m，倾角为20°，长度为13m，锚固端长5m，自由端长8m，共打3层锚杆。基坑开挖根据不同的施工阶段，具体开挖施工工法见表8-1所列，施工阶段为23～38阶段。

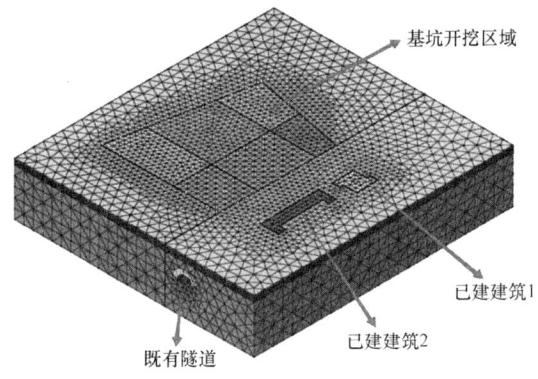

图8-2　有限元模型立体图

基坑开挖施工工法　　　　　　　　　　　　　　　表8-1

施工阶段	23	24	25	26	27	28	29	30	31	32	33	34	35	36	37	38
素开挖一层	1		2		3		4		5		6					
素开挖二层			1		2		3		4		5		6			
素开挖三层					1		2		3		4		5		6	
支护锚杆一层		1		2		3		4		5		6				
支护锚杆二层				1		2		3		4		5		6		
支护锚杆三层						1		2		3		4		5		6

2. 工程地质条件及岩土层参数

现场地勘资料表明，此场区地层由第四系土和基岩组成，场区东侧第四系厚度较小，向西逐渐增大，东侧由全新统人工填土层组成，西侧主要由全新统人工填土层、全新统海相沉积层及上更新统洪冲积层组成；下伏基岩主要为燕山晚期粗粒花岗岩，局部穿插后期侵入的煌斑岩和细粒花岗岩岩脉。岩土层从上到下顺序如下：第①层素填土，厚度约为4m；第②层粉质黏土，厚度约为2m；第③层含黏性土粗砾砂，厚度约为1m；第④层粗粒花岗岩强风化带，厚度约为4m；第⑤层粗粒花岗岩中等风化带，厚度约为7m；第⑥层粗粒花岗岩微风化带。各层主要物理力学参数见表8-2所列。

各岩土层物理力学参数表　　　　　　　　　表8-2

层号	密度（kN/m³）	弹性模量（GPa）	泊松比	黏聚力（MPa）	摩擦角（°）	抗拉强度（MPa）
①	17.6	0.01	0.005	0.004	18	0.004
②	19.2	0.005	0.004	0.047	15	0.003
③	19.8	0.03	0.02	0.04	35	0.01
④	22.1	1.2	0.6	0.44	45	0.2
⑤	23.4	2.25	2.3	1.18	55	1.8
⑥	24.7	15.8	13.9	2.0	70	4.5

3. 有限元计算结果分析

取过该建筑物基坑中心轴线与隧道纵向垂直方向 $y=135m$ 剖切面计算后进行位移与受力分析。$y=135m$ 处隧道剖面与建筑基坑的位置关系如图8-3所示。隧道洞周和拱顶监测点编号从左到右分别为1、2、3、4、5、6六个节点，隧道拱底监测点编号从右到左分别为7、8、9、10、11五个节点，位置如图8-3所示。

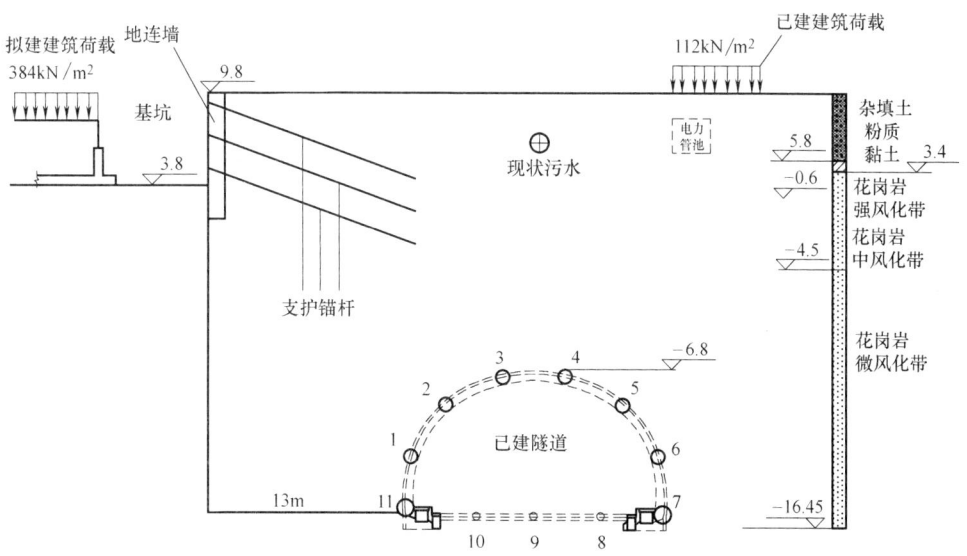

图8-3　建筑基坑和隧道相对位置剖面图

105

（1）隧道收敛变形：隧道开挖完成后，洞周向隧道内出现净空收敛位移，通过监测点 1 和监测点 6 可知，隧道水平方向收敛 5.2mm；通过监测点 3 可知，竖直方向拱顶最大沉降 8.4mm；通过监测点 9 可知，拱底最大隆起 11.9mm；基坑开挖完成后引起的隧道收敛变形与隧道开挖完成后的隧道收敛值相比，变化很小，即隧道收敛变形基本在隧道施工结束后停止，基坑开挖过程对隧道收敛变形影响不大。

（2）隧道位移：由于基坑开挖卸荷影响，基坑侧壁和坑底土体向基坑内侧产生变形，引起周围土体产生偏向基坑一侧的位移，进而引起隧道整体向基坑一侧产生横向位移，并且整体有上抬趋势，图 8-4、图 8-5 为竖向位移与水平位移云图。提取隧道洞周竖向位移数据，得到图 8-6、图 8-7 位移曲线。从图 8-6、图 8-7 中可知，基坑开挖后，隧道竖向位移与基坑开挖前相比，整体向上移动，靠近基坑一侧上抬比远离基坑一侧要大，平均向上移动 1.0mm。经计算，隧道竖向变形曲率半径为 700967m，大于 15000m，符合隧道保护的控制要求。隧道水平方向位移，提取隧道洞周水平位移数据，得到图 8-8 和图 8-9 位移曲线。从图 8-8、图 8-9 中可知，基坑开挖后，隧道位移与基坑开挖前相比，整体向基坑方向水平平均移动 0.58mm。

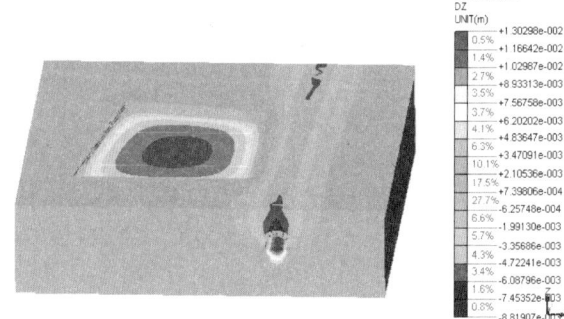

图 8-4　基坑开挖后竖向位移云图

图 8-5　基坑开挖后水平位移云图

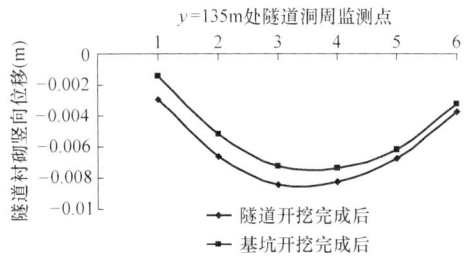

图 8-6　$y=135\text{m}$ 处隧道洞周监
测点竖向位移曲线

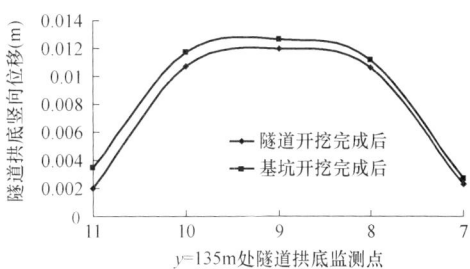

图 8-7　$y=135\text{m}$ 处隧道拱底
监测点竖向位移曲线

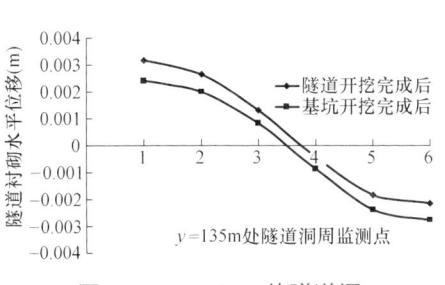

图 8-8　$y=135\text{m}$ 处隧道洞
周监测点水平位移曲线

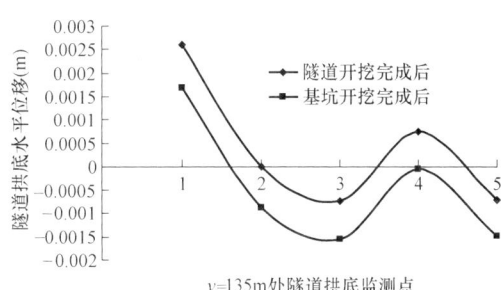

图 8-9　$y=135\text{m}$ 处隧道拱底
监测点水平位移曲线

（3）隧道受力分析：基坑开挖完成后最大主应力分布如图 8-10 所示，提取隧道洞周围岩应力数据，得应力曲线，如图 8-11 所示。结果表明，拟建建筑基坑开挖后，隧道围岩压力释放，在拱肩处和拱顶释放应力最大，在拱脚处释放最小。在拱脚处形成应力集中区。靠近基坑一侧的拱脚最大应力为 0.5MPa，隧道

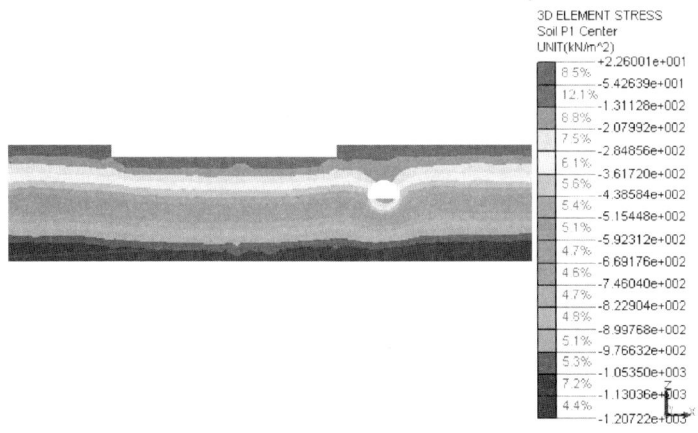

图 8-10　基坑开挖后围岩最大主应力

所受到的剪应力如图 8-12 所示。从图 8-12 中可知，基坑开挖完成后，最大剪应力为 0.36MPa。隧道衬砌所受到的内力如图 8-13 所示。从图 8-13 中可知，基坑开挖完成后，最大内力为 1.23 MPa，没有超过 C35 混凝土设计值 2.2MPa，对衬砌不会产生超过 0.2mm 的裂缝，因而工程建设对隧道裂缝的影响是安全的。

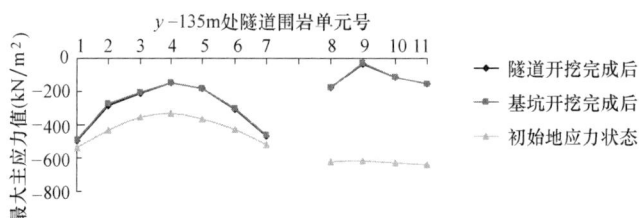

图 8-11　$y = 135$m 处不同施工阶段下围岩最大主应力

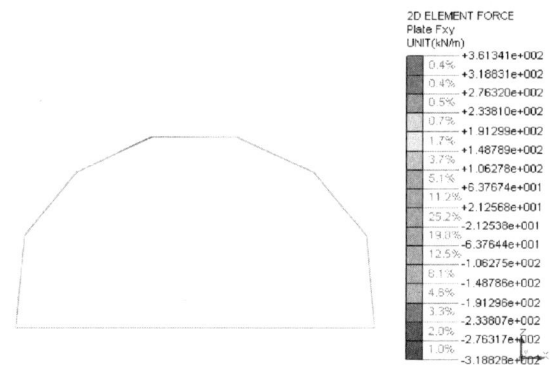

图 8-12　$y = 135$m 基坑开挖完成隧道衬砌所受剪力

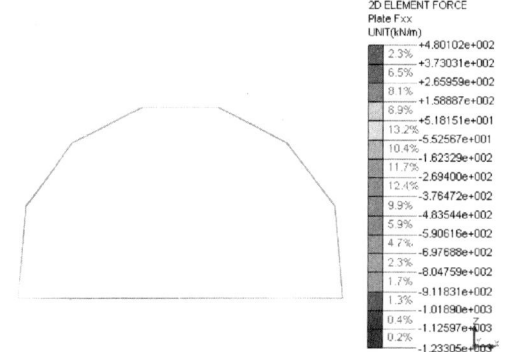

图 8-13　$y = 135$m 基坑开挖完成隧道衬砌所受内力

综上所述，基坑开挖完成后，由于周围岩体应力释放，引起隧道围岩卸载，这种卸载是不均匀的，靠近基坑一侧卸载大，远离基坑一侧卸载小，同时，拱脚比拱肩卸载小，在拱脚处形成应力集中区。由模拟可知，该基坑工程最大主应力、衬砌剪应力和内力均没有超过设计标准，因而对隧道影响是安全的。

8.2.2　基坑开挖时空效应及施工工艺影响

1. 基坑分层开挖不同层厚度对隧道影响

分别模拟了基坑开挖厚度为 2m、3m、6m 三种工况对邻近既有隧道的影响，计算结果如图 8-14～图 8-22 所示。

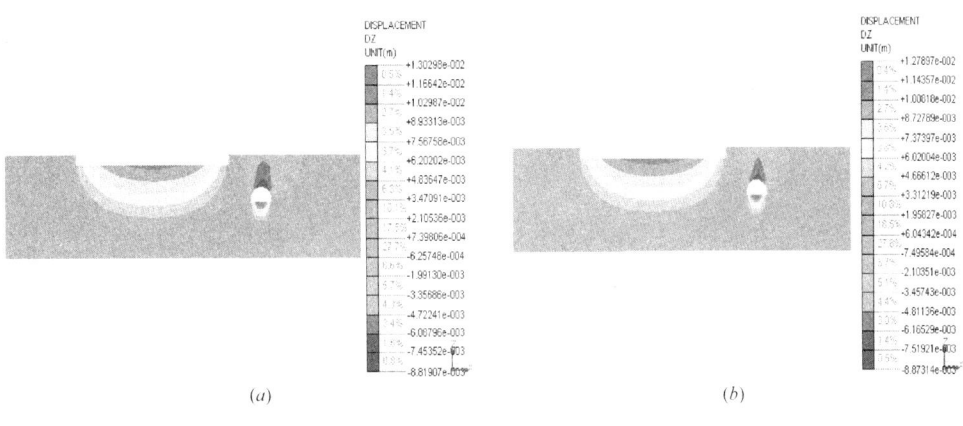

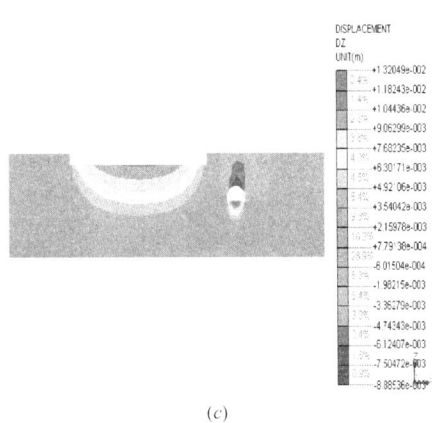

图 8-14 分层开挖不同厚度时隧道竖向位移云图

（a）开挖厚度 2m；（b）开挖厚度 3m；（c）开挖厚度 6m

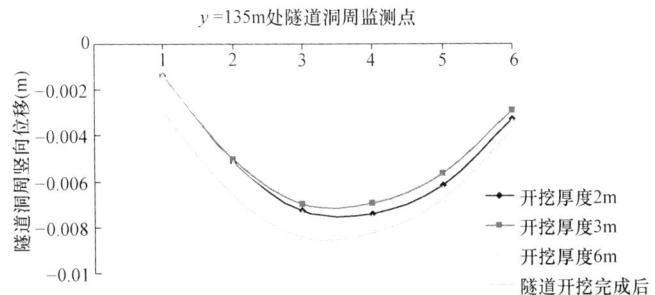

图 8-15 分层开挖不同厚度隧道洞周竖向位移

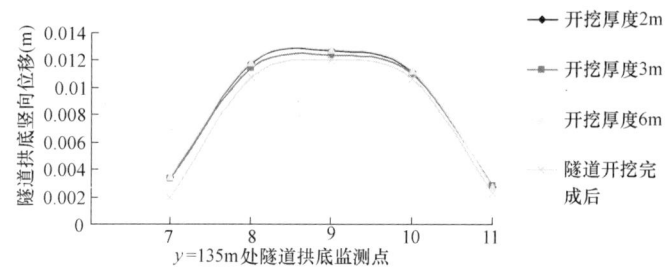

图 8-16　分层开挖不同厚度隧道拱底竖向位移

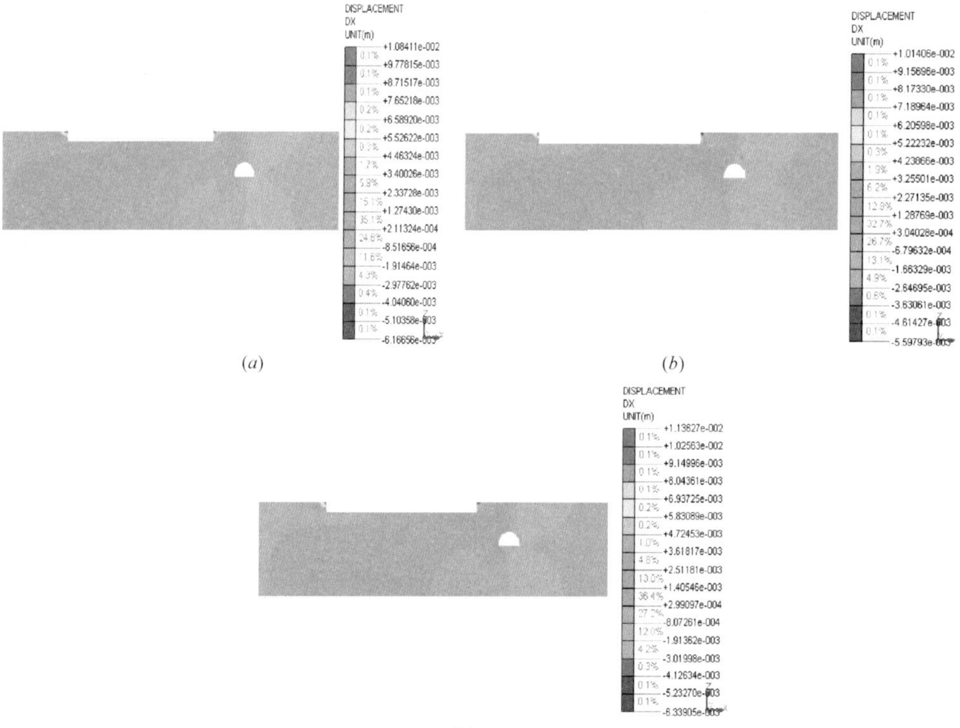

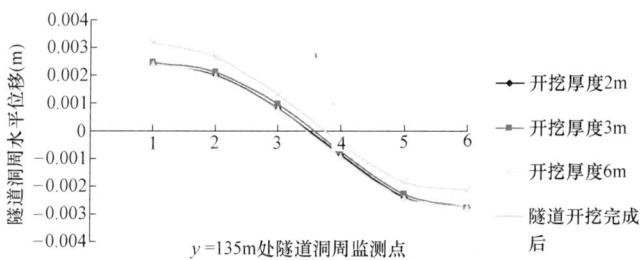

图 8-17　分层开挖不同厚度时隧道水平位移云图

（*a*）开挖厚度 2m；（*b*）开挖厚度 3m；（*c*）开挖厚度 6m

图 8-18　分层开挖不同厚度隧道洞周水平位移

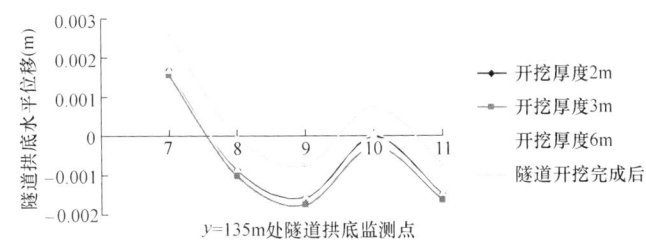

图 8-19 分层开挖不同厚度隧道拱底水平位移

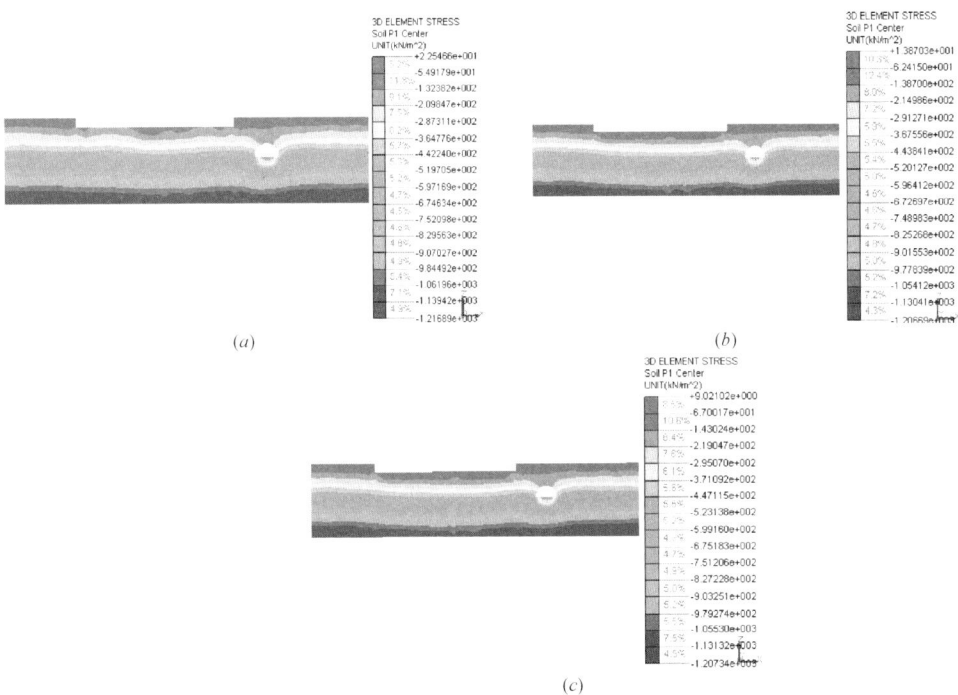

图 8-20 分层开挖不同厚度时隧道围岩最大主应力云图

（a）开挖厚度 2m；（b）开挖厚度 3m；（c）开挖厚度 6m

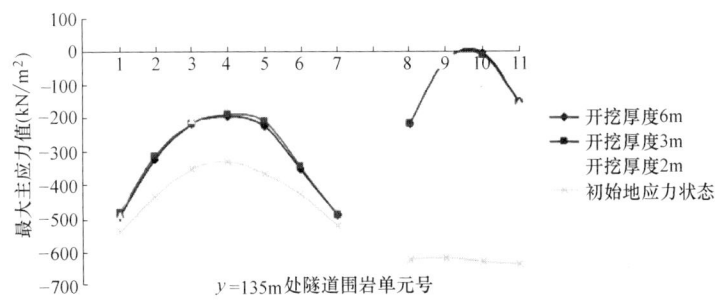

图 8-21 基坑分层开挖不同厚度时隧道围岩最大主应力

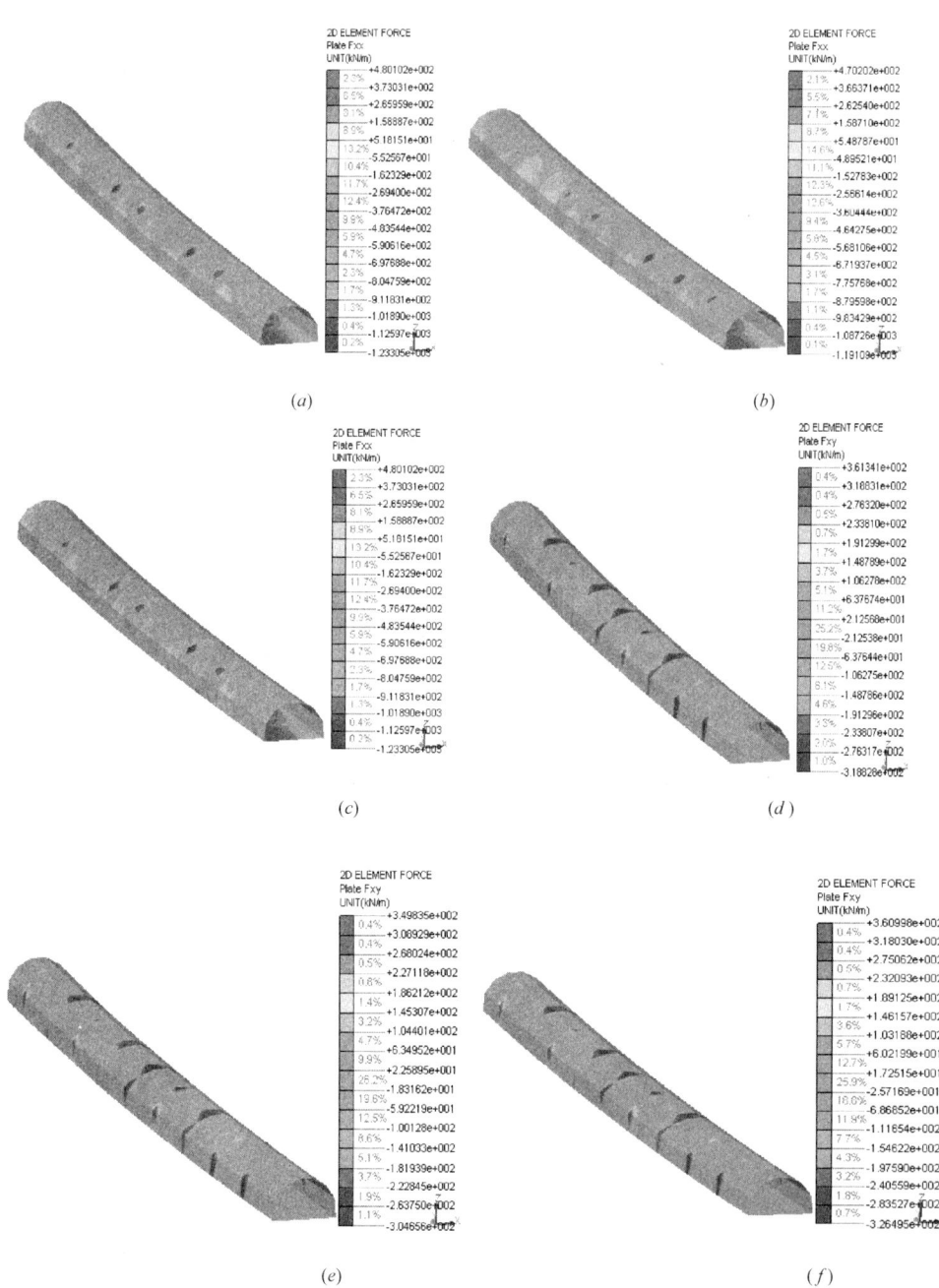

图 8-22　基坑分层开挖不同厚度时隧道衬砌内力和剪力云图

（a）开挖厚度 2m 内力；（b）开挖厚度 3m 内力；（c）开挖厚度 6m 内力；
（d）开挖厚度 2m 剪力；（e）开挖厚度 3m 剪力；（f）开挖厚度 6m 剪力

以上云图及变形规律分析结果表明：

在青岛地区特有地质条件下，结合本实际工程工况（开挖深度 6m），分层分段开挖，模拟过程中在控制边界条件、荷载、网格尺寸、岩土层属性、分块开挖尺寸不变的情况下，不同基坑开挖厚度对隧道收敛变形、竖向位移、水平位移、围岩应力以及衬砌剪力和内力影响很小，说明对于本实际工程，在开挖深度一定的条件下，每层开挖厚度不是影响隧道正常运营的主导因素。本研究可以在实际中指导基坑开挖，为加快工程进程提供了有利的依据。

2. 基坑开挖不同深度对隧道影响

以本工程实例为基础，为了给类似工程提供参考，此处开展进一步研究工作，即分别模拟基坑开挖深度为 6m、12m、17m 三种工况，分析基坑不同开挖深度对邻近既有隧道的变形和应力影响，竖向和水平位移计算结果如图 8-23～图 8-28 所示。基坑开挖不同深度时隧道竖向位移云图见图 8-23、水平位移云图见图 8-26。提取隧道洞周以及拱底竖向位移数据，得到图 8-24、图 8-25 位移曲线。提取隧道洞周及拱底水平位移数据，得到图 8-27、图 8-28 位移曲线。

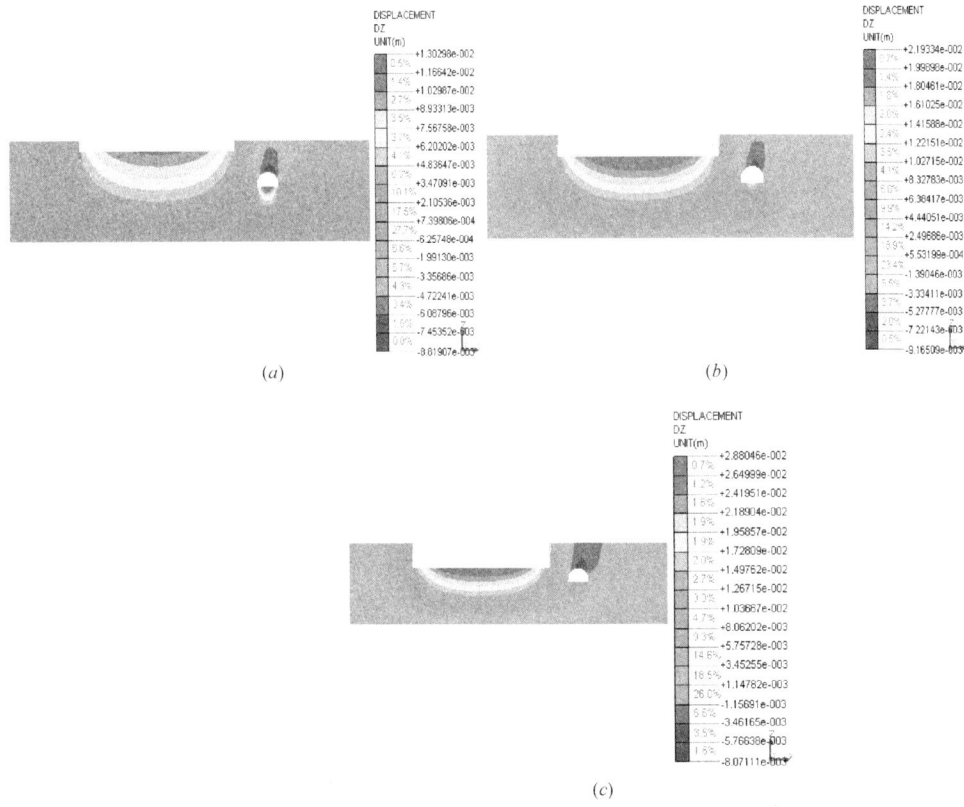

图 8-23　基坑开挖不同深度时隧道竖向位移云图

（*a*）开挖深度 6m；（*b*）开挖深度 12m；（*c*）开挖深度 17m

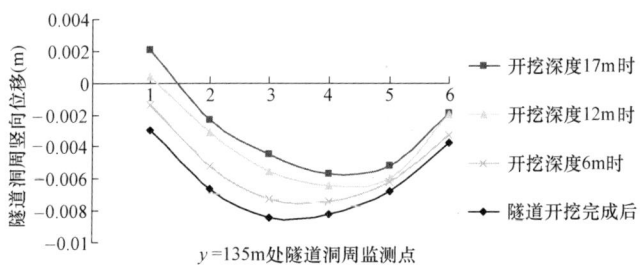

图 8-24 不同开挖深度时隧道洞周竖向位移曲线

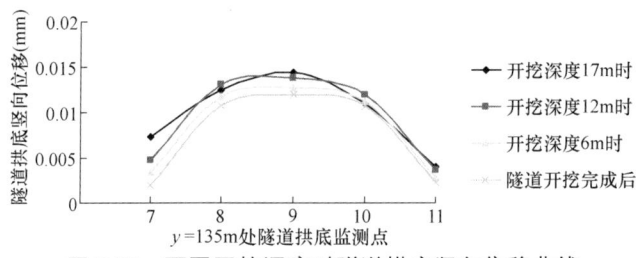

图 8-25 不同开挖深度时隧道拱底竖向位移曲线

从图 8-24、图 8-25 中可知，不同开挖深度时，隧道竖向位移与基坑开挖前相比，整体向上移动，靠近基坑一侧上抬比远离基坑一侧要大，并且随着开挖深度的增加，隧道洞周各监测点抬升越来越明显，隧道洞底各监测点略有上抬。当基坑开挖深度为 6m 时，隧道平均向上移动 1.0mm；当基坑开挖深度为 12m 时，隧道平均向上移动 1.35mm；当基坑开挖深度为 17m 时，隧道平均向上移动 3.21mm。

从图 8-27、图 8-28 中可知，当基坑开挖深度为 6m 时，隧道整体向基坑一侧水平移动 0.58mm；当基坑开挖深度为 12m 时，隧道整体向基坑一侧水平移动 1.67mm；当基坑开挖深度为 17m 时，隧道整体向基坑一侧水平移动 3.95mm。

由以上水平、竖向位移云图以及变形曲线图可知，不同基坑开挖深度对隧道变形影响较大，基坑开挖越深，对隧道影响越明显。

由于建模过程中考虑了初始地应力状态、隧道开挖过程以及基坑开挖过程，三个建模过程的实现时间上是连续的，初始应力状态时，各个监测点水平、竖向位移为 0；隧道开挖后，隧道净空断面收敛，各个监测点出现了不同程度的水平、竖向位移；基坑开挖后，基坑侧壁和坑底土体产生向基坑内侧变形，引起隧道整体向基坑一侧产生横向位移，并且整体有上浮趋势，隧道产生的变形在空间上表现为斜向坑底的位移。对隧道竖向位移，随着开挖深度的不断增加，靠近基坑一侧隧道监测点竖向位移上抬明显，表现出较明显的空间效应；对于隧道水平位移，则表现出整体向基坑一侧位移。

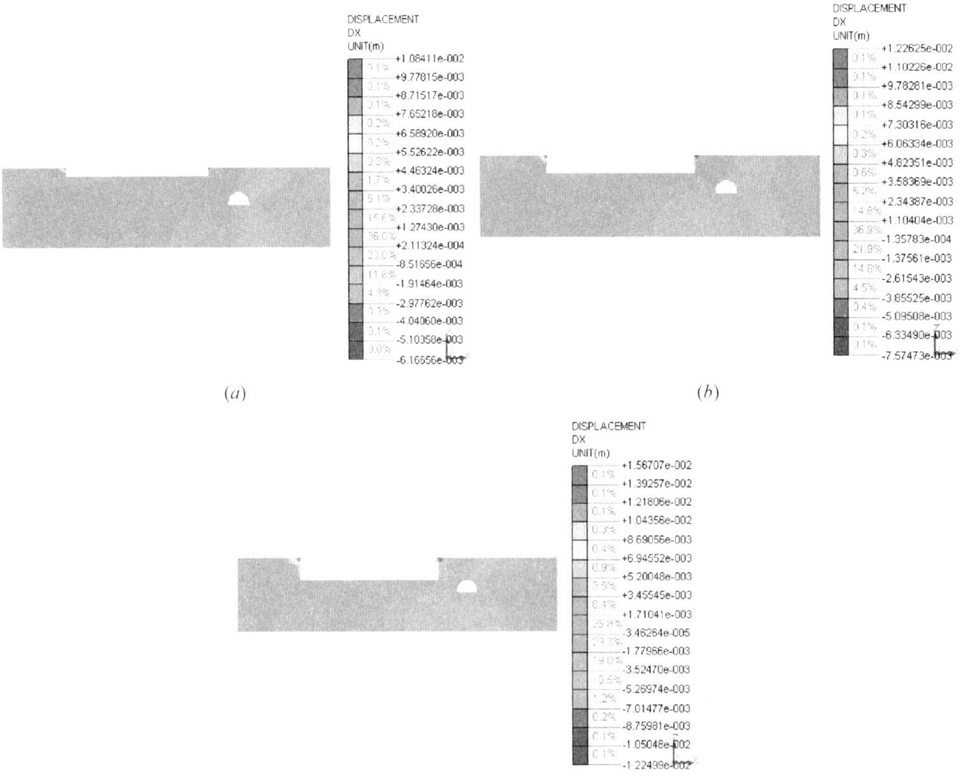

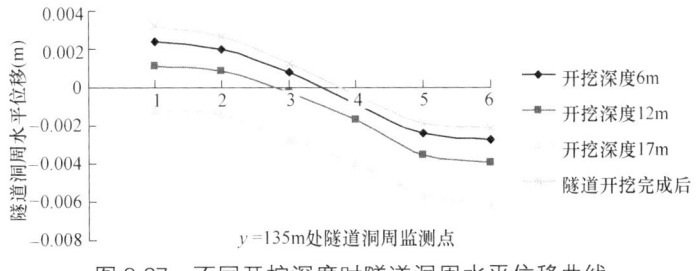

图 8-26　基坑开挖不同深度时隧道水平位移云图

（*a*）开挖深度 6m；（*b*）开挖深度 12m；（*c*）开挖深度 17m

图 8-27　不同开挖深度时隧道洞周水平位移曲线

选取 $y=135$m 处断面，不同基坑开挖深度下最大主应力分布如图 8-29 所示，提取隧道洞周应力数据，得应力曲线，如图 8-30 所示。

由图 8-30 应力曲线可知，当基坑开挖深度为 6m 时，各个监测点所对应的监测单元应力变化较为规律，拱顶以及拱肩位置应力释放最大，释放后的最大主应力为 0.145MPa；当基坑开挖深度为 12m 时，距离基坑较远的隧道的拱肩位置

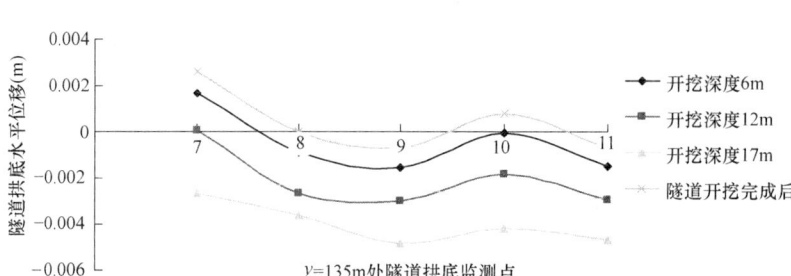

图 8-28 不同开挖深度时隧道拱底水平位移曲线

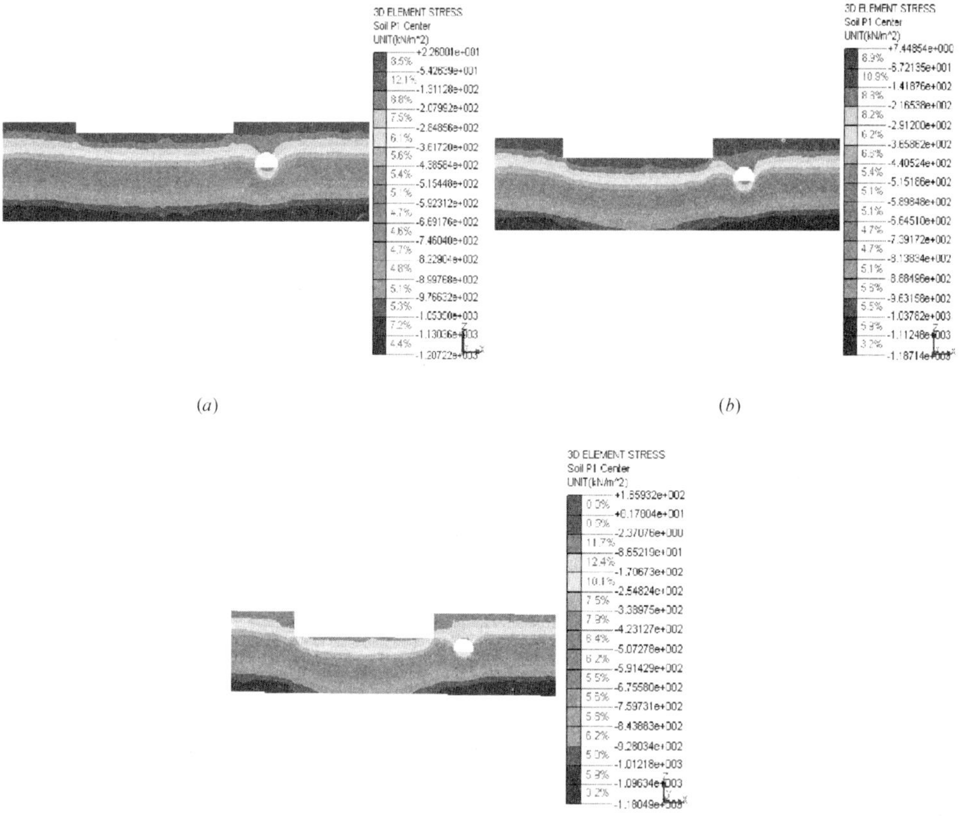

(a)

(b)

(c)

图 8-29 不同开挖深度时隧道围岩最大主应力云图

（a）开挖深度 6m；（b）开挖深度 12m；（c）开挖深度 17m

6 号监测点出现了较大的应力释放，释放后的最大主应力为 0.093MPa，而拱顶位置处却出现应力集中；当基坑开挖深度为 17m 时，拱顶应力集中更加明显，而应力释放最大的位置转移到更靠近基坑的 5 号监测点，拱底各个监测点随着开

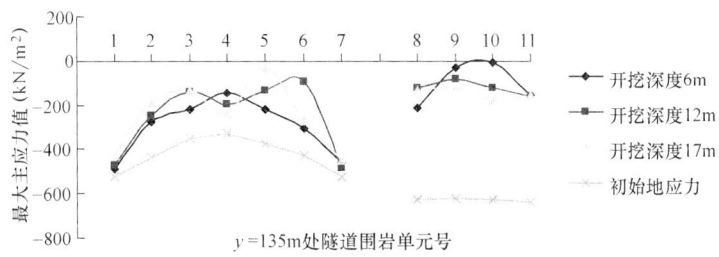

图 8-30 不同开挖深度时隧道围岩最大主应力

挖深度的增加表现出应力释放减少，应力集中明显。

基坑不同开挖深度时，邻近既有隧道衬砌的内力计算结果如图 8-31 和

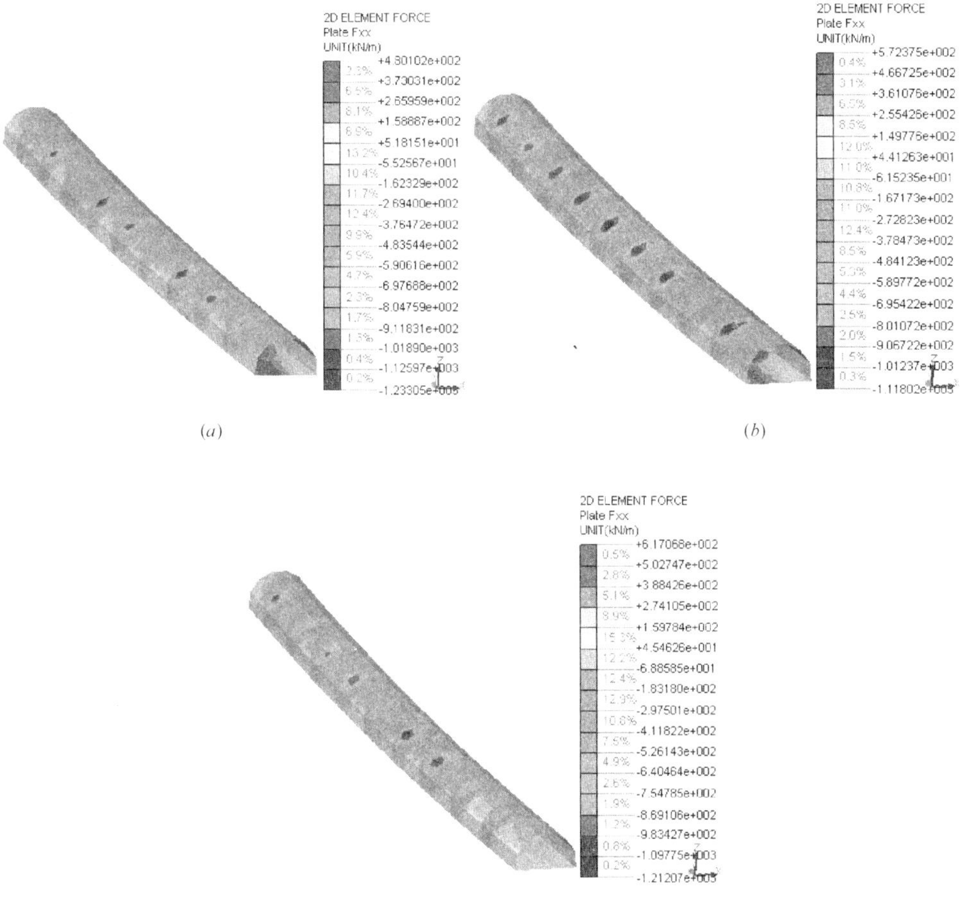

(a)　(b)

(c)

图 8-31 不同开挖深度时隧道衬砌内力云图
(a) 开挖 6m；(b) 开挖 12m；(c) 开挖 17m

图 8-32 所示。从图 8-31 可知，不同开挖深度对隧道衬砌内力影响不大，且都没有超过 C35 混凝土设计值 2.2MPa。当基坑开挖深度为 6m 时，最大衬砌内力为 1.23MPa；当基坑开挖深度为 12m 时，最大衬砌内力为 1.12MPa；当基坑开挖深度为 17m 时，最大衬砌内力为 1.21MPa。从图 8-32 可知，随着基坑开挖深度的增加，隧道衬砌所受最大剪应力有增大趋势。当基坑开挖深度为 6m 时，最大衬砌内力为 0.32MPa；当基坑开挖深度为 12m 时，最大衬砌内力为 0.35MPa；当基坑开挖深度为 17m 时，最大衬砌内力为 0.38MPa。

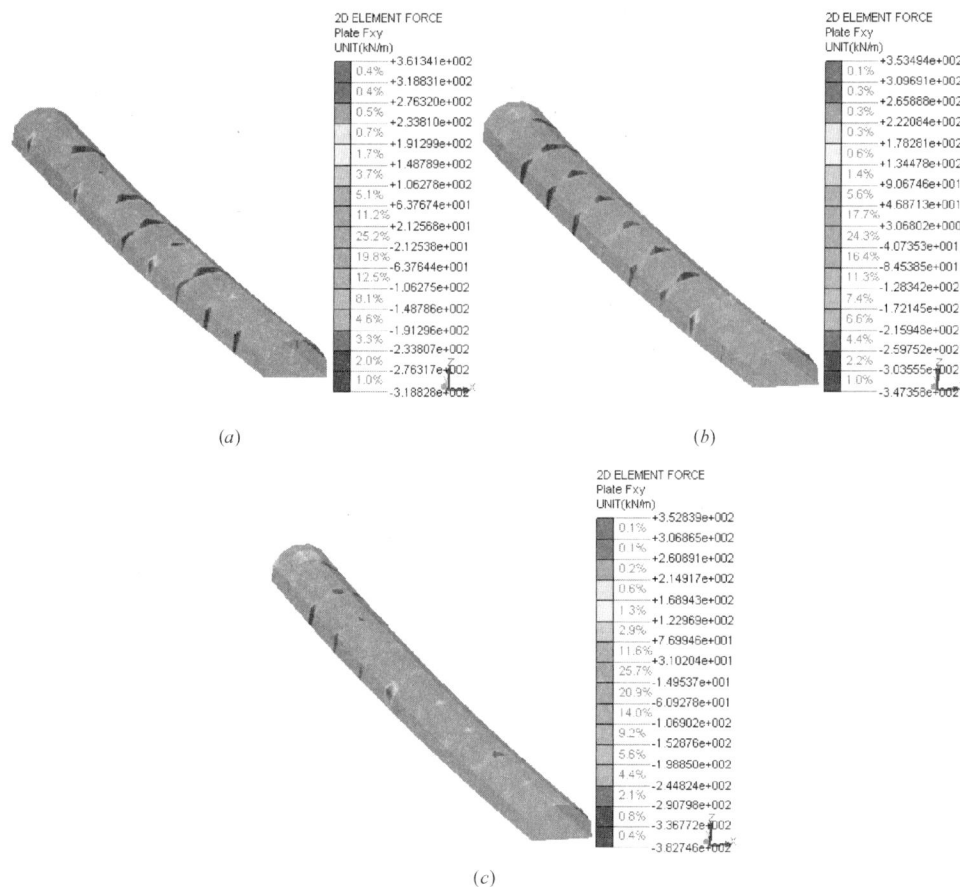

图 8-32　不同开挖深度时隧道衬砌剪力云图
(a) 开挖 6m；(b) 开挖 12m；(c) 开挖 17m

3. 基坑与隧道之间不同水平距离对隧道影响

保持分块开挖厚度、基坑开挖深度、每块开挖尺寸、模型边界条件、荷载、网格尺寸、土层性质、支护形式不变的条件下，通过 MIDAS/GTS 有限元分析软件，分别模拟了基坑与隧道相距 13m、8m、3m 时对邻近既有隧道的影响，位移计算结果如图 8-33～图 8-38 所示。

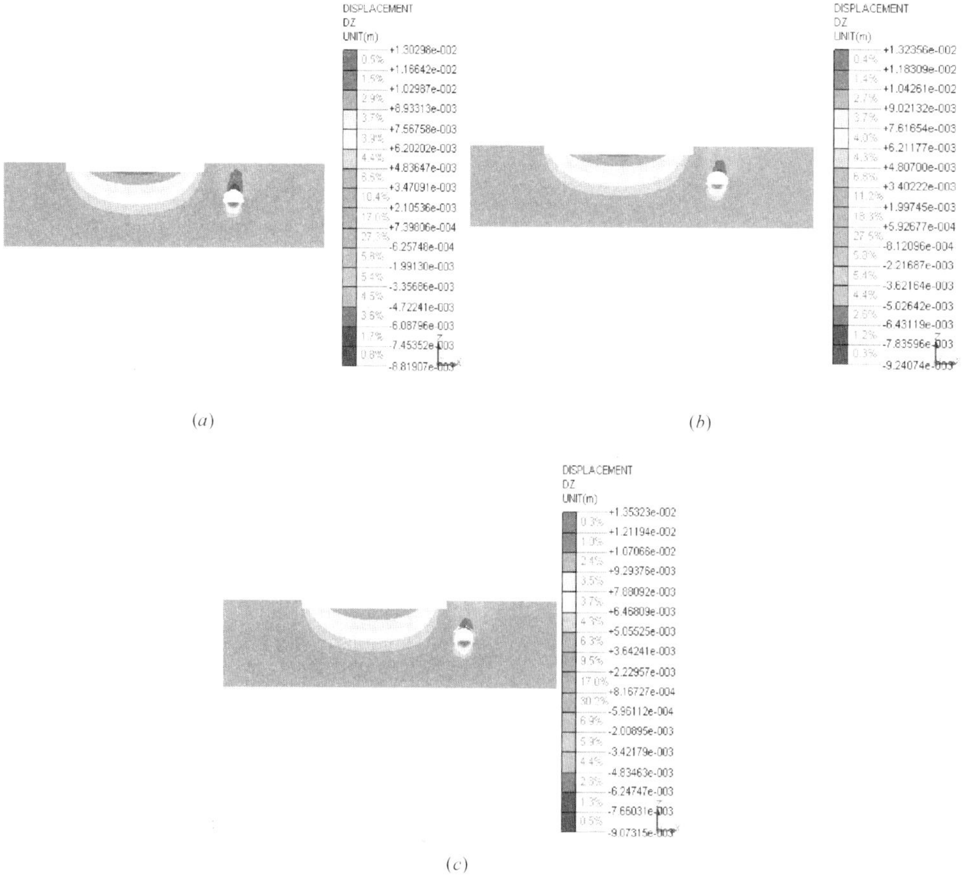

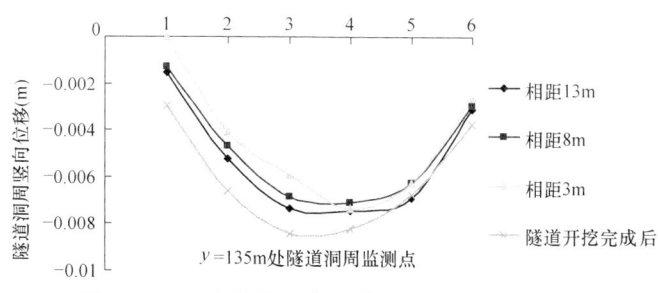

图 8-33　不同水平距离时隧道竖向位移云图

（a）相距 13m；（b）相距 8m；（c）相距 3m

图 8-34　不同水平距离时隧道洞周竖向位移曲线

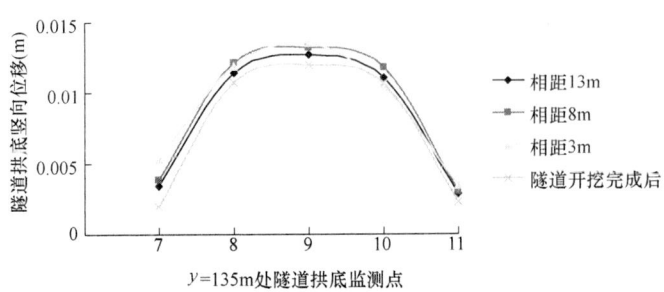

图 8-35 不同水平距离时隧道拱底竖向位移曲线

(a)

(b)

(c)

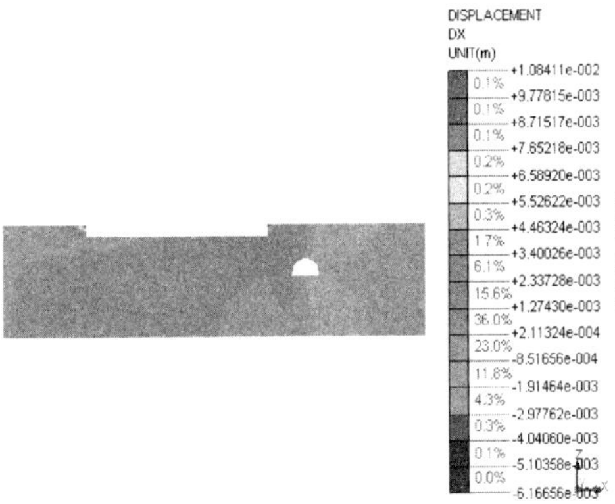

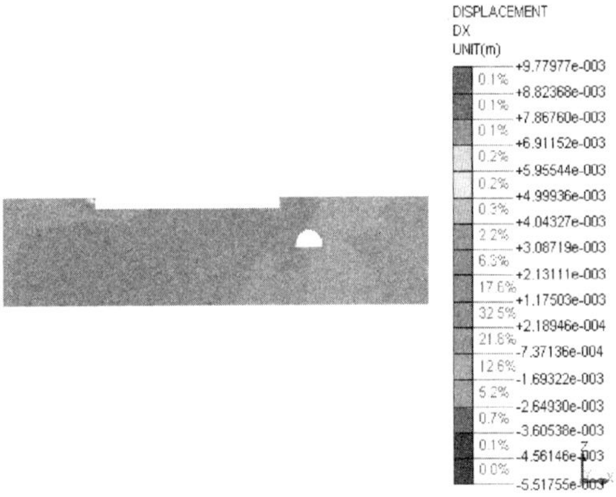

图 8-36 不同水平距离时隧道水平位移云图

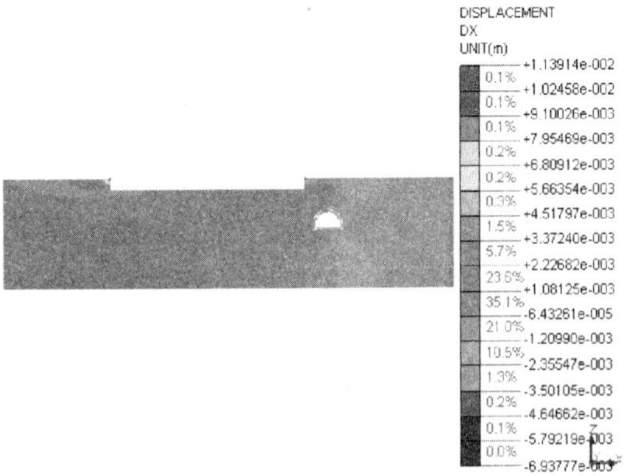

(a) 相距 13m；(b) 相距 8m；(c) 相距 3m

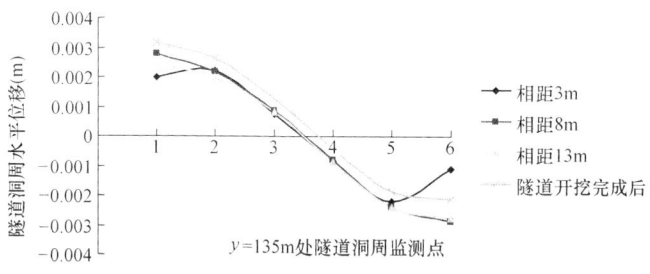

图 8-37 不同水平距离时隧道洞周水平位移曲线

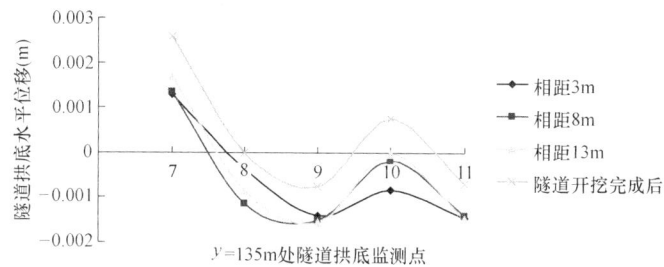

图 8-38 不同水平距离时隧道拱底水平位移曲线

分析结果表明：从以上位移曲线图可知，对于隧道竖向位移，在相同开挖深度下，基坑与隧道水平距离越近，隧道竖向位移越明显，靠近基坑一侧隧道监测点竖向位移较大，表现出较明显的空间效应。对于隧道水平位移，洞周 2、3、4、5 监测点并没有随着距离的增加而明显变化，而拱肩处 1 号监测点和 6 号监测点与隧道开挖后相比表现出一定收敛，且随着深度的增大收敛变大。当基坑与隧道距离为 3m 时，隧道 1 号监测点和 6 号监测点弦长水平收敛 2.1mm。值得注意的是，对于 1 号监测点，当基坑与隧道距离为 3m 时，隧道竖向位移接近于 0，如果距离进一步接近，此时 1 号监测点与隧道开挖后相比就会出现反弹，这种回弹对于隧道结构安全是不利的。因此，对于青岛特有地质，当开挖深度为 6m 时，应避免距离隧道 3m 以内的开挖。

基坑与隧道相距 13m、8m、3m 时对邻近既有隧道的影响，围岩应力和隧道衬砌所受内力计算结果如图 8-39～图 8-42 所示。从图 8-39 和图 8-40 可知，基坑开挖后导致隧道围岩应力不同程度释放，拱顶应力释放较为明显，拱脚应力集中明显，基坑与隧道距离越近，应力释放最大点由 4 号点变为 3 号监测点，坑底应力出现集中，而且基坑与隧道距离越近，坑底应力集中越明显。从图 8-41 可知，基坑与隧道的不同水平距离对隧道衬砌内力影响不大，且都没有超过 C35 混凝土设计值 2.2MPa，当基坑与隧道距离 3m 时，最大衬砌内力为 1.2MPa。从图 8-42 可知，随着基坑到隧道不同水平距离的不断减少，隧道衬砌所受的剪力有不断增大趋势，当基坑与隧道距离为 13m 时，隧道衬砌所受最大剪力为 0.32MPa，当基坑与隧道距离为 8m 时，隧道衬砌所受最大剪力为 0.38MPa，当基坑与隧道距离为 3m 时，隧道衬砌所受最大剪力为 0.42MPa。

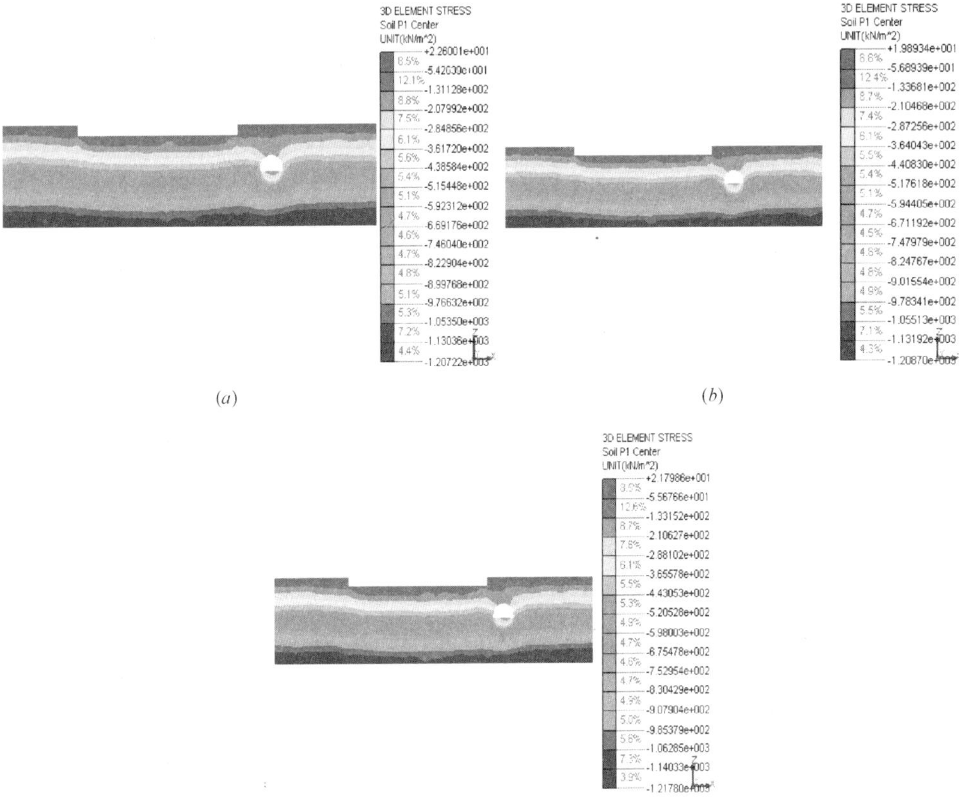

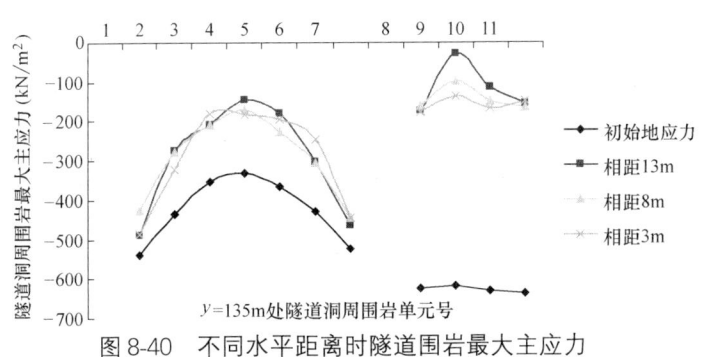

图 8-39 不同水平距离时隧道围岩最大主应力云图

（a）相距 13m；（b）相距 8m；（c）相距 3m

图 8-40 不同水平距离时隧道围岩最大主应力

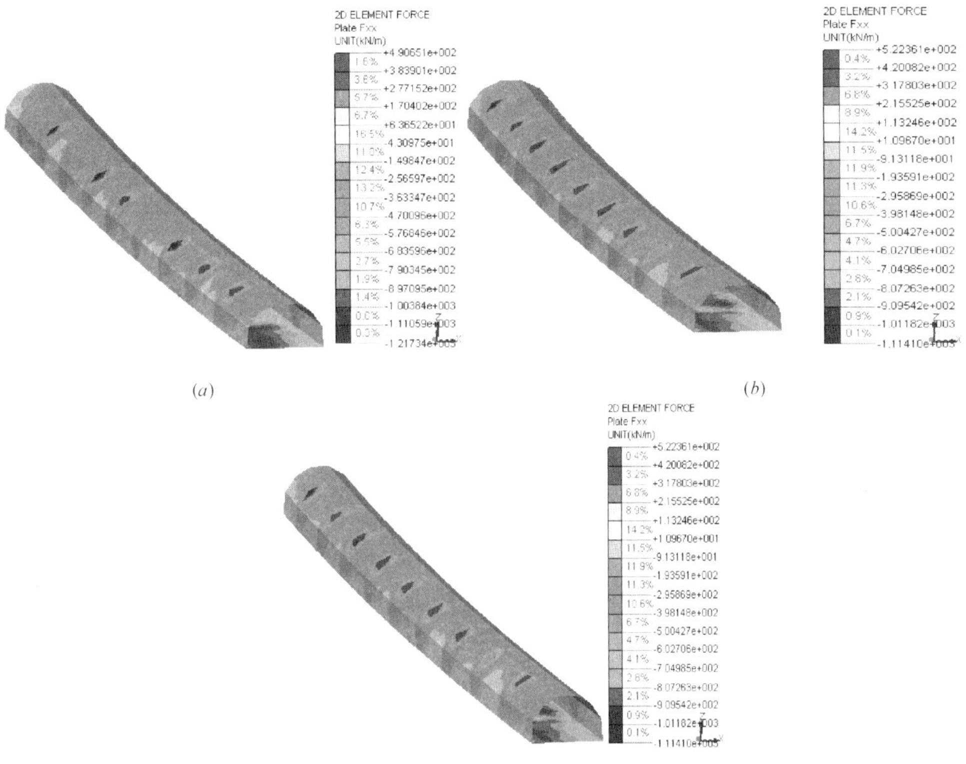

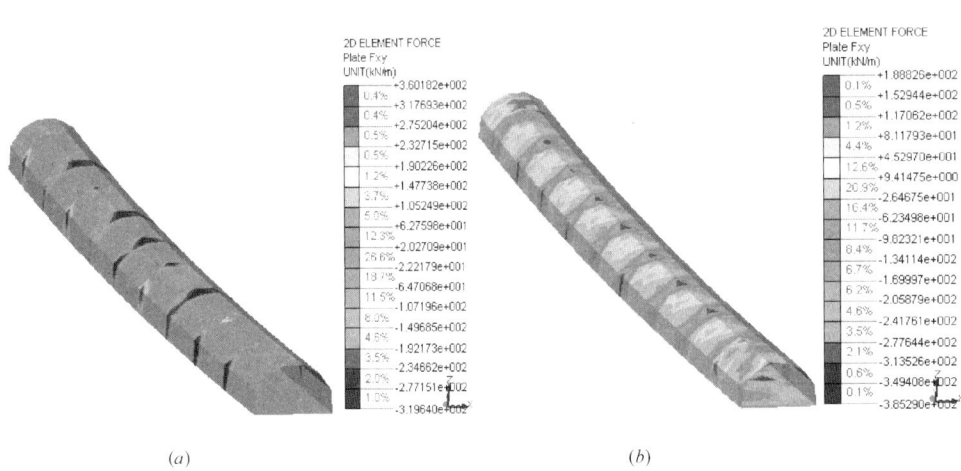

图 8-41 不同水平距离时隧道衬砌所受内力云图

（a）相距 13m；（b）相距 8m；（c）相距 3m

图 8-42 不同水平距离时隧道衬砌所受剪力云图（一）

（a）相距 13m；（b）相距 8m

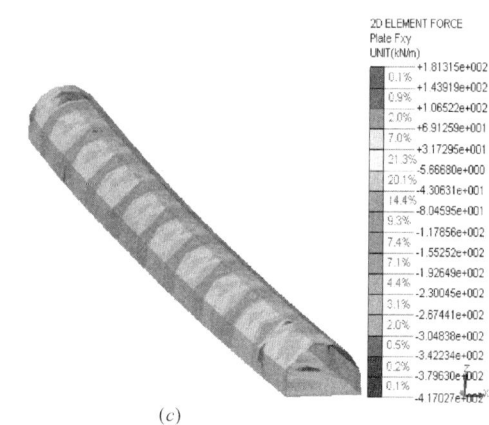

(c)

图 8-42　不同水平距离时隧道衬砌所受剪力云图（二）

(c) 相距 3m

4. 不同开挖空间大小对隧道影响

保持分块开挖厚度、基坑开挖深度、基坑与隧道距离、模型边界条件、荷载、网格尺寸、土层性质、支护形式不变的条件下，通过 MIDAS/GTS 有限元分析软件，分别模拟了基坑分 6 块开挖、4 块开挖、2 块开挖、1 块开挖时，对邻近既有隧道的影响，位移计算结果如图 8-43～图 8-48 所示。

隧道开挖完成后，当进行基坑开挖时，隧道靠近基坑一侧的竖向位移回弹值比另一侧要大。同时，隧道拱顶出现上浮。随着分块的增加，回弹值减小。说明增加基坑开挖的分块数，可以有效减少开挖带来的竖向回弹影响，随着开挖块增加到 6 块，回弹值趋于稳定。

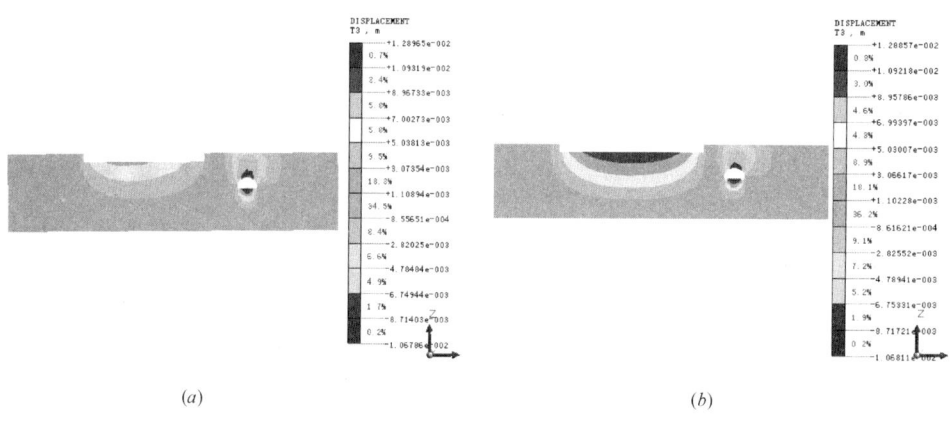

(a)　　　　　　　　　　　　　　　　(b)

图 8-43　不同开挖空间大小时隧道竖向位移云图（一）

（a）分 1 块；（b）分 2 块

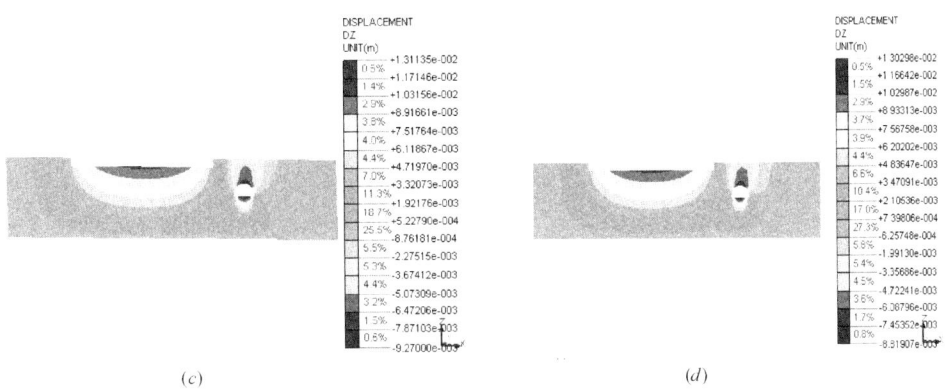

图 8-43 不同开挖空间大小时隧道竖向位移云图（二）

（*c*）分 4 块；（*d*）分 6 块

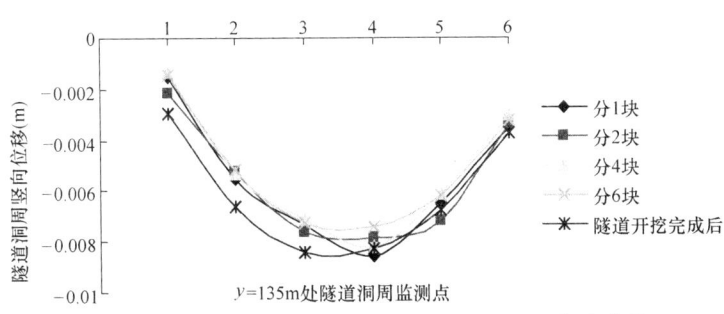

图 8-44 不同开挖空间大小时隧道洞周竖向位移曲线

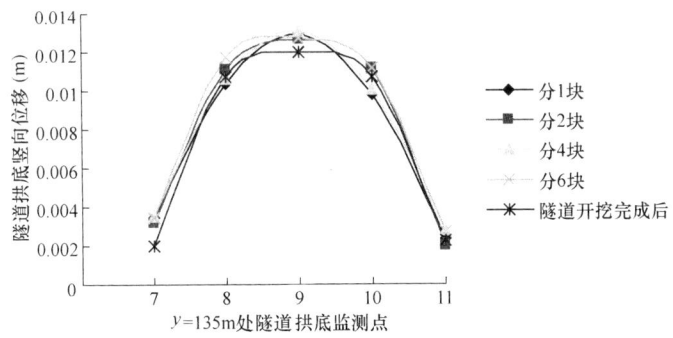

图 8-45 不同开挖空间大小时隧道拱底竖向位移曲线

隧道开挖完成后，随着基坑开挖分块的增加，隧道洞周水平位移回弹值减小。说明增加基坑开挖的分块数，可以有效减少开挖带来的水平位移回弹影响，随着开挖块增加到 6 块，回弹值趋于稳定。

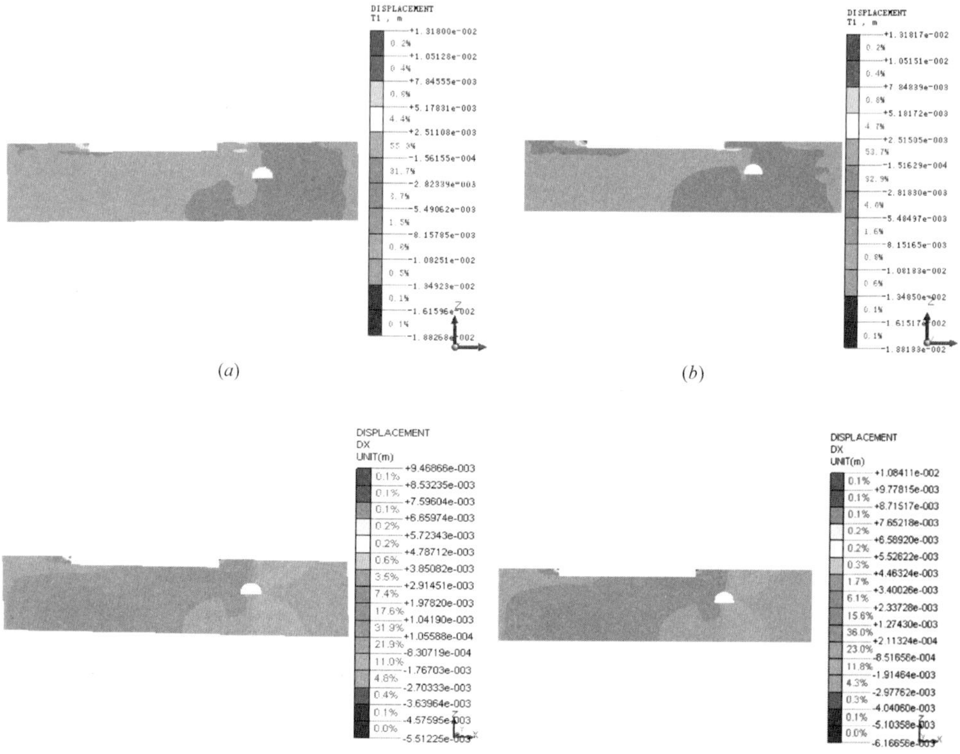

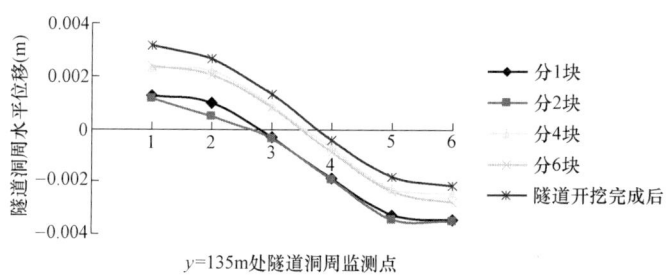

图 8-46　不同开挖空间大小下隧道水平位移云图
（a）分 1 块开挖；（b）分 2 块开挖；（c）分 4 块开挖；（d）分 6 块开挖

图 8-47　不同开挖空间大小下隧道洞周水平位移曲线

　　不同开挖空间大小对隧道影响，围岩应力和衬砌内力的计算结果如图 8-49～图 8-51 所示。从图中可以看出，随着基坑开挖块数的增加，隧道围岩最大主应力逐渐减小，隧道衬砌内力变化逐渐增大，达到 1.22MPa，隧道衬砌剪应力逐渐减小，从 1.76MPa 减小到 0.32MPa。可见，增加开挖块数可以减少对邻近既有隧道的影响。

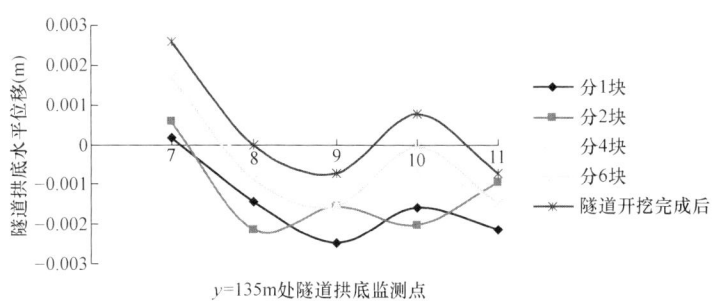

图 8-48 不同开挖空间大小下隧道拱底水平位移曲线

(a) (b) (c) (d)

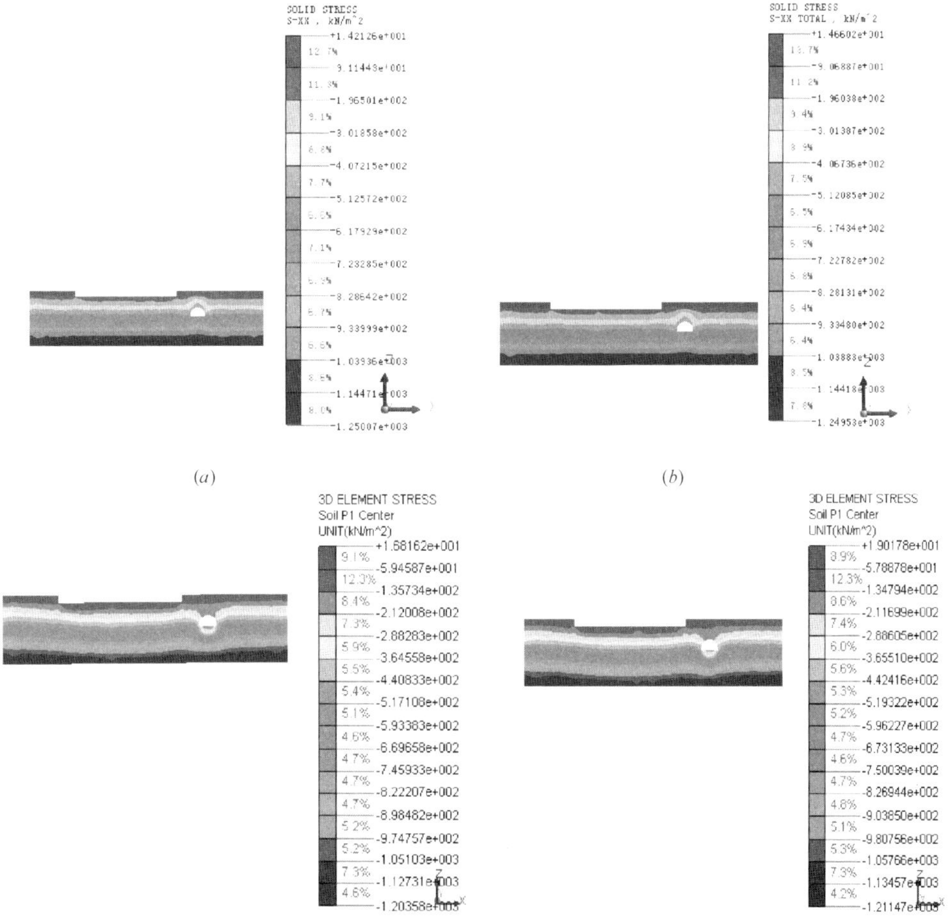

图 8-49 不同开挖块数隧道围岩最大主应力云图

(a) 分 1 块开挖；(b) 分 2 块开挖；(c) 分 4 块开挖；(d) 分 6 块开挖

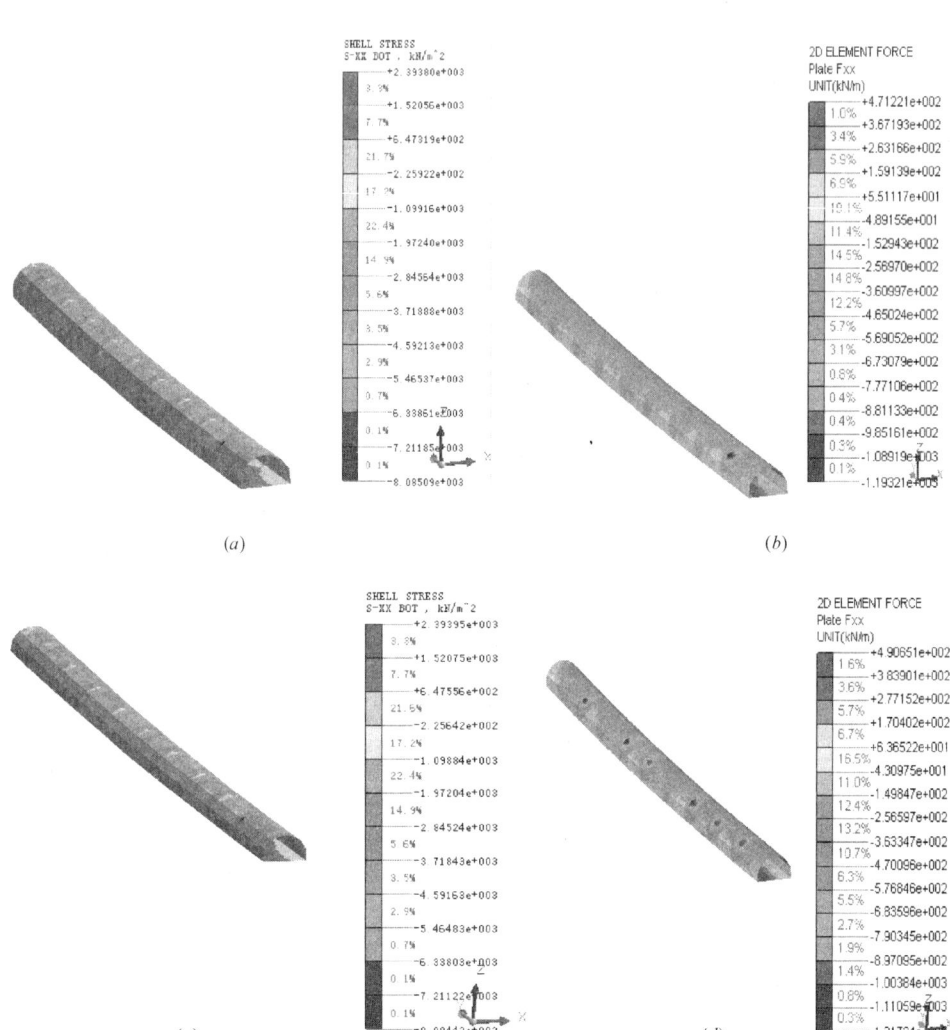

图 8-50　不同开挖块数隧道衬砌内力云图
（a）分 1 块开挖；（b）分 2 块开挖；（c）分 4 块开挖；（d）分 6 块开挖

8.2.3　渐进层阶式开挖新工法

　　针对土岩二元结构典型地质条件，如图 8-52 所示的基坑与隧道的位置关系，提供一种在已经运营的隧道邻近处进行建筑基坑开挖的渐进层阶式开挖新工法。该工法实施原则：渐进层阶、分块浅挖、短隔快支、勤测即馈。对于面积较小基坑，采用渐进式台阶分层开挖即可（图 8-53）；对于面积较大基坑，采用渐进式台阶分层分块开挖（图 8-54）。渐进层阶指的是由远离隧道的基坑一边向靠近隧道的基坑一边分层开挖。分块浅挖指的是对于较大面积基坑，采用分块开挖的方

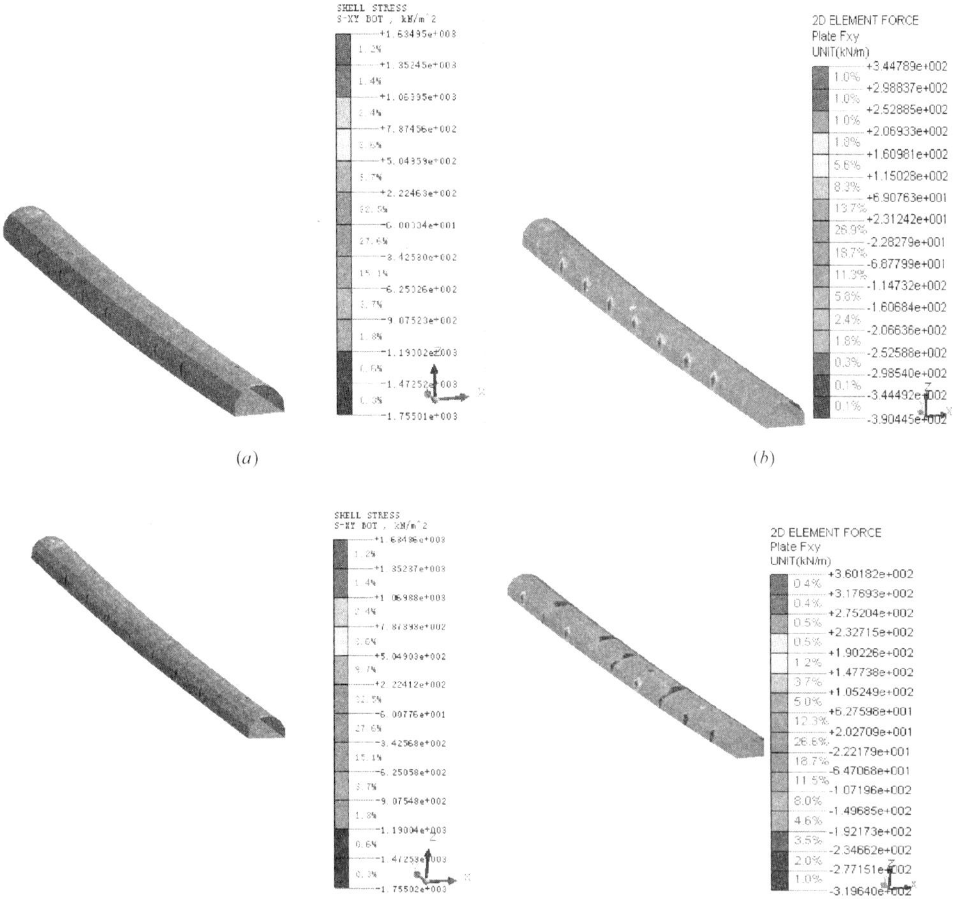

图 8-51 不同开挖块数隧道衬砌剪力云图
（a）分 1 块开挖；（b）分 2 块开挖；（c）分 4 块开挖；（d）分 6 块开挖

式，每块长度不大于 20m，宽度不大于 20m，浅挖即浅开挖，每层开挖深度不大于 3.0m（分块开挖每块体积不大于 1200m³）。短隔快支指的是开挖后岩土体暴露间隙短，快速进行临时支护。勤测即馈指的是施工期间要勤监测岩土体位移和应力变化情况，并及时反馈监测信息，便于动态掌握开挖情况，做好防灾减灾工作。

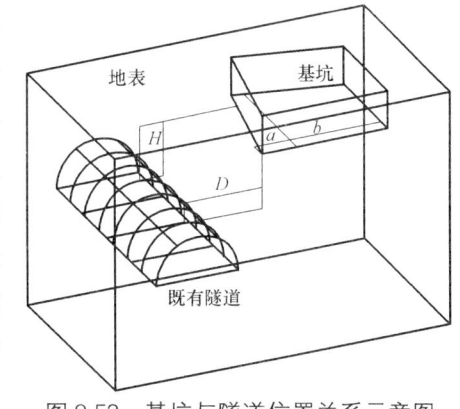

图 8-52 基坑与隧道位置关系示意图

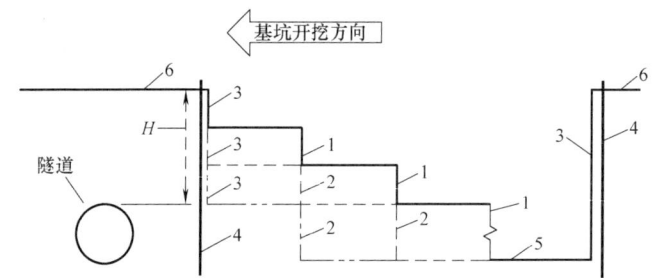

图 8-53 渐进层阶式基坑开挖示意图

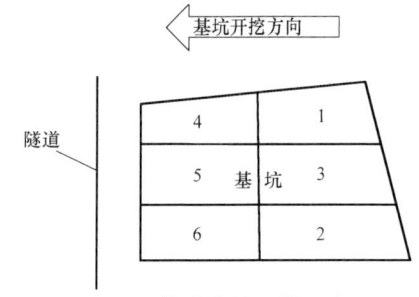

图 8-54 基坑分块开挖示意图

本工法当基坑深度不大于 6m 时，直接采用分 2 层进行开挖。上面土层采用挖掘机进行作业，下面岩层采用液压分裂机进行定向作业。液压分裂机具有体积小、重量轻、动力强劲，工作时无振动、无冲击、无噪声、无粉尘，工作效率高、工作效果显著等特点。几种常见的岩石分裂工艺比较见表 8-3。

几种常用岩石分裂工艺方式比较   表 8-3

岩石碎裂工艺方式	优　点	缺　点
人工风镐	工人施工较为熟练	工作效率低下，工期长，费用高
爆破作业	速度较快	1. 开挖面不好控制，具有一定的危险性； 2. 爆破振动难以控制，对邻近基础施工影响较大，且需提前进行专家论证； 3. 爆破器材、炸药等受到严格控制； 4. 外部干扰大，还需避开高峰时段才能爆破
液压分裂机	操作方便，效率较高，速度快，可有效加快进度，施工时无噪声、无污染。能有效节约费用	1. 柴油发动机在冬季使用时有不易启动的情况； 2. 一些连接配件需要经常维护调整

当基坑深度大于 6m 时，按照土层厚度进行分层开挖。上面土层采用挖掘机进行作业，下面岩层采用液压分裂机进行定向作业。当面积较大时，每层采用隔块开挖的方法进行开挖。每开挖一层块，就施工一道临时支护，然后再开挖下一层土方，第一层开挖深度为地面到第一层支护，中间各层开挖深度为相邻两道支护的竖向间距，最后一层开挖深度为最下一道支护到基坑底部。每一层块与相邻层块的高度相差不超过 6m。开挖到基坑底部后，进行建筑基础施工。为防止基坑底部隆起，在建筑物内部的有关位置（柱子或隔墙相交处等）浇筑或打下中间

支承桩和柱，之后施工基础和地面一层的梁板楼面结构，再进行分层分块开挖。

在实际开挖前，需依据地勘资料、隧道资料分析基坑、隧道变形及地下水系变化影响，制定渐进层阶式开挖工法的分块开挖尺寸及厚度。在基坑开挖过程中，如有发现隧道或基坑周围土体变形过大，可以减小之后分块开挖的开挖厚度和开挖面积，来减小隧道变形。

8.3　基坑施工对邻近隧道安全影响的评价

8.3.1　基坑施工对邻近隧道影响定性、定量联合分析方法

定性分析依据各岩土层应力扩散线进行判断，流程见图 8-55。具体步骤是：

（1）按照拟建建筑空间布局设计与既有隧道空间位置关系，绘出建筑基坑与邻近既有运营隧道剖面图；

（2）依据《建筑地基基础设计规范》GB 50007—2011，结合地勘报告结果，按照规范要求，绘出各岩土层应力扩散线（图 8-56）；

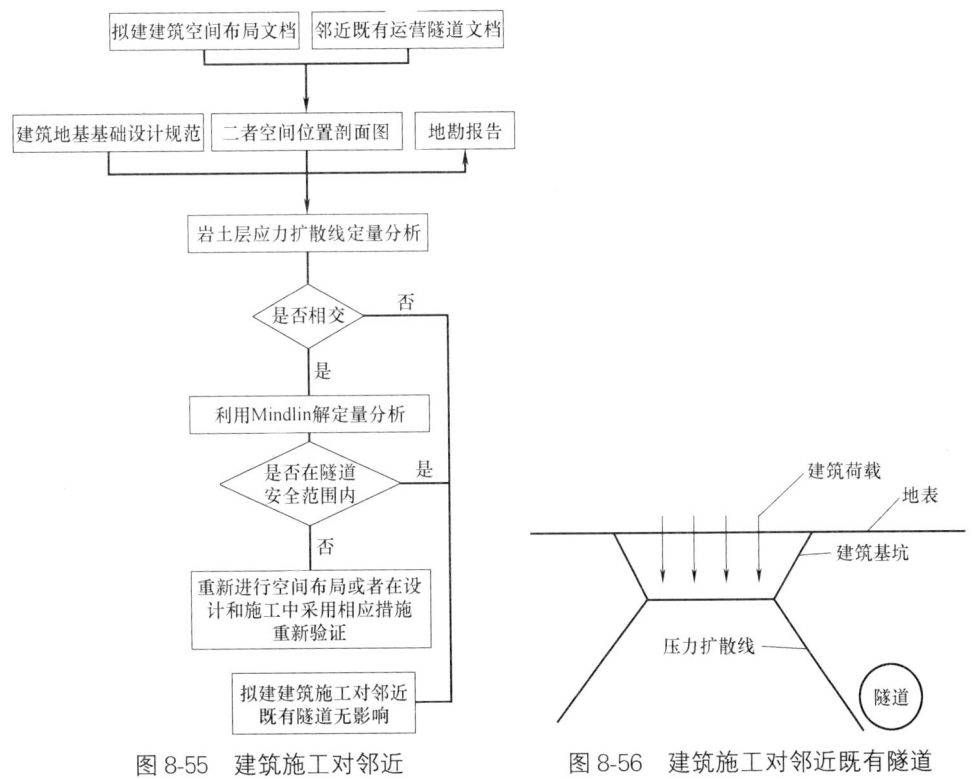

图 8-55　建筑施工对邻近
既有隧道的影响预测流程

图 8-56　建筑施工对邻近既有隧道
应力扩散线测定示意图

（3）如果岩土层应力扩散线与既有隧道没有相交，则建筑施工对邻近既有运营隧道没有影响，认为空间布局可行。如果岩土层应力扩散线与既有隧道相交，则建筑施工对邻近既有运营隧道有影响，需要进一步测定这种影响的大小，同时要求建筑施工单位采取相应措施减少这种影响。

在定性分析基础上，如果各岩土层应力扩散线对邻近既有运营隧道有影响，则需要进行影响分析。定量分析采用数学软件对 Mindlin 解在基坑开挖区域进行积分，获得建筑施工引起的邻近既有隧道附加应力和附加位移。

8.3.2 安全影响评价指标

基坑开挖对邻近隧道影响评价指标包括两部分：一是隧道变形评价指标；二是基坑变形评价指标。两部分同时进行评价，作为基坑开挖对邻近隧道影响的综合评价指标。

1. 隧道变形评价指标

包括地表沉降、隧道累计绝对沉降和水平位移、变形曲线的曲率半径。

（1）隧道结构设施绝对沉降量及水平位移量不大于 20mm（包括各种加载和卸载的最终位移量，该位移量要根据工程活动对隧道结构变形影响进行变形总量控制，而不是对每一个工程都按照 20mm 的变形标准，因此，此标准需要根据规划确定在隧道周边所有可能的工程，包括近期和远期的，然后分配允许变形量，否则将会引起很大的变形叠加量）；不均匀沉降必须控制在 1.6‰ 以内；沉降速率以 0.02mm/d 作为判定隧道是否稳定的标准。

（2）隧道变形曲线的曲率半径 $R \geqslant 15000\mathrm{m}$；隧道的相对弯曲不大于 1/2500。隧道变形曲线的曲率半径技术指标主要反映地铁隧道纵向变化的平顺情况和变形曲率大小，隧道变形曲线的曲率半径计算一般采用布置在隧道内监测点的测量数据；隧道的相对弯曲技术指标主要反映地铁隧道的相对弯曲程度，它一般是以地铁区间隧道内布置在道床上的相邻三个监测点的监测数据作为数据分析依据，可以直接检测轨道的弯曲程度。

（3）施工因素引起的地铁隧道外壁附加荷载不大于 20kPa。

（4）隧道最大隆起量 10mm。

（5）打桩振动、爆炸产生的振动隧道引起的峰值速度不大于 2.5cm/s。

2. 基坑变形评价指标

对于邻近隧道的基坑施工，也需相应的监测措施，考虑到土岩二元结构，应满足表 8-4 的要求。

8.3.3 邻近隧道整体稳定性评价方法

基坑开挖对邻近隧道整体稳定性评价分为两过程评价，第一过程是隧道开挖过程的评价，第二过程是在第一过程评价基础上的隧道安全二次评价。

基坑变形监测要求 表 8-4

基坑坡顶水平位移报警值	累计值 D(mm)	≤20
	变化速率 v_D(mm/d)	≤2
	变形点坐标中误差	≤0.3
基坑坡顶竖向位移报警值	累计值 S(mm)	＝20
	变化速率 v_S(mm/d)	≤2
	变形点高差中误差	≤0.15
基坑底隆起报警值	累计值(mm)	≤10
	变形点高差中误差	≤1.0

针对典型的"上软下硬"地质条件，结合建筑基坑开挖对邻近隧道稳定性影响的工程实际，研究了基坑开挖对隧道稳定性的递进式模糊评价方法。首先，该方法通过综合分析隧道围岩稳定性影响因素，依据模糊综合评价理论，给出了各因素在评价模型中的隶属度，对隧道建成后的稳定性进行评价；其次，在此基础上，进一步考虑建筑基坑开挖对邻近隧道影响因素的变化并重新确定隶属度，运用层次分析法，对隧道稳定性进一步定性评价，得出基坑开挖对已建隧道稳定性的定性评价。通过结合青岛实际工程进行验证表明：基坑开挖会因为改变周围环境负效应导致隧道影响因素发生改变，造成隧道稳定性发生变化；针对青岛地区特有的地质条件，该方法能很好地反映基坑开挖对已建隧道稳定性的影响情况，使评估结果更具有科学性和合理性。其主要内容包括：

1. 隧道围岩稳定性影响因素

综合分析隧道围岩稳定性影响因素，划分安全等级，确定主要影响因素与隧道围岩稳定性的模糊关系。见表 8-5 所列。

隧道围岩稳定性影响因素 表 8-5

影响因素	安全级	较安全级	较危险级	危险级
围岩级别	一级	二级	三级	四级
岩石风化程度	不发育	较发育	发育	很发育
地下水	不明显	较明显	明显	很明显
施工因素	好	较好	较差	差

2. 隧道稳定性模糊综合评价模型

依据模糊综合评价理论，建立隧道稳定性模糊综合评价模型，给出了各因素在评价模型中的隶属度，运用层次分析法，得出了基坑开挖对已建隧道稳定性的定性评价。研究的递进式模糊评价首先对隧道建成后的稳定性进行评价，在此基础上，进一步考虑建筑基坑开挖对邻近隧道影响因素的变化并重新确定隶属度，进行隧道稳定性定性评价。

隧道稳定性模糊综合评价模型主要内容如图 8-57 所示。

（1）建立评价因素集 U。

隧道围岩稳定性评价是一个受很多因素互相制约、互相影响的复杂问题，这些因素具有很大的模糊性，在很多情况下难以明确哪个因素更加重要，因此，这里采用层次分析法来处理这些难于完全定量分析的复杂问题。

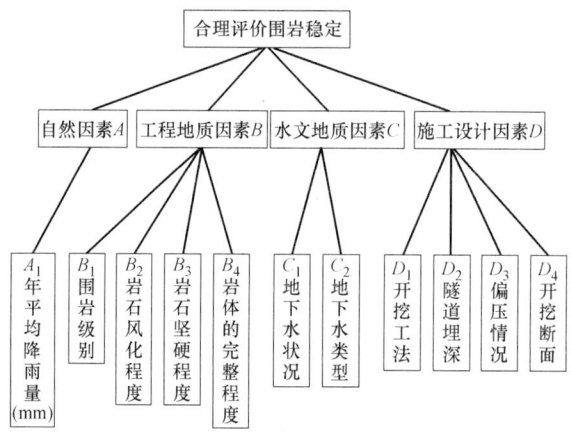

图 8-57 影响围岩稳定性因素层次分析模型

模糊关联因素集合可用 U 表示为：

$$U = \{U_A, U_B, U_C, U_D\} \tag{8-1}$$

式中 U_A、U_B、U_C、U_D——自然因素、工程地质因素、水文地质因素和施工设计因素。

（2）进行初级评判。

评判集是评价者对评价对象可能作出的各种评价结果组成的集合。对于隧道围岩稳定性分类，评判集合可用隧道围岩稳定性等级 V 表示为：

$$V = \{V_A, V_B, V_C, V_D\} \tag{8-2}$$

式中 V_A、V_B、V_C、V_D——自然因素、工程地质因素、水文地质因素和施工设计因素的评价结果。

找出模糊评价矩阵建立模糊综合评判模型，在确定权重向量 A_i 后即可进行综合评判。模糊综合评判模型表示为：

$$B_i = A_i \times R_i \tag{8-3}$$

（3）进行二级评判，得出总的综合评判结果为：

$$B = A \times R \qquad (8-4)$$

（4）通过进行模糊向量单值化，得出模糊评价及处理措施，见表8-6所列。

模糊评价及处理措施　　　　　　　　　　　　表8-6

等级	评价值（F）	接受程度	评　　价	基坑附加影响
安全级	1~1.5	忽略	围岩较完整，一般不会发生破坏，不会发生坍塌	1~1.5 影响不明显
				1.5~2.5 影响较明显
				2.5~3.5 影响明显
				3.5~4 影响强烈
较安全级	1.5~2.5	注意	围岩变形较大，但都在安全值内，围岩局部破碎可能会发生坍塌，需加强监测	1~1.5 影响较明显
				1.5~2.5 影响不明显
				2.5~3.5 影响较明显
				3.5~4 影响明显
较危险级	2.5~3.5	预警	围岩变形量较大，接近安全临界值，围岩破碎可能发生整体坍塌，需加强监测，做好防护，撤离危险段非施工人员	1~1.5 影响明显
				1.5~2.5 影响较明显
				2.5~3.5 影响不明显
				3.5~4 影响较明显
危险级	3.5~4	警报	围岩发生严重变形，随时可能发生大面积坍塌，除专职地质灾害安全员、监测、排险人员外，其他人必须撤离到安全区域	1~1.5 影响强烈
				1.5~2.5 影响明显
				2.5~3.5 影响较明显
				3.5~4 影响不明显

8.4　基坑开挖过程中的监测技术研究

基坑开挖过程中，会引起岩土体的卸载，进而对邻近隧道应力场和位移场产生影响，使隧道产生变形，影响隧道运营安全。因此，基坑和隧道应力和变形监测至关重要。

8.4.1　监测点位置

监测点的布设必须符合基坑和隧道变形规律，才能真正反映工程实际状况，为工程实际决策提供可靠技术支持，如图8-58所示。监测点布设遵循以下两个原则：一是监测点点位要符合岩层移动规律，二是基坑和隧道监测点位布设的横断面是同一个断面，纵断面尽可能平行。通过分析地质情况、岩层移动规律、节理状况等的研究成果，有针对性地进行沉降点布设，做到既能反映基坑和隧道变形实际特点，又能节省布点过多导致的繁杂工作量。

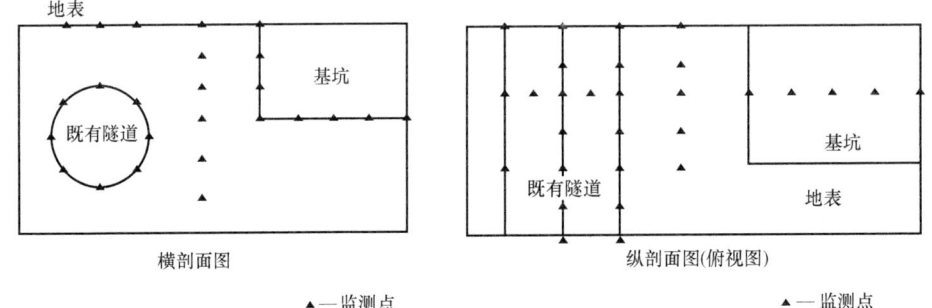

横剖面图   纵剖面图(俯视图)

▲—监测点   ▲—监测点

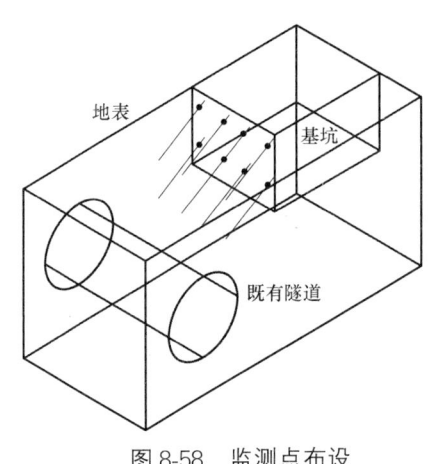

图 8-58　监测点布设

8.4.2　监测项目

监测项目分为三部分：一是应力监测，二是位移监测，三是地下水位监测。按照基坑等级和隧道不同，主要进行表 8-7 所列的监测项目。

基坑施工监测项目　　　　　　　　　　　　　　表 8-7

监测工程	监测项目	基坑类别		
		一级	二级	三级
基坑	坡顶水平位移	√	√	√
	坡顶竖向位移	√	√	√
	围护墙深层水平位移	√	√	
	岩土体深层水平位移	√	√	√
	坑底隆起	√	√	√

续表

监测工程	监测项目	基坑类别		
		一级	二级	三级
基坑	地下水位	√	√	√
	锚杆、土钉内力	√	√	√
	支撑内力	√	√	
隧道	拱顶、拱底			
	洞周			
	二衬受力			

依据本章工程实例特点，为了配合基线法进行基坑坡顶水平位移监测，课题研发了基坑坡顶水平位移监测辅助工具，并获得了专利授权，如图 8-59 和图 8-60 所示。

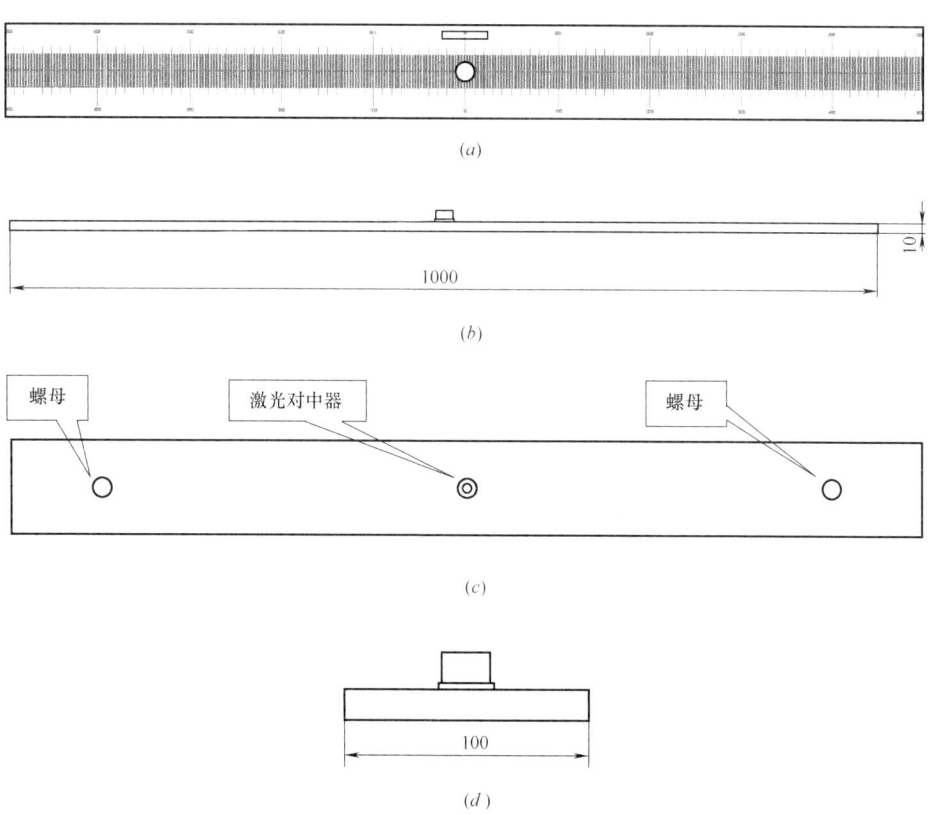

(a)

(b)

(c)

(d)

图 8-59 直尺设计图

（a）俯视图；（b）前视图；（c）仰视图；（d）左视图

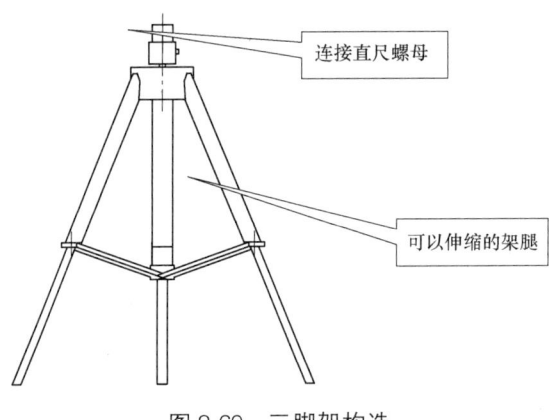

连接直尺螺母

可以伸缩的架腿

图 8-60　三脚架构造

8.5　本章小结

采用定性和定量综合评判方法测定基坑开挖对邻近隧道影响，采用基坑和隧道二级递进式评价方法对邻近隧道进行综合评价。

针对土岩二元结构典型地质条件，提供一种在已经运营的隧道邻近处进行建筑基坑开挖的渐进层阶式开挖新工法。

本工程实际的研究方法对类似地质条件的地下工程建设具有一定的指导意义。

第9章 高层建筑施工对邻近已有隧道的影响

新建建筑在施工过程中必然会引起邻近隧道的变形，若该变形过大将会危害隧道的结构安全与正常运行[68-71]。因此，有必要分析新建建筑施工对邻近既有隧道的影响。本章以青岛某新建建筑施工项目邻近既有隧道工程为背景，结合MIDAS/GTS数值模拟软件，针对新建高层建筑结构施工及主体结构封顶后的使用阶段对邻近隧道产生的影响进行分析，得出了隧道变形的相关规律。

9.1 工程概况

1. 新建建筑物及邻近隧道概况

新建建筑项目是一个大型综合体项目，项目建成以后将以中高端居住为主，是集商业、办公、餐饮、酒店于一体的滨海公共休闲区。项目总占地面积为22.8hm^2，地上建筑面积为80万m^2，地下建筑面积为40万m^2，总建筑面积为120万m^2。

新建建筑拟建33层，地上32层，地下1层，地上建筑高度为96m，建筑基础形式为桩基，基坑开挖方式为分层分块开挖。新建建筑东侧正下方为青岛某隧道，隧道与新建建筑基坑间的水平距离约为13m，隧道埋深为16m，隧道的右上方为两栋已有建筑，建筑物1为地上7层建筑，建筑物2为地上12层建筑，两已有建筑相距10m。综上所述，建筑物与隧道的平面位置关系图如图9-1所示。

隧道走向大致为南北方向，隧道断面高9.65m，跨度为15.93m，隧道总长25.1km。隧道的开挖方式为上下台阶开挖，以锚杆的形式进行隧道的支护，锚杆间距为1000mm×1000mm。隧道支护材料与参数见表9-1所列，隧道支护断面图如图9-2

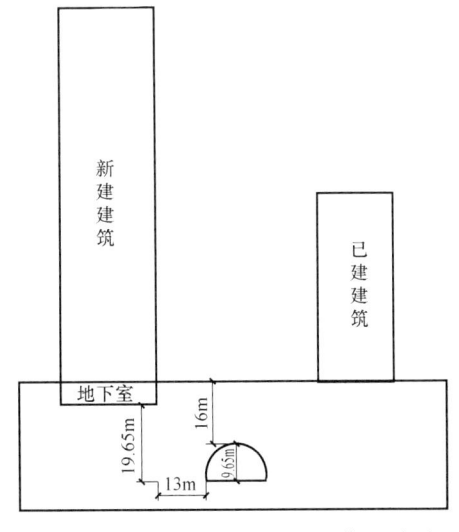

图9-1 新建建筑与隧道的平面位置关系图

所示。

隧道支护参数表　　　　　　　　　　　　　　　　　表 9-1

支护类型	材料及参数
初期支护	选用直径为 25mm 的中空锚杆,锚杆内进行混凝土注浆,锚杆长 3.5m;隧道壁选用直径为 8mm 的钢筋网进行铺设,钢筋网各网格之间的间距为 200mm×200mm;拱部采用 C25 的混凝土进行湿喷处理,混凝土厚 $h=80$mm,钢拱架采用 HPB235 钢
二衬	采用 C35 防水混凝土,厚度为 400mm

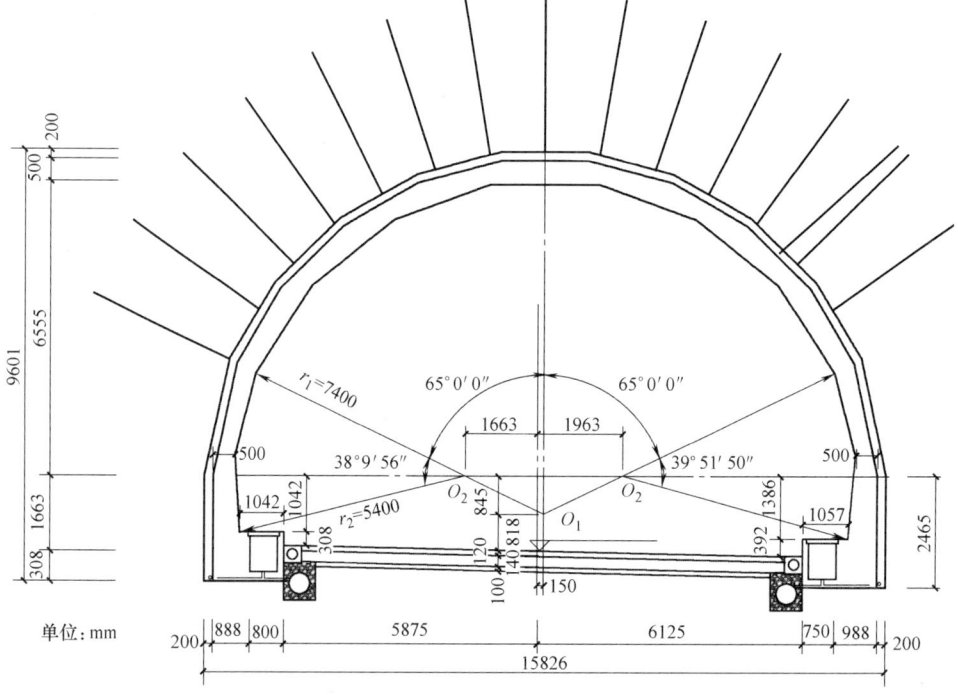

图 9-2　隧道支护断面图

2. 场区工程地质概况

根据地质勘探资料可知,该场区的地质主要组成部分为第四系与基岩,场区的地形较为平缓,起伏较小,场区东西两侧第四系厚度差异较大,场区的东侧场区第四系的主要组成成分为人工回填土,土层厚度较小,西侧场区第四系的主要组成成分为人工回填土、全新统海相沉积层以及更新统冲积层,土层厚度较大,土层下方为粗粒花岗岩岩层,该岩层局部穿插后期入侵的煌斑岩以及细粒花岗岩。地层的顺序依次为:①杂填土;②粉质黏土;③砾砂;④强风化花岗岩(粗粒);⑤中风化花岗岩(粗粒);⑥微风化花岗岩(粗粒)。各层的物理力学性质参数见表 9-2 所列。

①　杂填土：在整个新建场区均有分布，且厚度分布为东薄西厚。东侧最薄处土层厚度为 1.20m，其标高为 -3.42m，西侧最厚处土层厚度为 6.70m，其标高为 7.27m；杂色，湿度处于湿与饱和之间，粗硬质约占 25%，整体呈现松散状，其成分主要以回填土为主，局部出现少量建筑（生活）垃圾。

②　粉质黏土：主要存在于场区中部的一条冲沟中，场区的其他地区该层土的土层厚度较小，分布较少。土层的整体连续性比较差，勘探平均厚度约为 2.0m，灰黄色，主要成分为黏粉粒与砾砂，其中砾砂含量约为 5%，土层切面光滑，韧性中等，干强度高，可塑。

③　砾砂：主要分布于新建场地的 B 区域，平均勘探厚度约为 2m，颜色以褐黄色为主并伴有灰色，饱和，稍密，颗粒的主要成分为石英，呈胶结状，颗粒级配一般，黏性土的含量约占 20%～40%。

④　强风化花岗岩（粗粒）：分布于整个场区，褐～褐黄色，勘察厚度为 0.3～20.7m，粗粒状结构，构造以块状为主；矿物的主要组成成分为长石与石英，裂隙发育较密集，裂隙发育面上有一层氧化物，颜色呈现为黑色；岩芯手搓感上部岩芯与下部岩芯手感有差异，上部岩芯呈现砂土状，下部岩芯呈现角砾～粗砂状。岩体硬度上判定为极软岩，岩体较为破碎，为散体形态的结构岩体。

⑤　中风化花岗岩（粗粒）：分布于整个场区，肉红色，粗粒状结构，构造以块状为主，勘察厚度为 0.20～16.8m；矿物的主要组成成分为长石与石英，节理发育较好，节理发育面有铁锈色氧化物，节理中无其他填充物，岩芯手搓呈现碎块状～块状，用锤敲打岩体声音暗哑。岩体硬度上判定为较软岩，岩体较为破碎，为碎裂形态的块状结构岩体。

⑥　微风化花岗岩（粗粒）：分布于整个场区，浅红色，粗粒状结构，构造以块状为主；矿物的主要组成成分为长石与石英，矿物蚀变特征不明显，节理发育一般，节理面光滑且平直，节理中无其他填充物。岩芯手搓呈现短柱状～柱状，用锤敲打岩体声音较为清脆，岩体的整体性较好，岩体硬度上判定为硬岩。

各地层物理力学性质参数表　　　　　　　　　　表 9-2

土层层号	重度 $\gamma(kN/m^3)$	弹性模量 $E(MPa)$	黏聚力 C（kPa）	泊松比 μ	内摩擦角 $\varphi(°)$
①	17.5	10	10	0.35	10
②	19.3	15	25	0.33	22
③	19.6	35	37	0.30	24
④	22.2	100	60	0.25	30
⑤	23.5	500	85	0.23	32
⑥	24.8	6000	100	0.21	35

3. 场区水文地质概况

查阅勘察报告可知，在勘察要求探查的深度范围内地下水的类型主要以裂隙水为主，并伴有孔隙水。由钻孔探测得到的稳定地下水位埋深为 2.2～4.1m，稳定的地下水位标高为 1.0m；钻孔勘探得知，在场区靠近大海一侧地下水与海水相通，伴随着海水潮汐的变化，地下水位也发生相应的变化，经探测得知，地下水随海水潮汐变化的幅度约为 2.5m 左右。基岩的透水性整体偏弱，透水性不好。

综上所述，在保证新建建筑基坑顺利开挖的前提下，结合施工现场的实际条件，该工程基坑降水方案采取轻型井点降水方案。井点管采用直径 45mm 的钢管，连接管选用直径为 45mm 的 PVC 管，集水总管选用直径为 100mm 的钢管（带接头），滤料采用含泥量小于 1%、粒径为 0.45～3.0cm 的石子。

4. 新建建筑基坑监测点的布设

不考虑周边建筑物的沉降观测，观测点的布设如下：基坑坡顶的水平位移观测点沿基坑四周布设，共布设 17 个监测点，点号为 HV3～HV19，其中，编号为 HV10～HV14 的观测点在隧道一侧，与隧道之间的水平距离较小；基坑坡顶的竖向位移观测点沿用坡顶水平位移观测点；周边地表沉降位移观测点布设在基坑外围，共布设 10 个观测点，点号为 VS2～VS11，其中，隧道一侧布设 4 个沉降观测点，观测点布设在隧道正上方的人行横道上（靠近基坑一侧的人行横道）。观测点的平面布设图如图 9-3 所示。

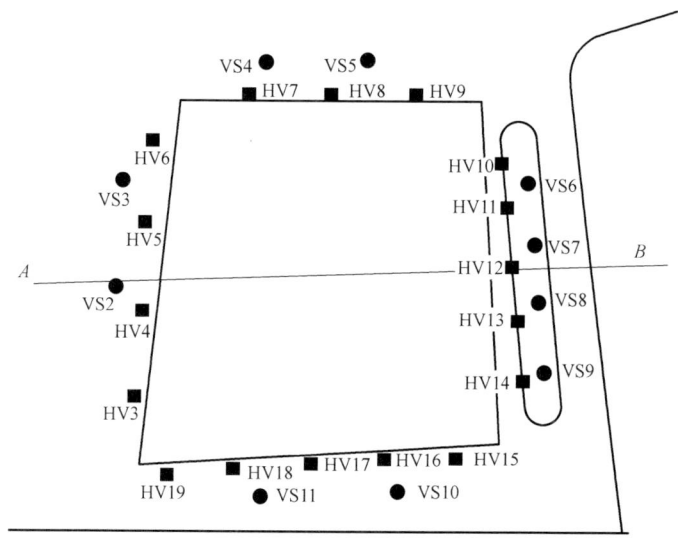

图 9-3　基坑监测点平面布设图

9.2 有限元模型的建立

9.2.1 模型建立的基本假定

采用 MIDAS/GTS NX 有限元软件进行数值模拟，为了确保有限元分析模型在分析计算过程中的精确性，软件的数值模拟过程应最大限度地还原工程现场的各种工况。但是，由于工程施工现场场区地质条件的复杂性和现场施工人为原因造成的各工况施工的误差，有限元软件在对某一特定工程进行有限元模拟时很难完全地模拟出现场的实际情况，所以在这种情况下就必须对工程现场的实际情况进行适当的简化。本节针对实际工程作了如下简化：

（1）查阅勘探资料发现，新建建筑基坑开挖区域地势整体较为平缓，以此为依据，在进行有限元建模时对模型中的地层进行适当的简化。文中假定地表及各个土层均为均质、水平分布。

（2）根据对场区地下水的勘察可知，该场区地下水的类型主要以裂隙水为主，并伴有孔隙水，本节中数值模拟模型不考虑地下水的变化对隧道的影响。

（3）在进行数值模拟的建模过程中，针对基坑开挖部分、基坑开挖影响范围部分、新建建筑以及已有建筑的基础部分、隧道以及隧道衬砌部分都作了网格加密处理。

9.2.2 模型各材料单元参数的选取与边界条件的设定

1. 模型中本构模型的选取

根据软件自身的特点，结合所用材料，选择线弹性模型与 Mohr-Coulomb 模型。模型中的岩土体选用的是 Mohr-Coulomb 模型，而模型中的其他结构单元则选用的是线弹性模型，如隧道衬砌单元，地下连续墙单元，地下室板、锚杆单元以及主体结构的楼板、柱、剪力墙等。

线弹性模型是 MIDAS/GTS NX 中最简单的一类岩土体本构模型，它是应力与应变成正比的本构模型。将材料赋予该本构模型后意味着材料的类型为各向同性的连续体，具有线性应力应变的特性。其主要参数为 E（弹性模量）、μ（泊松比）、γ（重度）。Mohr-Coulomb 模型的破坏准则简单、准确、在岩土体材料中应用较广，当材料的应力小于材料本身的屈服强度时，材料只发生弹性变形；当材料自身应力大于屈服强度时，材料发生不可逆的塑性变形，该阶段材料的塑性变形量随应力的增大而增大，直至最终破坏。Mohr-Coulomb 模型的基本参数为：E（弹性模量）、μ（泊松比）、γ（重度）、C（黏聚力）、φ（内摩擦角）。

2. 结构单元类型的确定

（1）岩土体单元

岩土体单元选用软件中的 3D 实体单元。实体单元的构成可以是 4 个节点、6 个节点或者 8 个节点。本研究中选用的实体单元为 8 节点的六面体单元，该单元每个节点上都具有 3 个方向的线性位移自由度，且模拟结果与实际较为吻合。

（2）隧道衬砌、地连墙、楼板以及剪力墙

模型中的上述结构材料均选用 2D 板单元。由同一平面上的 3~4 个节点构成的平板单元，在工程中可以利用它来解决平面张拉、平面压缩、平面剪切以及平板沿厚度方向的弯曲、剪切等结构问题。可用于模拟喷射混凝土、衬砌等。该单元每个阶段上都具有 3 个方向的平移自由度和 x、y 两个方向的转动自由度。

（3）柱单元

主体结构柱单元采用的单元类型为 1D 梁单元。由 2 个节点构成，属于等截面梁单元。梁单元在使用时一般用在材料截面尺寸相比长度较大的构件。该单元的每个节点上都具有 3 个方向的位移自由度和 3 个方向的转动自由度。

3. 边界条件的设定和材料参数的选取

为了保证模拟的准确性，本模型尺寸选用与工程现场相一致的尺寸。考虑到边界效应会对模拟结果造成一定的影响，结合新建建筑的实际尺寸，综合考虑后模型尺寸选取长×宽×高为 200m×240m×56m。基于此，模型的边界条件设定为：模型的侧面添加水平位移约束条件，模型顶部为自由边界，模型底部添加竖向位移约束条件。

模型中各材料参数取值见表 9-3 所列。

模型各材料参数取值表 表 9-3

材料	γ(kN/m³)	E(MPa)	c(kPa)	μ	φ(°)
杂填土	17.5	10	10	0.35	10
粉质黏土	19.3	15	25	0.33	22
花岗岩	23.5	500	85	0.23	32
喷射混凝土	24.5	$2.8×10^4$	—	0.2	—
二衬	25	$3.15×10^4$	—	0.3	—
锚杆	25	$2×10^5$	—	0.3	—

9.2.3 模型荷载条件的设置

本模型的加载主要分为三部分，第一部分为岩土体的自重荷载；第二部分为已有建筑和新建建筑的建筑加载，其中已有建筑加载为一次完成，新建建筑加载分为 8 次逐次进行加载；第三部分为建筑风荷载的施加，风荷载的大小根据规范计算。

根据《建筑结构荷载规范》GB 50009—2012 中对建筑风荷载的规定可知，在计算建筑的主体结构时，垂直于新建建筑物表面上的风荷载标准值按下式计算：

$$w_k = \beta_z \mu_s \mu_z w_0 \tag{9-1}$$

式中　w_k——风荷载标准值（kN/m^2）；

　　　β_z——高度 z 处的风振系数；

　　　μ_s——风荷载体型系数；

　　　μ_z——风压高度变化系数；

　　　w_0——当地的基本风压（kN/m^2）。

（1）基本风压的计算

规范规定基本风压应当为按照规范规定的方法确定的 50 年重现期的风压，但不得小于 $0.3kN/m^2$。对于高层建筑、高耸结构以及其他对风荷载较为敏感的建筑结构，计算时选取的基本风压值应进行适当提高，并应符合有关建筑结构规范的要求。

本模型中新建建筑的设计使用年限为 70 年，查阅规范按照青岛地区 100 年的重现期取基本风压为 0.7kPa。由于基本风压所取的值是在距地高度为 10m 处的标准高度计算值，所以对于其他高度的基本风压，可按下式进行换算：

$$\frac{w_a(z)}{w_{0a}} = \left(\frac{z}{z_s}\right)^{2\alpha} \tag{9-2}$$

式中　$w_a(z)$——距地面高度 z 处的风压换算值（kPa）；

　　　w_{0a}——距地 10m 处的基本风压值（kPa）；

　　　2α——风压换算系数。

（2）风压高度变化系数的选取

风压高度变化系数的选取应由场区地面的地面粗糙度类别确定。地面粗糙度可以分为 A、B、C、D 四类。本实例以 C 类地面粗糙度（即有密集建筑群的城市市区）为依据，按照规范对风压高度变化系数进行取值。

（3）风荷载体型系数的取值

查阅规范中的相关表格，本实例中风荷载体型系数取值如下：迎风面取 +0.8，背风面取 -0.55。

（4）风振系数的计算

风振系数的计算如下：

$$\beta_z = 1 + \frac{\varphi_1(z)\xi\upsilon}{\mu_z} \tag{9-3}$$

式中 ξ——脉动增大系数，查规范确定取值；

　　ν——脉动影响系数，根据结构的高度、高宽比、C类地面粗糙度查表确定；

　　$\varphi_1(z)$——结构的第1振型函数。

为了计算上的方便，本模型以四层楼高即12m作为一个计算单元计算风荷载，其余高度进行线性内插。综上所述，风荷载的计算结果见表9-4所列。

风荷载的计算值　　　　　　　　　表9-4

建筑高度 （m）	基本风压 （kPa）	风压高度变化 系数（μ_z）	风振系数 （β_z）	迎风面荷载 （kPa）	背风面荷载 （kPa）
12	0.65	0.74	1.12	0.43	0.30
24	0.85	0.90	1.20	0.73	0.50
36	1.00	1.08	1.25	1.08	0.74
48	1.12	1.23	1.30	1.43	0.98
60	1.23	1.35	1.34	1.78	1.22
72	1.32	1.47	1.37	2.13	1.46
84	1.41	1.57	1.41	2.50	1.72
96	1.48	1.67	1.44	2.85	1.96

9.2.4 模型模拟工况的设定

本模型工况的设定主要为四种，第一种工况分析了基坑开挖卸荷对邻近已有隧道的影响；第二种工况分析了新建建筑加载对邻近已有隧道的影响；第三种工况分析了风荷载作用下新建建筑对邻近已有隧道的影响；第四种工况分析了不同建筑参数下新建高层对隧道的影响。

第一种工况：基坑开挖卸荷对邻近已有隧道的影响。该工况在模型原始地层条件下计算地应力，计算得到初始地应力之后进行位移清零处理，然后进行隧道的开挖以及新建建筑基坑的开挖。

第二种工况：在工况一开挖完成的情况下，进行建筑地下室施工。建筑地下室施工完成以后进行地层位移清零处理，此时的地层应力条件作为工况二的初始条件，在此基础上进行建筑加载。新建建筑的施工以每四层为一个施工阶段进行建筑加载过程的模拟，共计8个施工阶段。

第三种工况：风荷载作用下新建建筑对邻近已有隧道的影响分析。青岛地区属于温带季风性气候，其风向受季节影响有明显的变化，春夏季多以东南风和南风为主，秋冬季多以西北风和北风为主，年均风速5.30m/s，瞬时最大风速44.20m/s。由于新建建筑位于隧道的南侧，故主要考虑北风和南风的影响。另外，由于东西方向的对称性，只取东风风荷载进行研究。

第四种工况：改变建筑与隧道之间的水平距离、建筑高度等原有的建筑参数，分析高层建筑对隧道的影响。

9.2.5 MIDAS/GTS NX 模型视图

模型视图如图 9-4～图 9-6 所示。

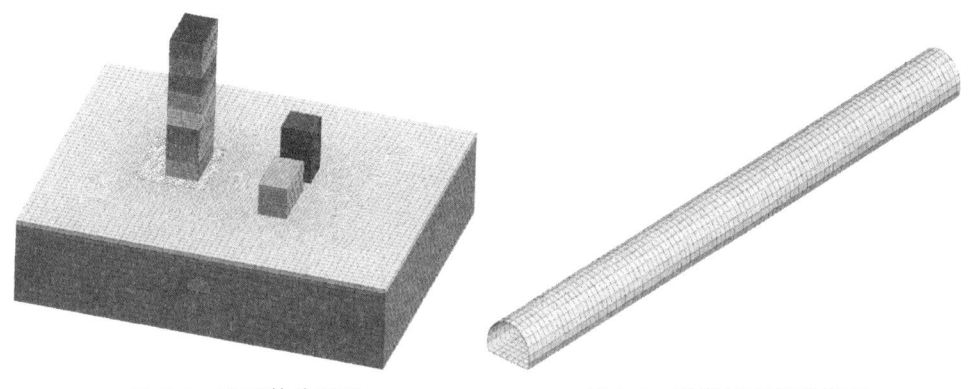

图 9-4 模型整体视图 　　　　　　　　　图 9-5 隧道衬砌模型视图

 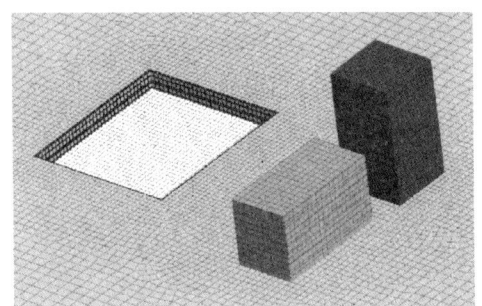

图 9-6 新建建筑地下连续墙视图

9.3 基坑开挖卸荷对隧道的影响分析

本节通过对基坑监测结果与数值模拟计算结果的对比分析，验证模型岩土体参数的取值、约束条件的设定、荷载以及施工工况设定合理性的同时，分析了基坑开挖卸荷作用下隧道的变形特征。

9.3.1 基坑开挖卸荷的监测结果分析

图 9-7～图 9-9 给出了基坑开挖过程中各监测点的位移随时间变化的关系图。

考虑到新建建筑基坑开挖会对已有邻近隧道造成影响，所以选取靠近隧道一侧的各个监测点进行分析。基坑坡顶的水平和竖向位移选取点号为 HV10～HV14 的监测点，周边地表沉降观测点选取点号为 VS6～VS9 的观测点。在基坑开挖前约一个月开始对基坑周边相应的观测点进行布点监测工作。

　　根据以上时间—位移变化曲线图可知：在新建建筑基坑开挖的过程中，基坑坡顶的水平位移观测点出现了偏向基坑一侧的位移，该位移值随着基坑开挖的进行是逐渐增大的，位移的变化速率伴随着基坑开挖过程出现先增大后减小的变化规律；当基坑开挖完成以后，坡顶的水平位移值逐渐趋于稳定，基坑中部位移观测点的坡顶水平位移观测值明显大于基坑边缘处观测点的水平位移值，最大的坡顶水平位移观测值出现在位于基坑中部的观测点 HV12 处，最大值约为 6.9mm。

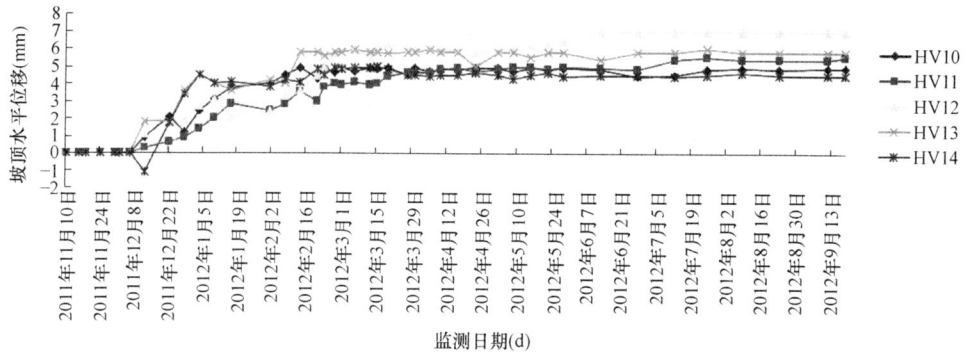

图 9-7　基坑坡顶水平位移的时间—位移变化关系图

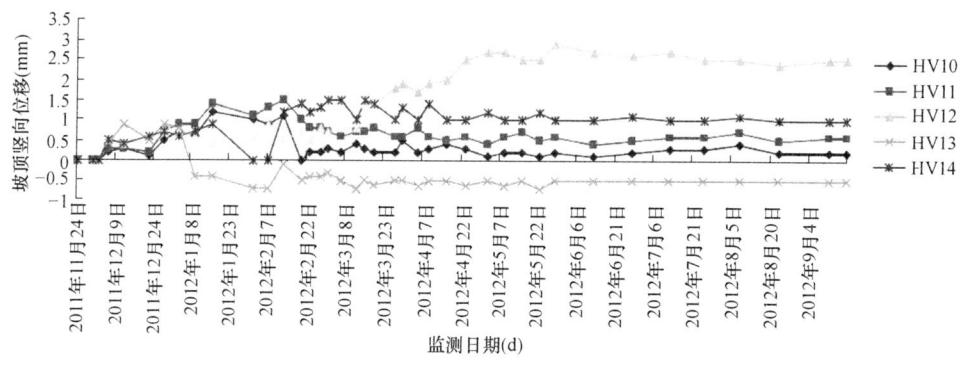

图 9-8　基坑坡顶竖向位移的时间—位移变化关系图

9.3.2　基坑开挖卸荷数值模拟计算结果分析

　　图 9-10 给出了基坑开挖完成以后地层的水平位移云图与竖向位移云图。从图中可以看出，在基坑开挖完成以后，由于开挖卸荷的原因，基坑侧壁产生了向基坑内侧

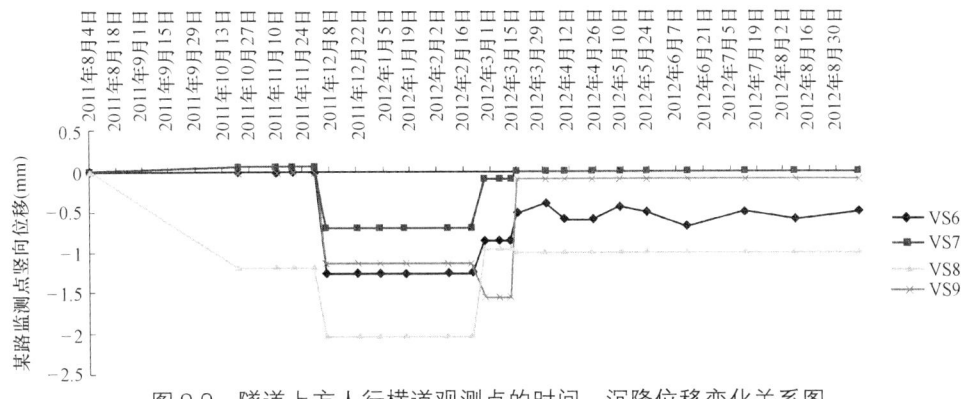

图 9-9　隧道上方人行横道观测点的时间—沉降位移变化关系图

的位移，而坑底的土体则发生了轻微的隆起位移。隧道则在基坑侧壁土体位移的带动下产生了向基坑一侧的水平位移。通过对数值计算结果的提取分析可知，在邻近隧道一侧的基坑土体中，基坑坡顶竖向位移最大值为 3.05mm，位置出现在基坑中部的观测点处；基坑坡顶水平位移最大值为 5.32mm，位置出现在基坑中部的监测点处。

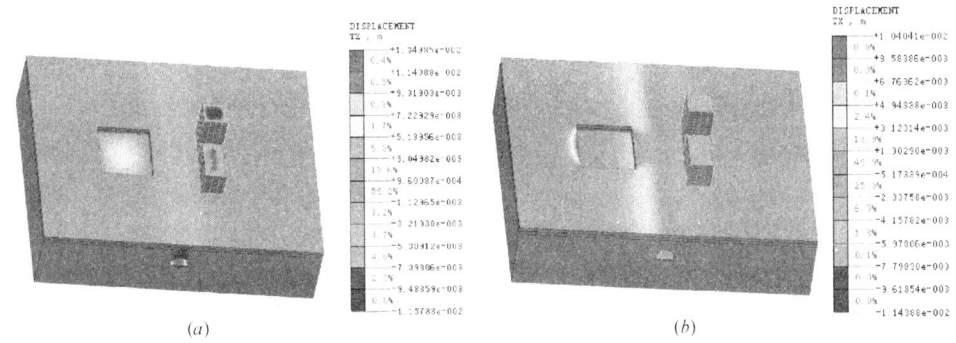

图 9-10　基坑开挖完成以后的位移云图
（a）竖向；（b）水平

综上所述，通过对比基坑的实测数据与数值模拟计算的结果发现，数值模拟计算结果与实测结果较为接近，说明此时模型岩土体参数的取值、约束条件的设定、荷载以及施工工况的设定是比较合理的。在后续的分析计算中可以采用此时模型岩土体的参数、约束条件、Mohr-Coulomb 本构模型的选择、网格的划分、优化、荷载类型以及工况等，为保证模型模拟新建建筑加载过程以及风荷载的加载过程奠定了基础。

9.3.3　基坑开挖卸荷对邻近隧道的影响分析

1. 基坑施工完成后的位移场分析

取图 9-3 中的 *A-B* 断面为研究对象，分析基坑开挖对隧道的影响。由于此断面位于隧道以及基坑的中部中心，所以在模型中提取 $y=100m$ 的隧道断面的计算结果进行分析。隧道断面监测点的布设情况为，拱顶沉降监测点与隧道洞周收敛变形监测点的编号从左至右依次为1、2、3、4、5五个节点，拱底沉降的观测点编号从右至左依次为6、7、8、9四个节点。

提取断面 $y=100m$ 的竖向位移数据，得到如图9-11所示的位移曲线图。

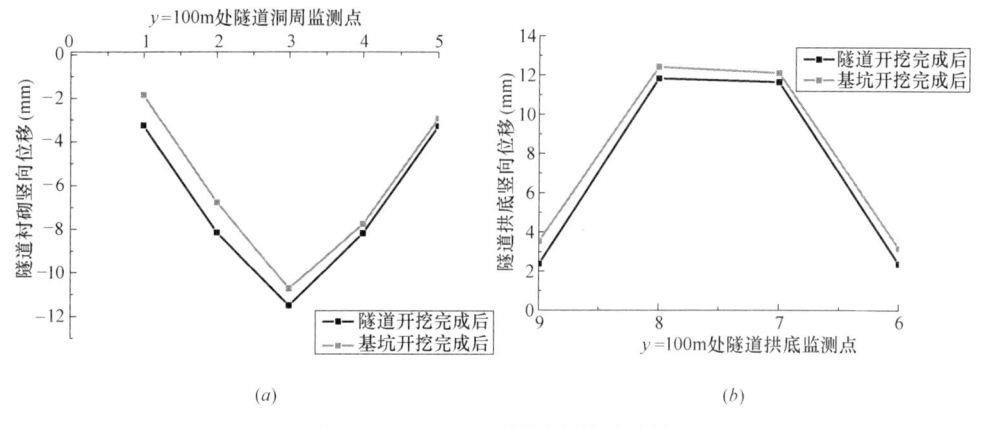

(a)　　　　　　　　　　　　　　(b)

图9-11　$y=100m$ 处竖向位移曲线

（a）隧道洞周观测点；（b）拱底

提取断面 $y=100m$ 的水平位移数据，得到如图9-12所示的位移曲线图。

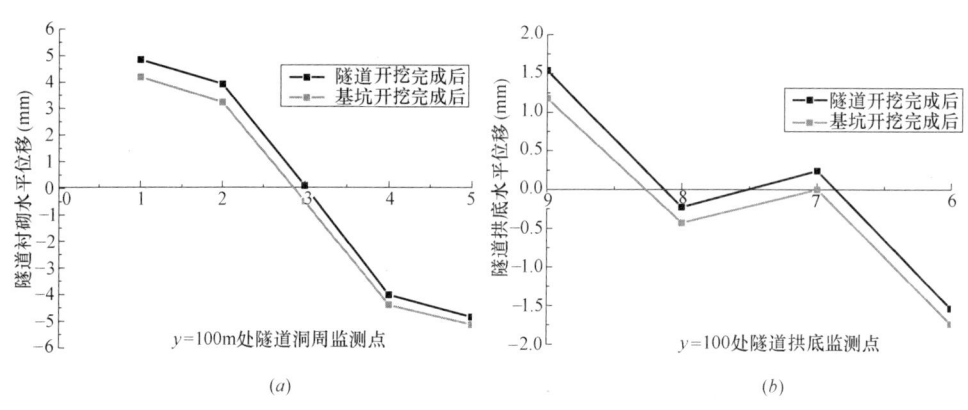

(a)　　　　　　　　　　　　　　(b)

图9-12　$y=100m$ 处水平位移曲线

（a）隧道洞周观测点；（b）拱底

通过对隧道断面计算数据的提取，发现伴随着隧道的开挖，隧道洞周的岩体向隧道内侧产生净空收敛位移。由监测点1和监测点5可知，隧道在水平方向的收敛最大值为4.84mm；由监测点3可知，在隧道开挖完成后隧道拱顶沉降最大值为11.5mm；由监测点8可知，隧道拱底的最大隆起量为11.83mm。将隧道开挖完成后的数据与基坑开挖完成后的数据进行对比分析发现，隧道在开挖完成之后其净空收敛变形基本达到了最大值，伴随着基坑的开挖，隧道的净空收敛变形的变化量，即基坑开挖这一过程对隧道的净空收敛位移基本无影响。

从图 9-11 中对比分析基坑开挖前后隧道整体的竖向位移，可以发现：基坑开挖后的隧道洞周的竖向位移要小于开挖前，拱底的竖向位移要大于开挖前，说明伴随着基坑的开挖隧道整体被上抬，且越靠近基坑被上抬的位移量越大。经验算，这种情况下竖向变形的曲率半径为 530296m，大于 15000m，满足隧道相关规范的要求。

从图 9-12 中可以看出，在基坑工程施工结束后，隧道产生了向基坑一侧的水平位移，靠近基坑一侧的监测点的水平位移值略大于远离基坑一侧监测点的水平位移值，在基坑开挖这一过程中，隧道向基坑一侧移动的水平位移平均值为 0.47mm。

2. 基坑施工完成后的隧道衬砌应力场分析

选取隧道衬砌作为研究对象，分析新建建筑基坑开挖过程对邻近已有隧道的影响。基坑施工完成后周边地层的应力云图如图 9-13 所示。隧道衬砌的剪应力和主应力云图如图 9-14 所示。从云图中可以看出，伴随着新建建筑基坑开挖的过程，隧道周边围岩的应力得到释放，释放最大的区域为隧道的拱顶，拱脚处释放的应力相对较小，距建筑基坑较近一侧的拱脚其最大应力为 0.6MPa。

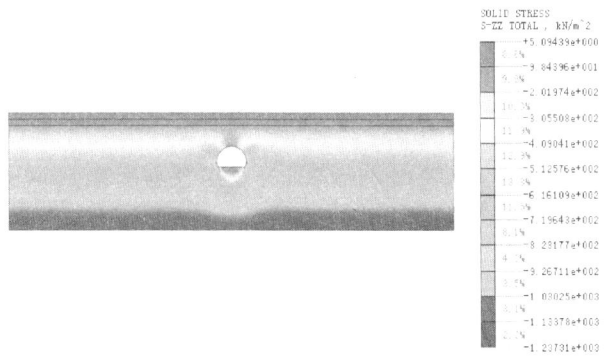

图 9-13　基坑施工完成以后周边地层的应力云图

从图 9-14 中可以看出，在基坑施工完成以后，隧道所受的最大剪应力为 0.7MPa。隧道的最大内力为 0.23MPa，该值小于 C35 混凝土的设计允许值 2.2MPa。在这种情况下，隧道衬砌不会产生宽度大于 0.2mm 的裂缝，所以隧道所受新建建筑基坑的施工影响较小，隧道处于相对稳定状态。

由以上分析可以得出，在新建建筑基坑开挖过程中，由于开挖卸荷引起了周围岩土体的应力释放，但这种应力的释放是不均匀的，越靠近基坑应力释放越大，与此同时，拱顶的应力释放比拱脚要大。从本工程新建建筑基坑的数值模拟

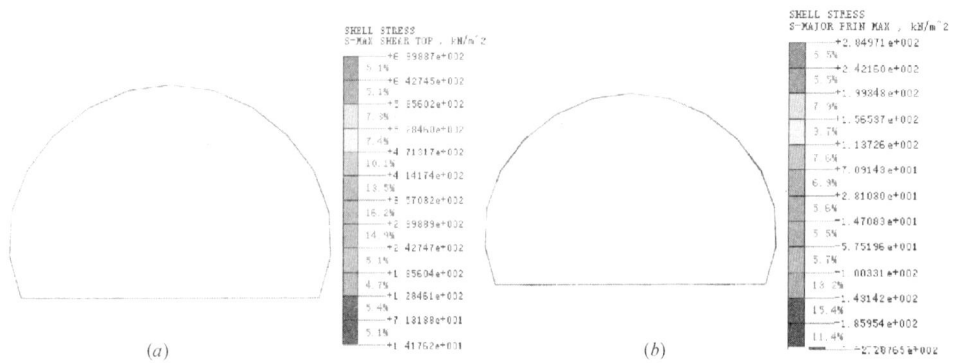

图 9-14　基坑施工完成以后隧道的剪应力和主应力云图

(a) 剪应力云图；(b) 主应力云图

结果来看，基坑开挖完成以后，基坑与隧道的各项应力指标均未超过设计的允许值，故可以得出在新建建筑基坑开挖的影响下，隧道仍处于安全状态。

9.4　新建建筑加载对邻近既有隧道的影响分析

9.4.1　新建高层加载过程中周边地层的变形分析

新建建筑在施工加载过程中的周边地层变形云图如图 9-15 所示。从云图中可以看出，周边地层的最大沉降量为 10.9mm，水平位移的最大位移量为 0.89mm，地层的水平位移量远小于地层的沉降量。在新建建筑加载的过程中，周边地层的变形主要以地层沉降为主。

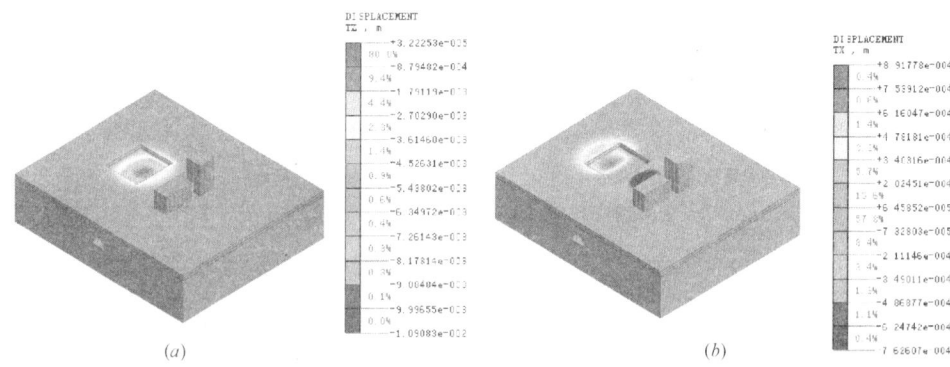

图 9-15　周边地层沉降和水平位移云图

(a) 地层沉降云图；(b) 水平位移云图

为了进一步确定沉降的范围，取三个不同的水平断面分析周边地层的沉降情况，水平断面 1 为周边地层的表面，水平断面 2 为 $z=-3m$ 处断面，水平断面 3 为新建建筑基础底面。三个断面的沉降位移云图如图 9-16～图 9-18 所示。

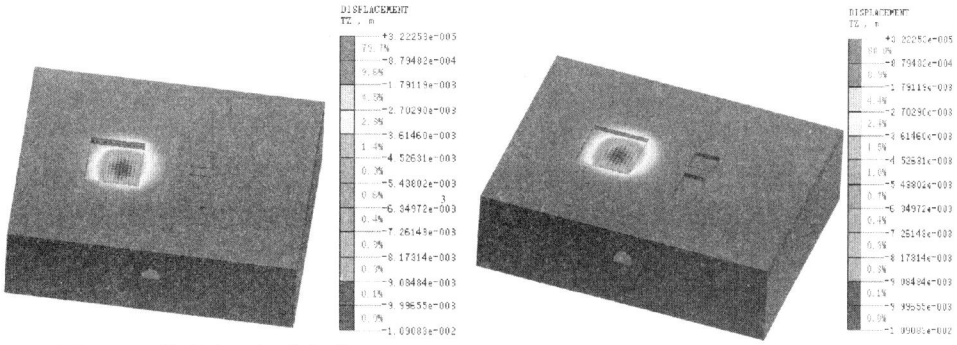

图 9-16　地表表面沉降位移云图　　　图 9-17　$z=-3m$ 断面处沉降位移云图

图 9-18　基础底面沉降位移云图

从三个水平断面的整体位移云图来看，在新建建筑加载的过程中，周边地层沉降的区域主要位于新建建筑的建筑范围内，并且沉降量最大的地方位于建筑基础底部，沉降呈现出从中间向四周逐渐递减的规律，且关于沉降的中心区域呈对称分布。已有邻近隧道所在的区域基本位于沉降区域的影响范围内。

对比沉降的位移云图发现水平位移相较沉降量较小，在靠近隧道一侧水平位移的最大位移量为 0.76mm；与此同时，在另一侧的最大水平位移量为 0.89mm，最大位移位置位于主楼以外的地下室区域。这主要是由于新建建筑的加载，导致周边的地层发生了向主沉降区域内偏移的位移量。

图 9-19 给出了地层在建筑加载过程中的最大沉降曲线，该曲线上的每一个点均取自地层在建筑加载过程中发生最大沉降的点，所取范围由沉降中心向两侧分别延伸 50m。

通过图 9-19 可以看出，由沉降中心向左右两侧延伸的过程中，左右两侧的沉降量明显不同，右侧即靠近隧道一侧的沉降量明显小于远离隧道一侧的沉降量。产生这种现象的原因主要有以下两点：第一，新建建筑的建筑基础距离隧道

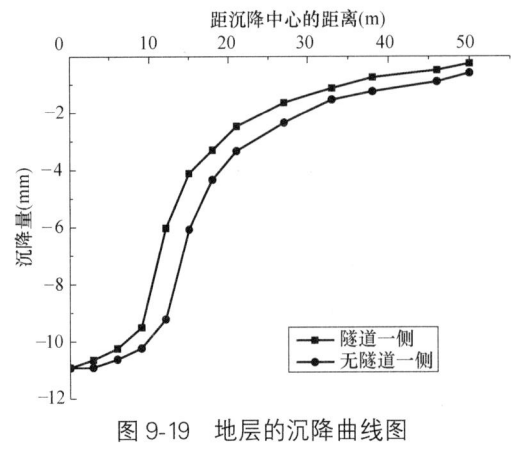

图 9-19　地层的沉降曲线图

较远，而沉降的主要区域发生在新建建筑基础范围内，所以对该区域的影响较小；第二，既有隧道自身刚度的影响，由于隧道在新建建筑施工前就已经存在，在建筑加载的过程中，隧道自身以及支护结构的刚度会加强周围土体的整体刚度，进而导致沉降量相对较小。由以上分析可以得出，在已有邻近隧道周围施工新建建筑时，为了保护隧道的运营安全，应尽量让新建建筑的基础远离隧道方向。另外，从地层的沉降曲线图可以看出，从沉降中心向左右两侧的扩展距离达到 50m 时，地层的竖向位移量已经在 1mm以内，可以认为，本实例工程在新建建筑加载的过程中，由建筑加载引起的建筑基础沉降的影响范围大致在建筑左右两侧 50m 的范围以内。

9.4.2　新建高层加载过程中邻近隧道的变形分析

由 9.4.1 节的分析可知，在新建建筑进行施工加载的过程中，建筑周边地层在荷载作用下可能产生竖向位移和水平位移。在周边地层的带动下，已有的邻近隧道也将发生相应的附加位移。由上一节的结论可以得出，由于隧道自身的刚度大于周边土体的刚度，在受到周边土体的影响下，其附加位移变形值应小于岩土体相应的变形值；另外，受地层变形规律的影响，隧道在新建建筑加载过程中产生的主要变形应为竖向沉降，其水平位移量相较沉降量小。

考虑到岩土体与地下结构相互作用的这一复杂情况，从研究实用的角度出发，选取隧道的衬砌结构作为研究对象，主要分析在新建建筑加载过程中隧道衬砌的变形规律，该变形主要为隧道衬砌的沉降变形与水平位移变形。

1. 加载过程对隧道沉降的影响分析

图 9-20 和图 9-21 给出了建筑施工加载过程中隧道的沉降位移云图以及将最终变形放大之后的效果云图。

从图 9-20 中可以看出，随着新建建筑的建筑加载过程，隧道的沉降也逐渐加大，最大的沉降量发生在第八次建筑施工加载以后，最大沉降量的值为1.92mm，位置位于靠近新建建筑基坑一侧的隧道拱腰处。

从隧道的最终变形来看，隧道横断面方向沉降变形靠近新建建筑基坑一侧的沉降量大于另外一侧。在隧道的纵断面方向，隧道沉降呈现出从中间向两端逐渐递减的变形规律，中间的沉降区域为隧道发生竖向沉降的主要区域，该区域对应

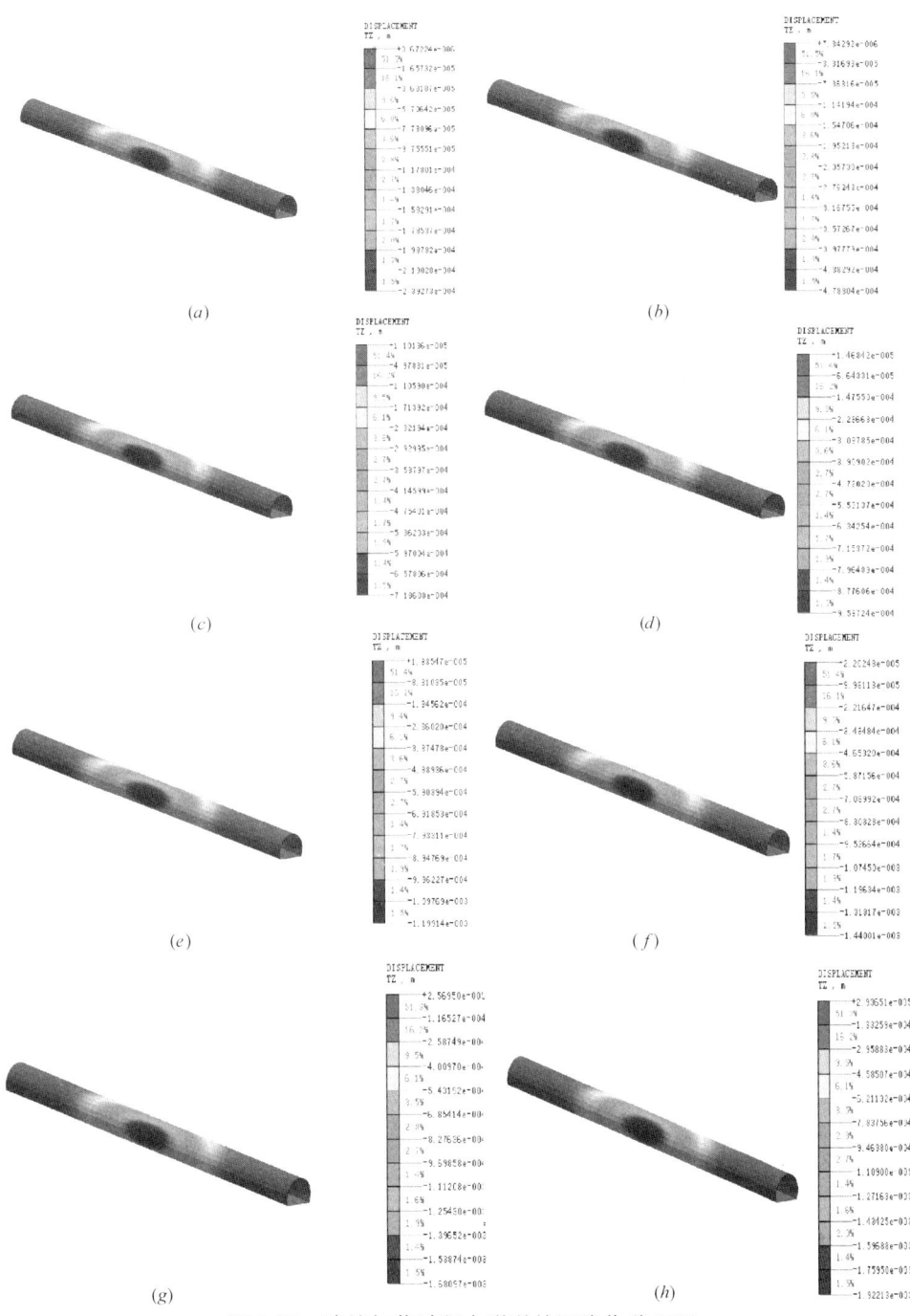

图 9-20　建筑加载过程中隧道的沉降位移云图

（a）第一次建筑加载；（b）第二次建筑加载；（c）第三次建筑加载；（d）第四次建筑加载；

（e）第五次建筑加载；（f）第六次建筑加载；（g）第七次建筑加载；（h）第八次建筑加载

的位置为新建建筑的建筑区域（图 9-21）。

图 9-21 隧道最终变形放大效果图

下面主要从隧道的横断面方向与纵断面方向分析隧道在新建建筑加载过程中的沉降变形规律。

（1）沿隧道纵断面方向的沉降变形分析

由模拟分析结果可以知道，沿隧道纵断面方向的隧道沉降变形主要发生在新建建筑的建筑区域内，且最大的沉降量位置基本都位于隧道拱腰处。但研究沿隧道纵断面方向的沉降变形不能仅以隧道拱腰为参照依据，所以本节选取隧道的拱顶、拱底以及左右拱腰四个关键位置作为隧道沉降变形的基本监测点。在此基础上分析隧道沿纵断面方向的沉降变形。

取沿隧道纵断面方向为 x 轴，竖直方向为 y 轴，坐标原点选定在隧道纵向长度的中点。在上述坐标系下，提取隧道拱顶、拱底以及左右拱腰四个基本监测点的模型计算结果。各监测点的沉降曲线分别如图 9-22～图 9-25 所示。

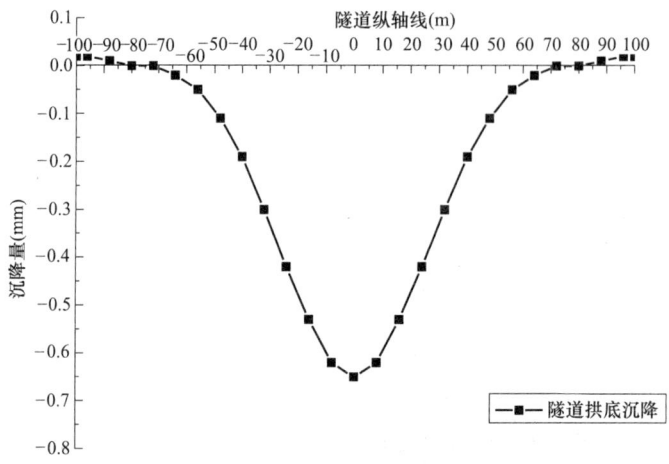

图 9-22 隧道拱底沉降曲线图

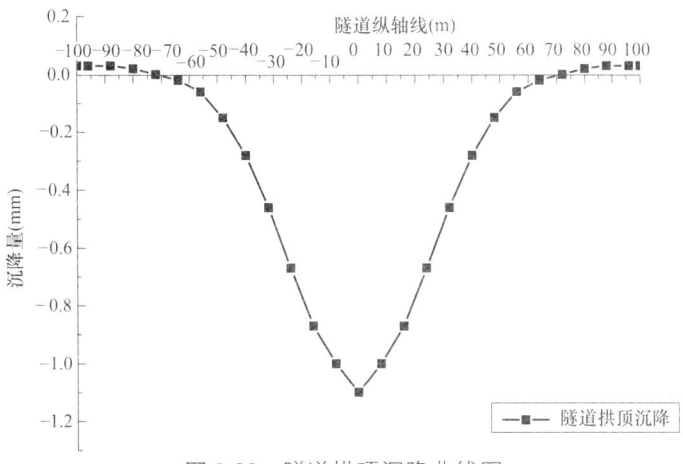

图 9-23　隧道拱顶沉降曲线图

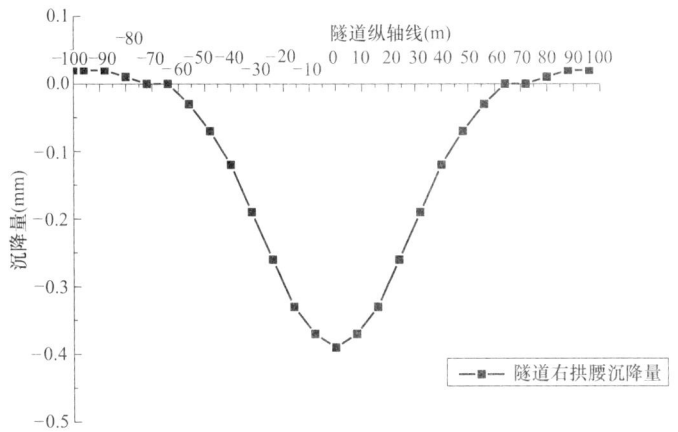

图 9-24　隧道右拱腰沉降曲线图

从图 9-22～图 9-25 可以看出，隧道各部分的沉降都关于隧道中点呈对称分布，隧道中心为沉降量最大处，沉降量向两侧逐渐递减，当递减到距隧道中心 70m 处时，隧道的沉降量几乎为零。这说明在新建建筑加载过程中，对隧道纵向的影响范围约为从隧道中心向两侧各 70m 范围。当距隧道中心的距离超过 70m 时，隧道的拱底、拱顶、左右拱腰都有不同幅度的上抬，但上抬的位移量较小，基本可以忽略不计。

对比隧道拱顶与拱底的沉降量发现，隧道拱顶与拱底的沉降量相差不大，说明在隧道纵方向上隧道的整体沉降较为均匀。但对比隧道的左拱腰与右拱腰的沉降量发现，左拱腰的沉降量要明显大于右拱腰的沉降量，二者存在明显的差异沉降。分析原因是左侧拱腰更靠近新建建筑，在新建建筑加载过程中受加载影响较大。左、右拱腰明显的差异沉降说明在隧道水平方向存在一定程度的不均匀沉

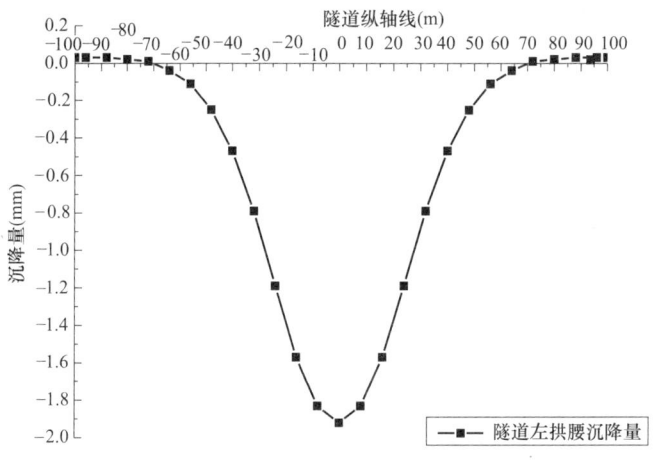

图 9-25　隧道左拱腰沉降曲线图

降。这种不均匀沉降现象的存在对地铁隧道的运营是不利的。

（2）沿隧道横断面方向的沉降变形分析

隧道横断面方向的沉降变形分析，我们依旧选取隧道的拱底、拱顶、左拱腰以及右拱腰四个关键位置作为隧道沉降变形的基本监测点。研究的断面选取隧道中心断面，即隧道纵轴线沉降最大断面。主要研究在新建建筑加载过程中隧道中心断面四个基本监测点的沉降量变化情况。由 9.4.2 节可知，新建建筑的荷载共分 8 次进行加载，故新建建筑的加载过程可分为 8 个阶段分别进行研究，每个阶段为一次加载，主楼的加载每四层为一个加载单元。提取隧道中心断面各基本监测点在每一个施工段的计算结果，各基本监测点的沉降曲线如图 9-26～图 9-29 所示。

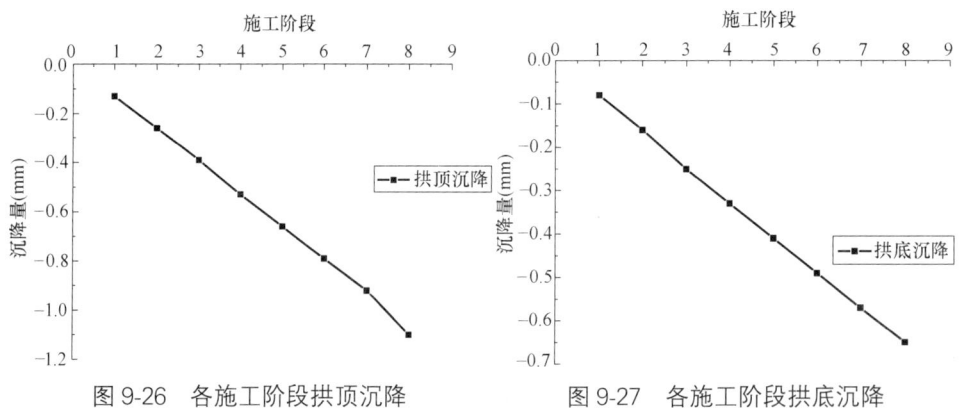

图 9-26　各施工阶段拱顶沉降　　　　图 9-27　各施工阶段拱底沉降

由图 9-26～图 9-29 可以看出，伴随着新建建筑的施工加载，隧道的拱底、拱顶、左拱腰以及右拱腰的沉降都以线性规律增长。通过对比以上四个基本监测点的沉降曲线图可以发现，在新建建筑加载过程中，四个基本监测点的沉降速率趋于一致，这说明在新建建筑加载过程中，隧道的沉降是均匀的。对比左、右拱腰可知，左拱腰的沉降量明显大于右拱腰沉降量，这与前述分析的隧道沿纵轴线方向的沉降规律是一致的。

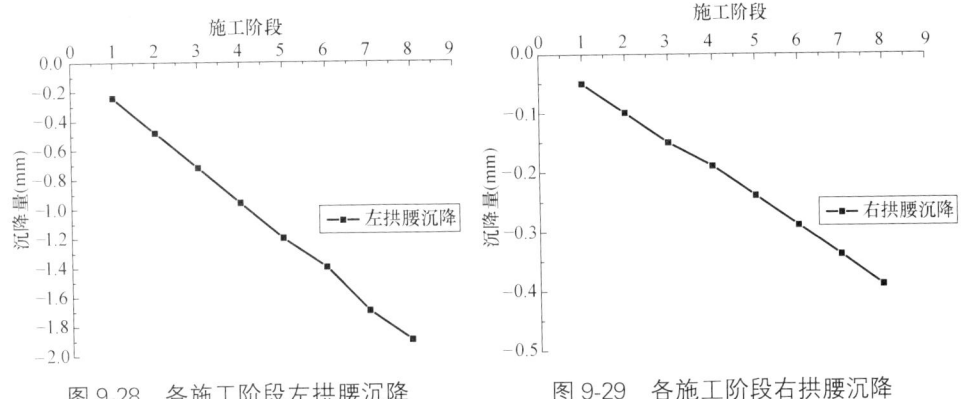

图 9-28　各施工阶段左拱腰沉降　　　　图 9-29　各施工阶段右拱腰沉降

2. 加载过程对隧道的水平位移影响分析

隧道衬砌在新建建筑加载过程中的水平位移云图如图 9-30 所示。

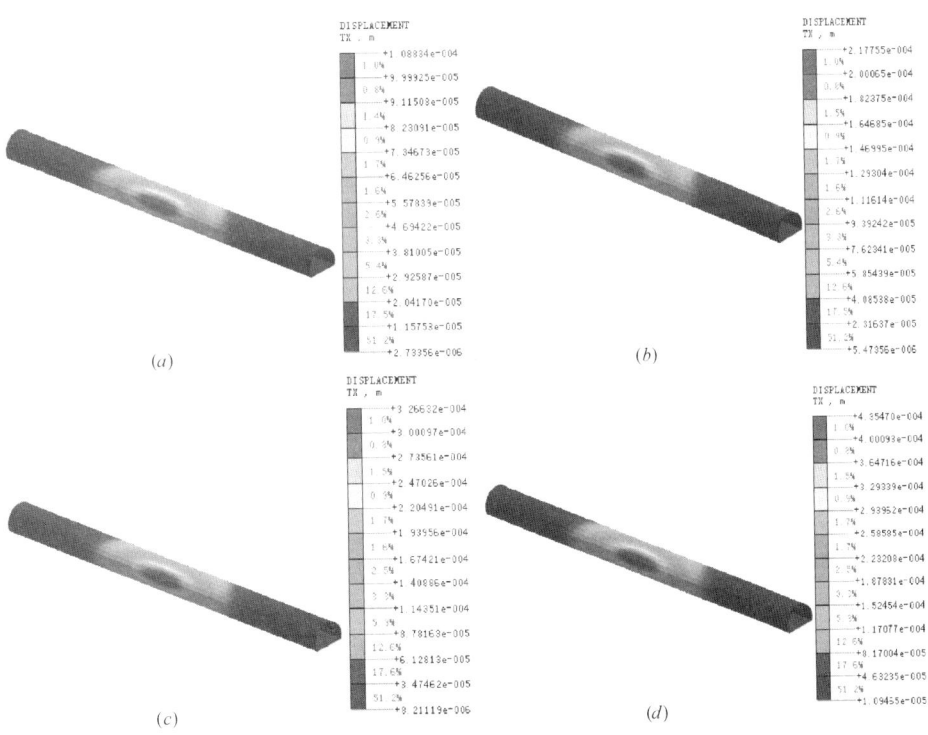

图 9-30　建筑加载过程中隧道的水平位移云图（一）

（a）第一次建筑加载；（b）第二次建筑加载；（c）第三次建筑加载；（d）第四次建筑加载

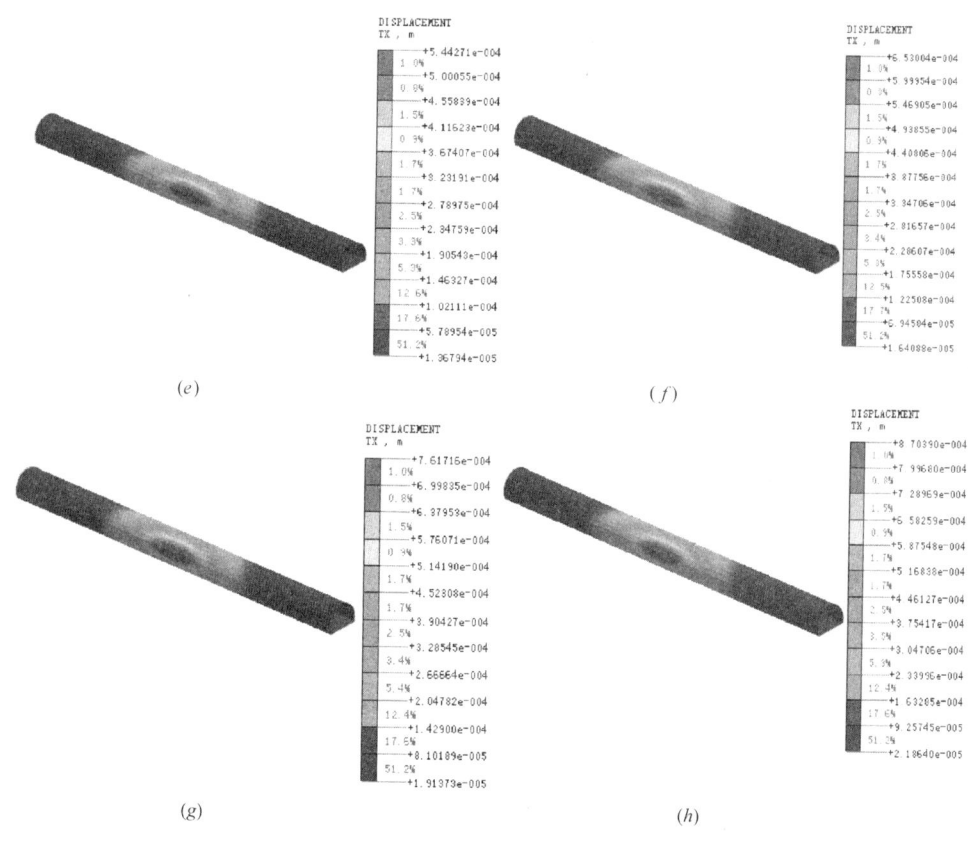

图 9-30　建筑加载过程中隧道的水平位移云图（二）

（e）第五次建筑加载；（f）第六次建筑加载；（g）第七次建筑加载；（h）第八次建筑加载

从图 9-30 可以看出，在新建建筑加载的过程中，隧道的水平位移会随着建筑荷载的不断增加而增大。但对比于建筑加载过程中隧道的沉降位移量来说，水平位移量相对较小，最大水平位移量为 0.87mm，该位移量出现在建筑荷载加载完成以后。采用上文分析建筑加载过程中隧道沉降的分析方法，下面将依据 MIDAS/GTS NX 数值模型的计算结果对建筑加载下隧道水平位移的变形机制进行分析。

下面主要从隧道的横断面方向与纵断面方向分析隧道在新建建筑加载过程中的水平位移的变形规律。

（1）沿隧道纵断面方向的水平位移变形分析

建筑加载过程中隧道水平位移的变化分析参照上文隧道沉降的分析方法。依旧选取隧道的拱顶、隧道拱底以及隧道的左右两侧的拱腰作为水平位移的基本监测点。坐标轴的选取与上文沉降分析时坐标轴的选取规则一致。在该坐标系下，提取隧道拱顶、拱底以及左右拱腰四个监测点的模型计算结果。水平位移的正方向取靠近新建建筑一侧为正，反之为负。各控制点的水平位移曲线分别如图 9-31～图 9-34 所示。

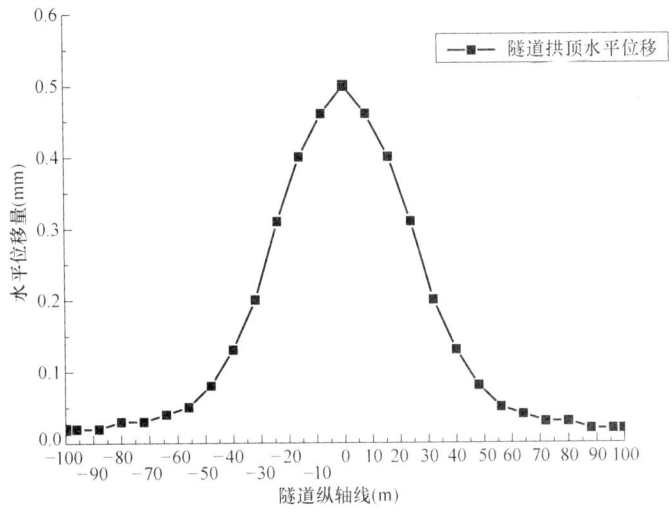

图 9-31　隧道拱顶水平位移曲线

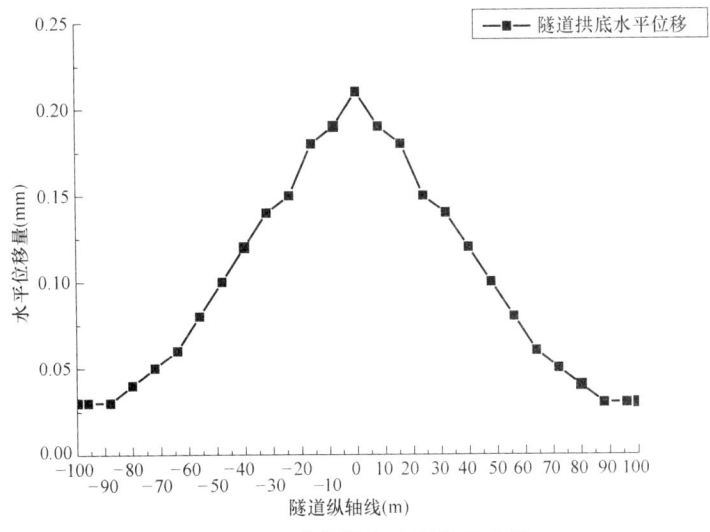

图 9-32　隧道拱底水平位移曲线

由以上隧道各监测点的水平位移曲线图可知，在新建建筑加载过程中，隧道的水平位移变形规律与沉降的变形规律较为吻合，都以隧道纵轴线中心为原点向两侧逐渐递减，其影响范围也大致与隧道沉降的影响范围相一致。隧道整体向新建建筑一侧偏移。

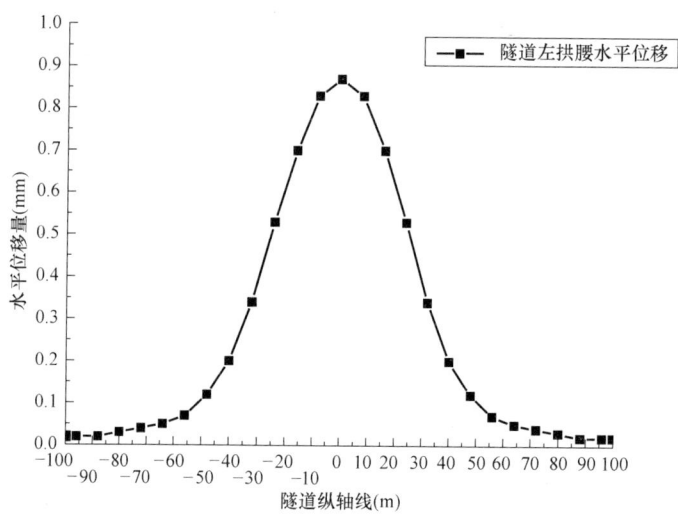

图 9-33　隧道左拱腰水平位移曲线

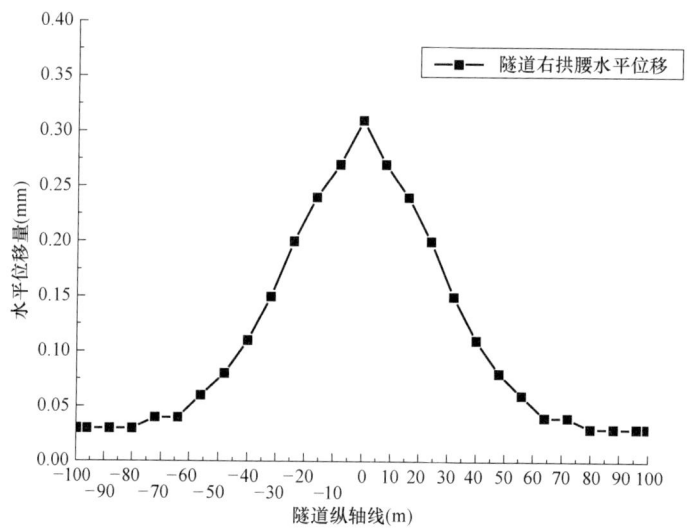

图 9-34　隧道右拱腰水平位移曲线

对比隧道拱顶与拱底的水平位移，发现二者差异不大，而隧道左拱腰的水平位移明显大于右拱腰水平位移。分析产生这种现象的原因，一是由于左侧拱腰靠近新建建筑，在新建建筑加载过程中受加载的影响较大；二是由于隧道衬砌采用混凝土材料，其弹性模量大于周围土体的弹性模量，在建筑加载的过程中建筑基坑的沉降是大于隧道沉降的，这时会对隧道有一个上抬的位移量，在水平位移量与该上抬位移量共同的影响下导致左侧拱腰的水平位移大于右侧拱腰。而在这种情况下，隧道会产生向新建建筑一侧扭转的趋势。

（2）沿隧道横断面方向的水平位移变形分析

提取并分析模型计算结果，隧道水平位移量最大的位置位于隧道中心断面。取隧道中心断面上隧道拱顶、拱底以及左右拱腰四个点为水平位移的监测点。研究该断面上四个监测点的水平位移变化规律。由 9.4.2 节可知，新建建筑的荷载共分 8 次进行加载，故新建建筑的加载过程可分为 8 个阶段分别进行研究，每个阶段为一次加载，主楼的加载每四层为一个加载单元。提取隧道中心断面各基本监测点在每一施工段的计算结果，各基本监测点的水平位移曲线如图 9-35～图 9-38 所示。

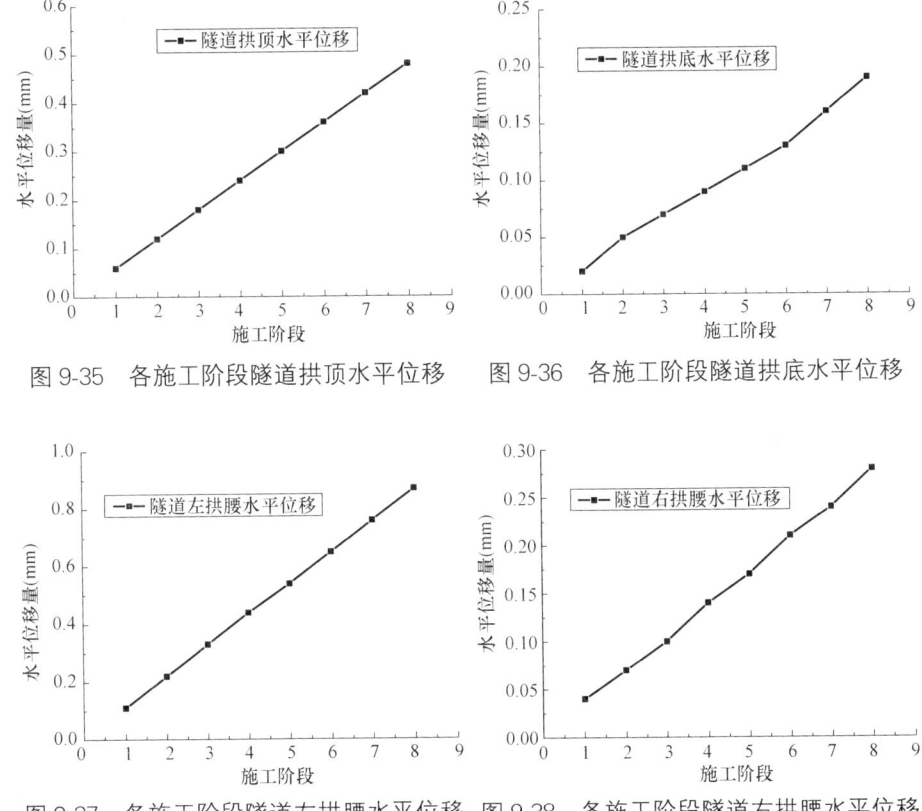

图 9-35　各施工阶段隧道拱顶水平位移　　图 9-36　各施工阶段隧道拱底水平位移

图 9-37　各施工阶段隧道左拱腰水平位移　图 9-38　各施工阶段隧道右拱腰水平位移

从图中可以发现，四个水平位移的基本监测点以线性规律向新建建筑一侧靠拢，其变化速率基本一致。

对于隧道左侧拱腰水平位移量大于右侧拱腰的水平位移量这种使隧道扭转的现象，需要从建筑基础—周围土体—隧道共同作用的机制进行解释。当新建建筑在进行上部建筑加载的过程中，建筑基础会随着下部土体一起沉降，但随着深度的增加，下部土体会对周围土体产生挤压作用，在该作用下周围土体将会产生远离基础的位移变形，而此时上部土体产生的是靠近土体一侧的位移变形。因此，在建筑加载过程中，隧道周围的岩土体产生了扭转的趋势，进而带动隧道出现扭转的趋势。

9.5 新建建筑封顶后风荷载对隧道的影响分析

该建筑物所在的地区常年有风，年均受台风侵袭或台风外围的影响达 13 次。春夏多以东风、南风为主，秋冬多以西风、北风为主，年均风速 5.30m/s，瞬间最大风速可达 44.20m/s。考虑新建建筑与已有邻近隧道的相对位置，选取北风、南风以及西风作为研究对象，研究建筑风荷载对隧道的影响。

在 9.4 节分析了新建建筑加载下部邻近隧道变形规律，本节的主要内容是对比分析新建建筑在建筑封顶以后风荷载作用下与无风荷载作用下的隧道各基本监测点的变化情况。无风荷载下隧道各基本监测点的变形采用上节的建筑加载完成以后的隧道变形数据。

9.5.1 北风荷载作用于建筑物对隧道的影响分析

通过对建筑施加风荷载进行模拟分析并提取计算结果，北风荷载作用下的隧道沉降位移云图与水平位移云图如图 9-39 和图 9-40 所示。

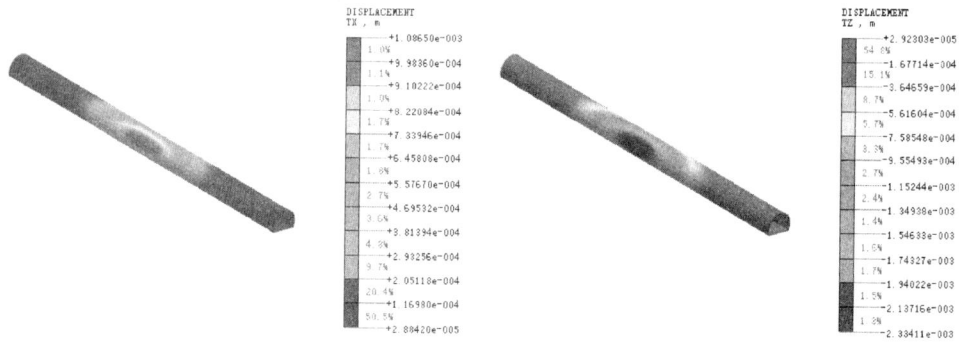

图 9-39 隧道在北风作用下的水平位移云图 图 9-40 隧道在北风作用下的竖向位移云图

从位移云图中可以得知，隧道的各基本监测点位移在北风作用下相较于无风时均有了较为明显的变化。隧道整体向偏向新建建筑一侧移动。在北风荷载作用下，隧道最大沉降位移变化量为 0.43mm，隧道偏向新建建筑最大水平位移变化量为 0.24mm。

结合位移云图与各基本控制点提取的数据，以下详细分析北风荷载作用下隧道水平位移与沉降位移的变化。

1. 北风荷载作用下隧道竖直沉降的变化分析

图 9-41 为隧道拱底和拱顶监测点在有风与无风荷载下的沉降数据对比曲线。图 9-42 为隧道左、右拱腰监测点在有风与无风荷载下的沉降数据对比曲线

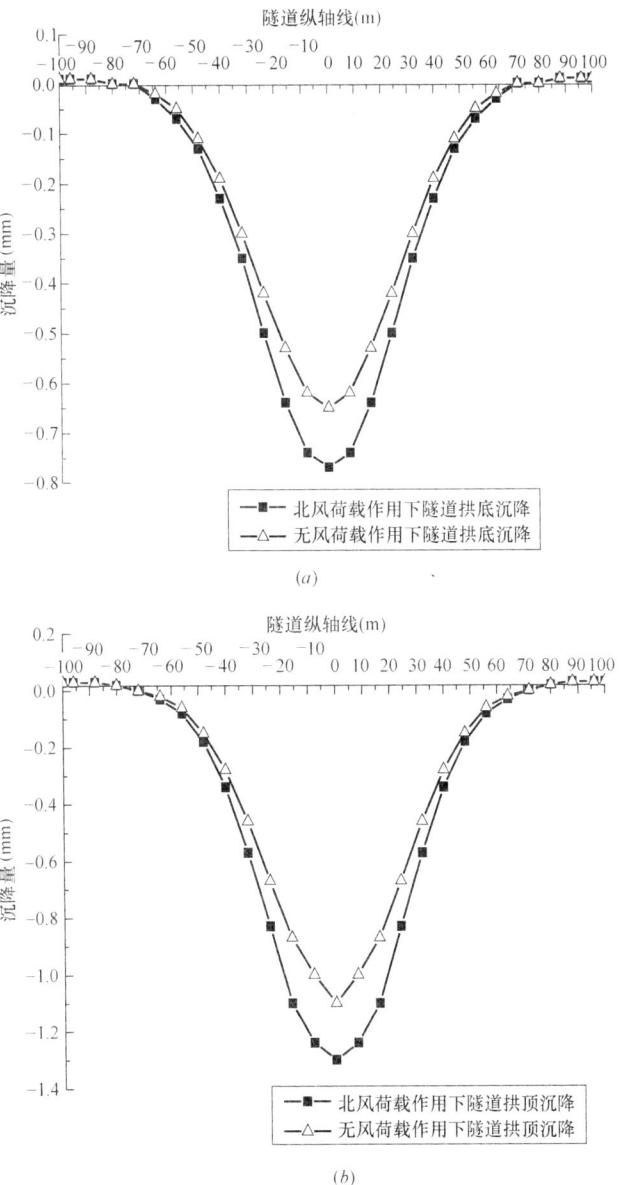

图 9-41　北风/无风荷载作用时拱底、拱顶沉降对比曲线图

（*a*）隧道拱底；（*b*）隧道拱顶

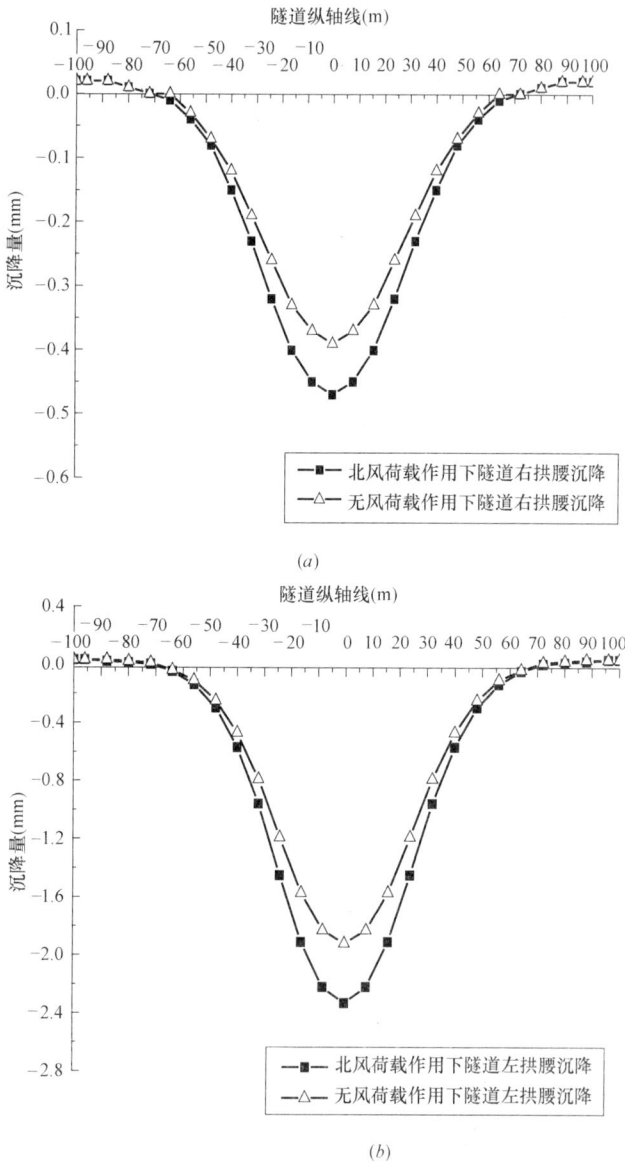

图 9-42 北风/无风荷载作用时左、右拱腰沉降对比曲线图
（a）隧道右拱腰；（b）隧道左拱腰

通过以上隧道各监测点的沉降对比曲线图可以看出，在北风荷载作用下，各监测点的沉降都要大于无风荷载时的沉降，这说明当建筑遭受北风荷载时，产生了偏向隧道一侧的位移变形。在这种运动趋势下，建筑与隧道之间的土体产生向下、向建筑一侧两种运动的趋势，这种趋势将加剧隧道在建筑加载过程中产生的

扭转。由此看来，当建筑遭受北风荷载作用时，隧道的扭转有被加大的趋势，这种影响不利于隧道变形，进而影响隧道的安全运营。

选取隧道拱底的监测点为研究对象，研究隧道在纵轴线方向上有无风荷载时沉降差的变化量。图 9-43 给出了隧道拱底在隧道纵轴线方向上沉降差的变化量。

从图 9-43 中可以看出，在隧道的纵轴线方向上，隧

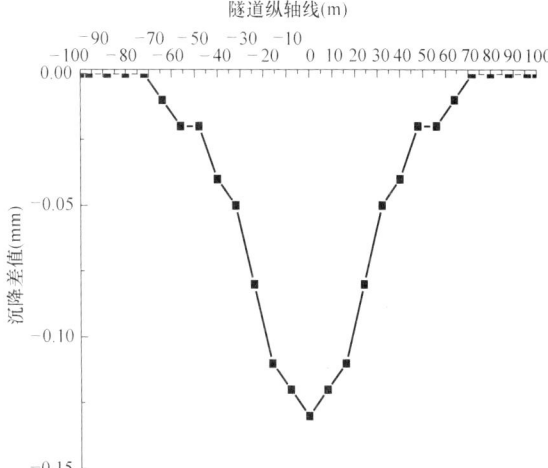

图 9-43 拱底在隧道纵轴线方向上的沉降差变化曲线图

道拱底的沉降差最大值为 0.13mm，说明隧道轨道的沉降差值也有较为明显的变化，这种变化对于地铁隧道的安全运营是不利的。

2. 北风荷载作用下隧道水平位移的变化分析

图 9-44 和图 9-45 为隧道在北风荷载与无风荷载下的水平位移数据对比曲线图。

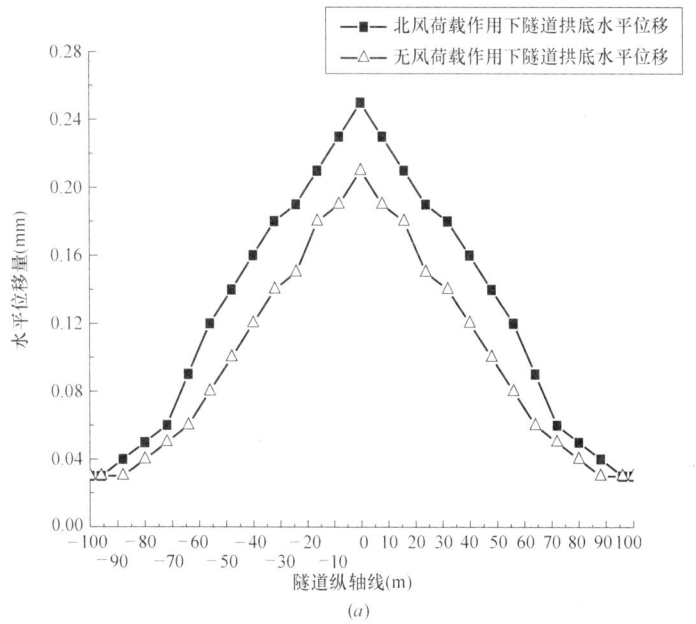

(a)

图 9-44 北风/无风荷载作用时隧道拱底、拱顶水平位移对比曲线图（一）

(a) 隧道拱底

167

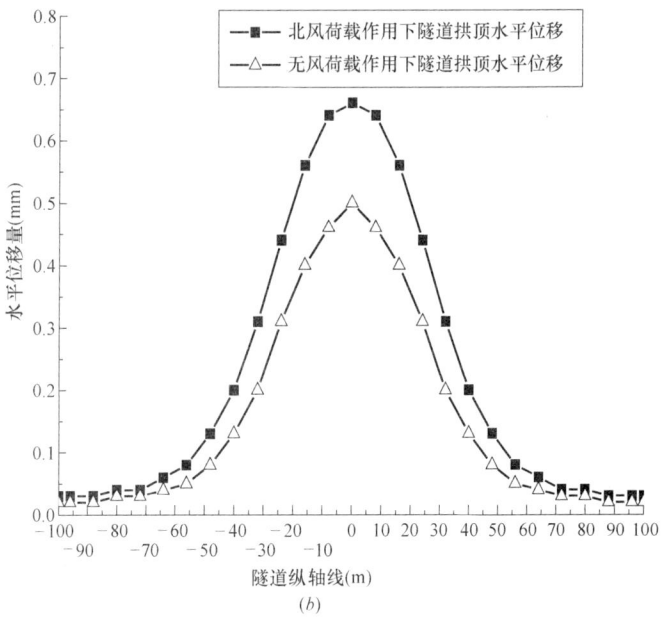

图 9-44　北风/无风荷载作用时隧道拱底、拱顶水平位移对比曲线图（二）

（b）隧道拱顶

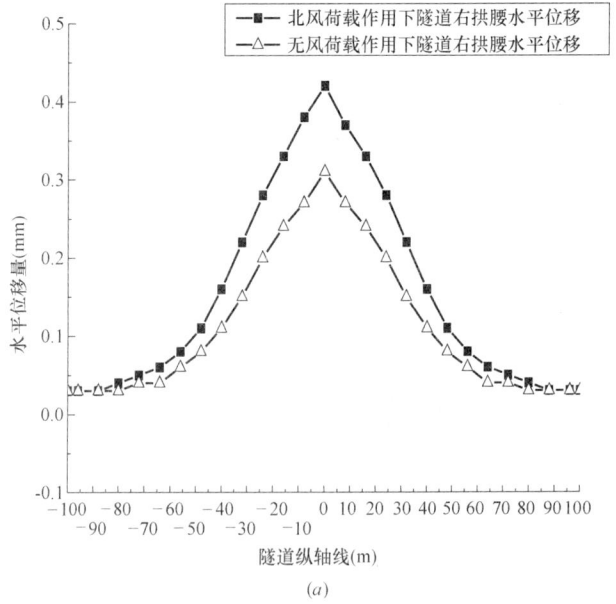

图 9-45　北风/无风荷载作用时隧道左、右拱腰水平位移对比曲线图（一）

（a）隧道右拱腰

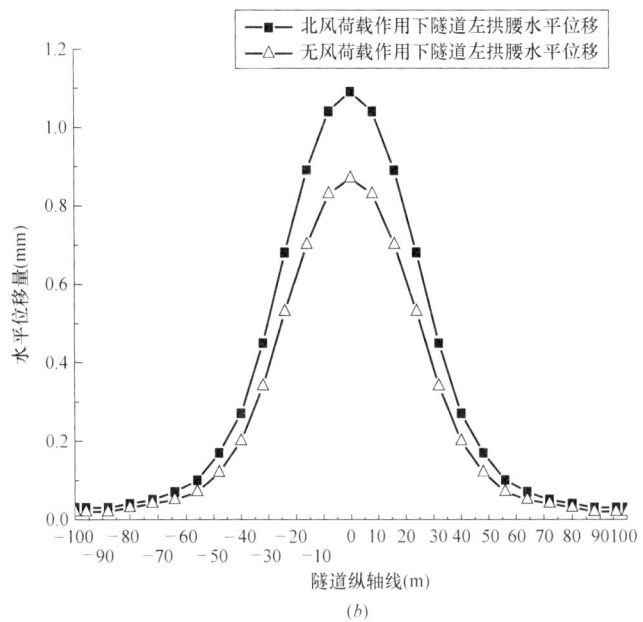

图 9-45 北风/无风荷载作用时隧道左、右拱腰水平位移对比曲线图（二）

（b）隧道左拱腰

从图中可以看出，在北风荷载作用下，隧道各监测点的水平位移都要大于无风荷载时的水平位移。这说明对新建建筑施加了北风荷载以后，隧道向新建建筑一侧产生了侧向移动。其水平位移的最大变化量为 0.24mm，位置位于隧道的左拱腰处。

与无风荷载下的隧道各监测点的位移相比，当建筑遭受北风荷载时，隧道的水平位移发生了较大的变化。导致隧道水平位移变化较大的原因是，当北风荷载作用在新建建筑上时，建筑发生向隧道一侧的倾斜，这种倾斜导致建筑上部偏向隧道移动，建筑下部则会产生远离隧道的位移，在建筑基础部分的带动下，隧道产生了较大的水平位移。

9.5.2 南风荷载作用于建筑物对隧道的影响分析

提取数值模拟计算结果，南风荷载作用下隧道的沉降位移云图与水平位移云图，如图 9-46 所示。

从位移云图中可以得知，隧道的各监测点位移在南风作用下相较于无风时均有了较为明显的变化。隧道整体向偏离新建建筑一侧移动，通过对模型计算数据提取得知，在南风荷载作用下，隧道最大沉降位移变化量为 0.41mm，隧道偏离新建建筑最大水平位移变化量为 0.22mm。

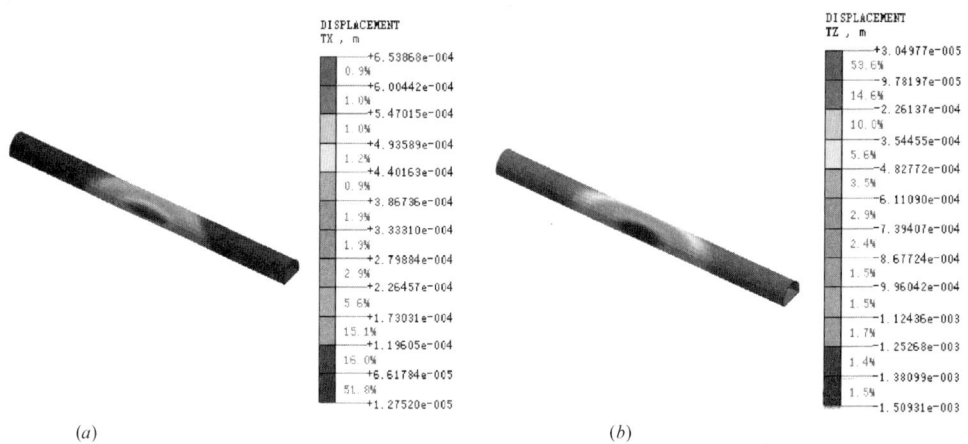

(a)　　　　　　　　　　　　　　　　　　　(b)

图 9-46　隧道在南风作用下的位移云图

（a）水平位移；（b）竖向位移

结合位移云图与各监测点提取的数据，进一步详细分析南风荷载作用下隧道水平位移与沉降位移的变化。

1. 南风荷载作用下隧道竖向沉降的变化分析

图 9-47 和图 9-48 给出了隧道各监测点在南风荷载作用下与无风荷载作用时的沉降对比曲线。

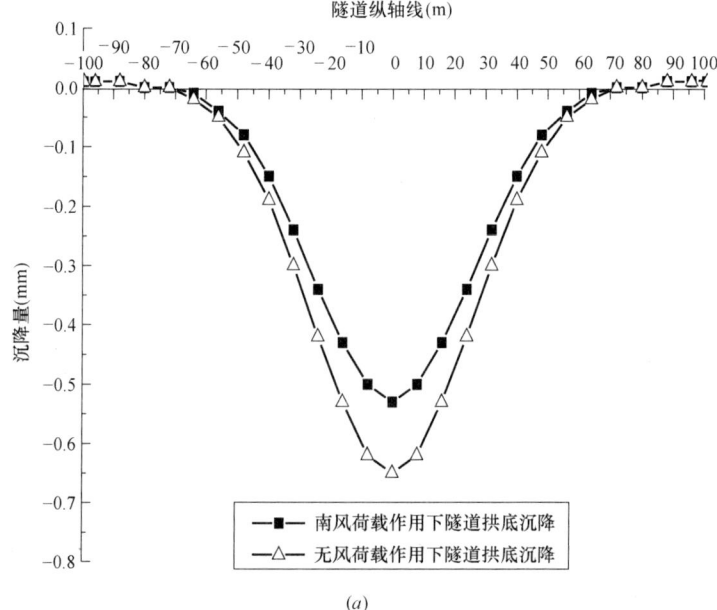

(a)

图 9-47　南风/无风荷载作用时隧道拱底、拱顶沉降对比曲线图（一）

（a）隧道拱底

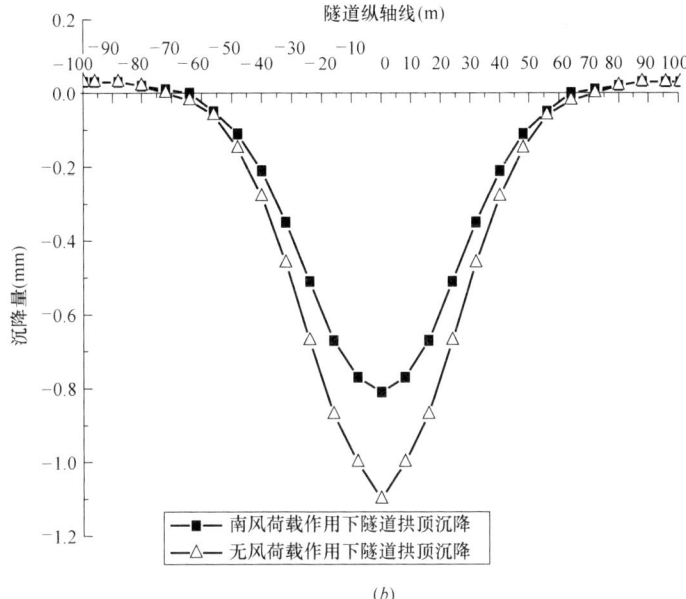

（b）

图 9-47 南风/无风荷载作用时隧道拱底、拱顶沉降对比曲线图（二）

（b）隧道拱顶

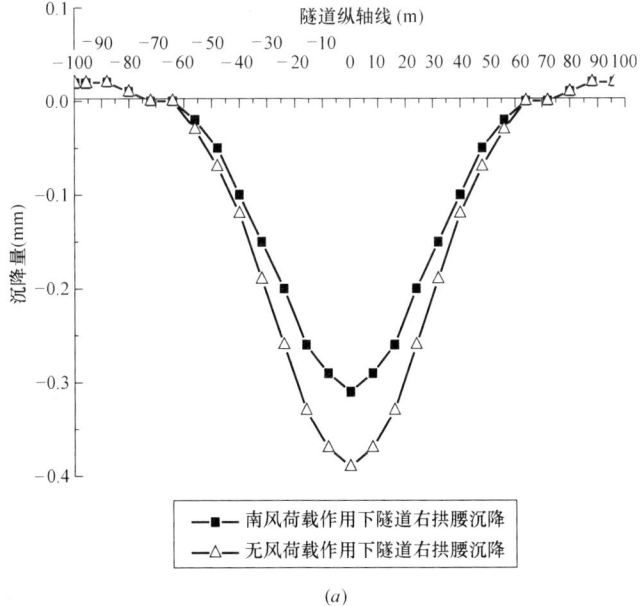

（a）

图 9-48 南风/无风荷载作用时隧道左、右拱腰沉降对比曲线图（一）

（a）隧道右拱腰

171

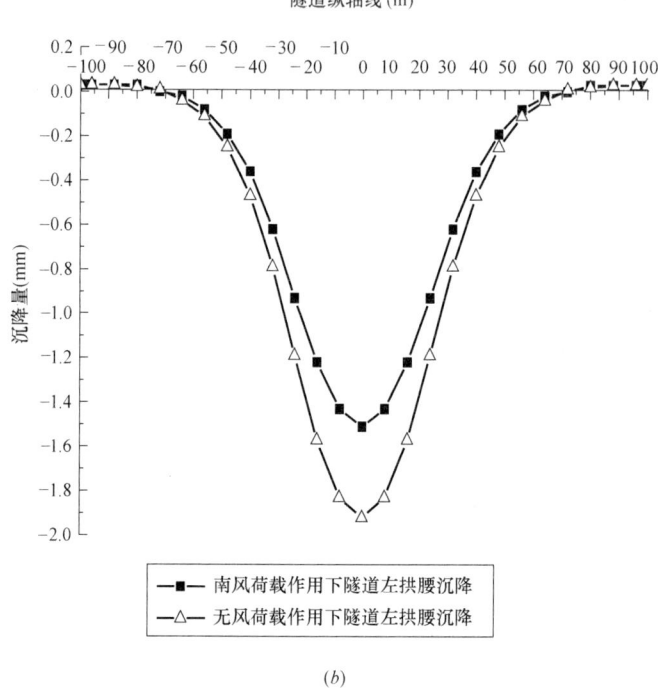

图 9-48　南风/无风荷载作用时隧道左、右拱腰沉降对比曲线图（二）

（b）隧道左拱腰

通过以上的隧道沉降对比曲线可知，在南风荷载的作用下，新建建筑偏离原有位置，向远离隧道一侧发生位移变形，该变形通过建筑基础传至下部土体，使得下部土体对隧道一侧的土体产生挤压上抬作用，进而使得隧道产生上抬的位移变化。在这种变化影响下，隧道各监测点的沉降量有明显减小的趋势，沉降位移的最大变化量为 0.41mm，发生在隧道左拱腰处。这种变化对隧道的安全运营是十分有利的。

选取隧道拱底的监测点为研究对象，研究隧道在纵轴线方向上沉降差的变化量。图 9-49 给出了隧道拱底在隧道纵轴线方向上沉降差的变化量。

从图中可以看出，在隧道的纵轴线方向上，隧道拱底的沉降差最大值为 0.13mm，说明隧道轨道的沉降差值也有较为明显的变化，这种变化对于隧道的安全运营是不利的。

2. 南风荷载作用下隧道水平位移的变化分析

提取隧道水平位移计算数据，图 9-50 和图 9-51 给出了隧道在南风荷载作用下的水平位移与无风荷载时水平位移的对比曲线图。

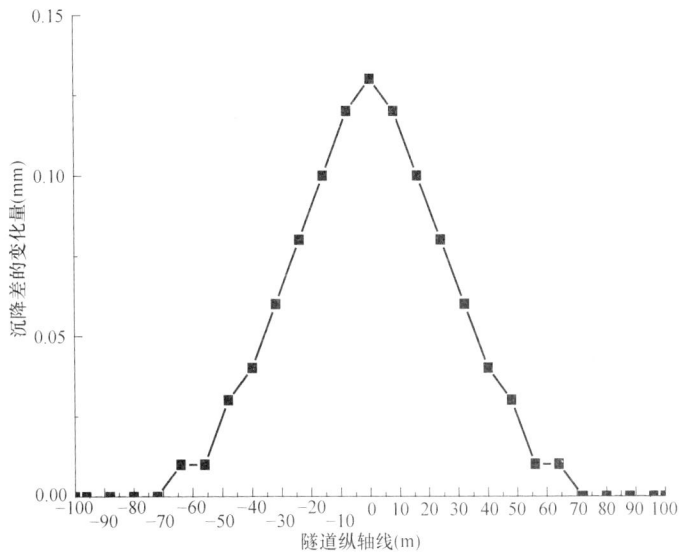

图 9-49 拱底在隧道纵轴线方向上的沉降差变化曲线图

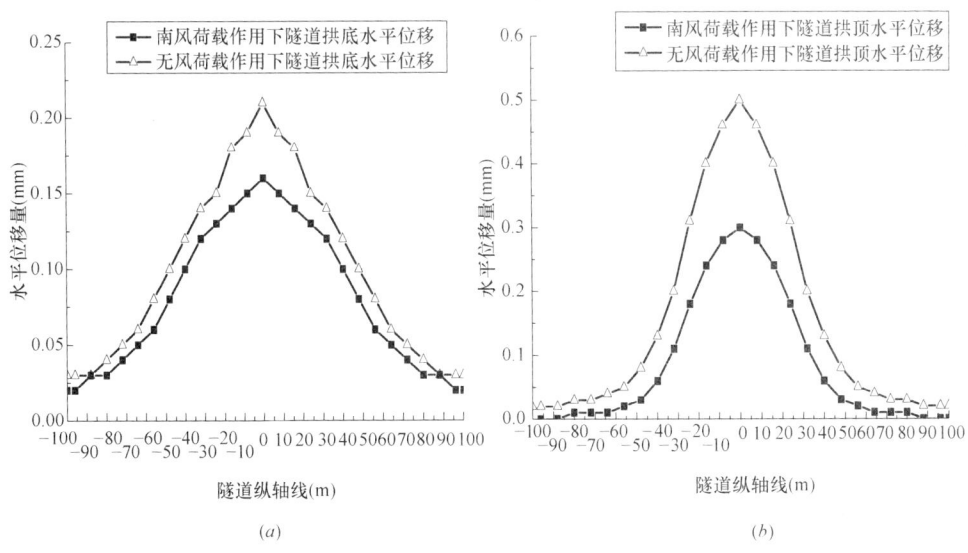

图 9-50 南风/无风荷载作用时隧道拱底、拱顶水平位移对比曲线图

（a）隧道拱底；（b）隧道拱顶

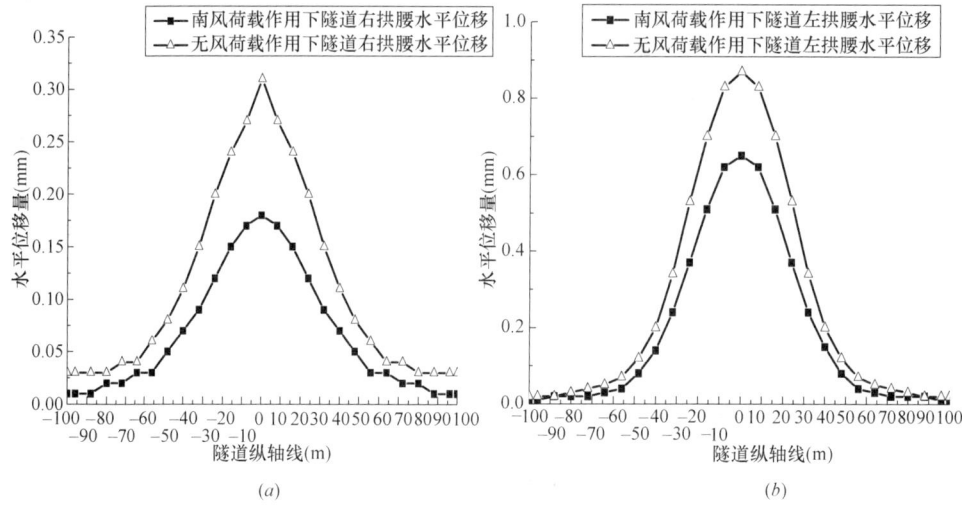

图9-51　南风/无风荷载作用时隧道左、右拱腰水平位移对比曲线图

（a）隧道右拱腰；（b）隧道左拱腰

从图中可以看出，在南风荷载作用下，隧道各监测点的水平位移都要小于无风荷载时的水平位移。这说明对新建建筑施加了南风荷载以后，隧道向远离新建建筑一侧发生运动。其水平位移的最大变化量为0.22mm，位置位于隧道的左拱腰处。

对比无风荷载下的隧道各监测点的水平位移，在风荷载作用下新建建筑对隧道的水平位移影响较大。这种影响可以从隧道与新建建筑的相互作用机制的角度进行解释，当新建建筑受到南风荷载作用时，建筑向远离隧道一侧发生偏移，该偏移会对隧道产生一个推力，使二者间的相对距离增大，进而改变了隧道的水平位移。结合北风荷载下隧道沉降的变化规律可以知道，在水平位移与沉降位移的共同作用下，隧道会产生一个与原有相反的扭转趋势，该趋势可以减轻原扭转趋势对隧道的扭转作用，对隧道的安全运营是有利的。

9.5.3　西风荷载作用于建筑物对隧道的影响分析

图9-52给出了西风荷载作用下隧道的沉降位移云图与水平位移云图。

通过对数值模拟计算结果的数据提取发现，在西风荷载作用下，隧道的沉降与水平位移受西风荷载作用影响较小，且影响在−70~70m的范围内，故现仅以影响范围内的数据作为研究对象进行分析研究。通过计算提取数据的结果，得知在西风荷载作用下，隧道的沉降量相比无风荷载时最大变化量为0.11mm，水平位移相较无风荷载时的最大变化量为0.05mm。由此可知，在西风荷载作用下，隧道的水平位移几乎未受影响，故下一步仅针对隧道的沉降

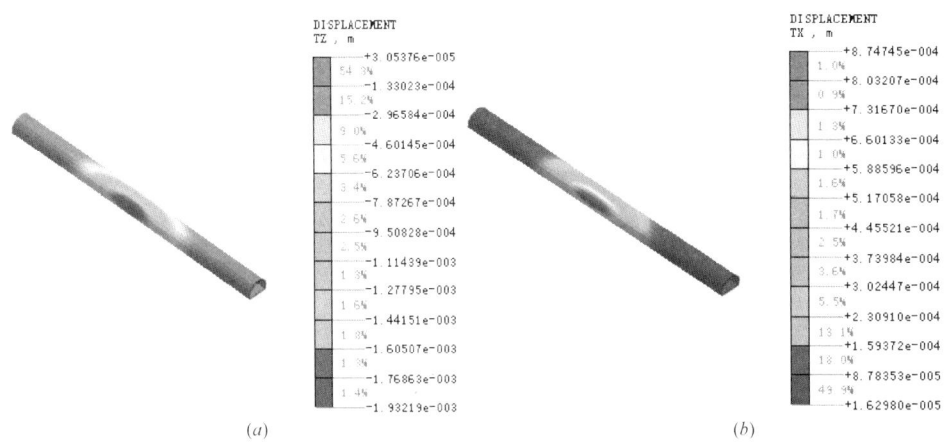

图 9-52　西风荷载作用下隧道的整体沉降和水平位移云图

（a）水平位移；（b）竖向位移

进行分析。

为更方便直接地分析隧道在西风荷载作用下的变形规律，现将沉降值的模型计算结果提取，见表 9-5 所列。

沉降值模型计算结果　　　　　　　　　　　　　　　　表 9-5

隧道纵轴线（m）	西风拱顶	无风拱顶	西风拱底	无风拱底	西风左拱腰	无风左拱腰	西风右拱腰	无风右拱腰
−72	0	0.01	0	0	0	0	0	0
−64	−0.02	−0.01	−0.01	−0.02	−0.07	−0.06	0	0
−56	−0.08	−0.06	−0.04	−0.05	−0.13	−0.11	−0.04	−0.03
−48	−0.17	−0.15	−0.09	−0.11	−0.29	−0.25	−0.08	−0.07
−40	−0.32	−0.28	−0.16	−0.19	−0.55	−0.47	−0.14	−0.12
−32	−0.51	−0.46	−0.27	−0.3	−0.88	−0.79	−0.21	−0.19
−24	−0.73	−0.67	−0.39	−0.42	−1.3	−1.19	−0.28	−0.26
−16	−0.92	−0.87	−0.51	−0.53	−1.67	−1.57	−0.34	−0.33
−8	−1.04	−1	−0.6	−0.62	−1.89	−1.83	−0.38	−0.37
0	−1.1	−1.1	−0.65	−0.65	−1.92	−1.92	−0.39	−0.39
8	−0.98	−1	−0.6	−0.62	−1.77	−1.83	−0.36	−0.37
16	−0.82	−0.87	−0.51	−0.53	−1.46	−1.57	−0.31	−0.33
24	−0.61	−0.67	−0.39	−0.42	−1.08	−1.19	−0.24	−0.26
32	−0.41	−0.46	−0.27	−0.3	−0.7	−0.79	−0.17	−0.19
40	−0.24	−0.28	−0.16	−0.19	−0.4	−0.47	−0.11	−0.12
48	−0.12	−0.15	−0.09	−0.11	−0.21	−0.25	−0.06	−0.07
56	−0.05	−0.06	−0.04	−0.05	−0.09	−0.11	−0.02	−0.03

续表

隧道纵轴线（m）	西风拱顶	无风拱顶	西风拱底	无风拱底	西风左拱腰	无风左拱腰	西风右拱腰	无风右拱腰
64	0	−0.02	−0.01	−0.02	−0.05	−0.06	0	0
72	0.01	0.01	0	0	0	0	0	0

通过分析提取的沉降数据，可以得知，在西风荷载的影响下，隧道的沉降值与无风荷载时相比发生了变化，但该变化不大，沉降的最大变化量为 0.11mm。其变化规律表现为隧道纵轴线正方向上的四个位移监测点均发生轻微的上抬，而隧道纵轴线负方向上的监测点位移均发生了下沉，上抬量与下沉量几乎一致，这种位移的变化关于隧道中心点呈现对称分布。在隧道纵轴线上并未发生位移重分布的情况，这在变形监测的角度上将是有利的。

9.5.4　风荷载作用下的变形总结

通过以上对不同风荷载作用下的变形计算可知，当建筑遭受不同方向的风荷载时，对隧道位移变形的影响是不同的。另外，通过对地层位移云图的分析发现，地层的位移变形也一定程度上遭受了风荷载的影响。图 9-53 为地层沉降变

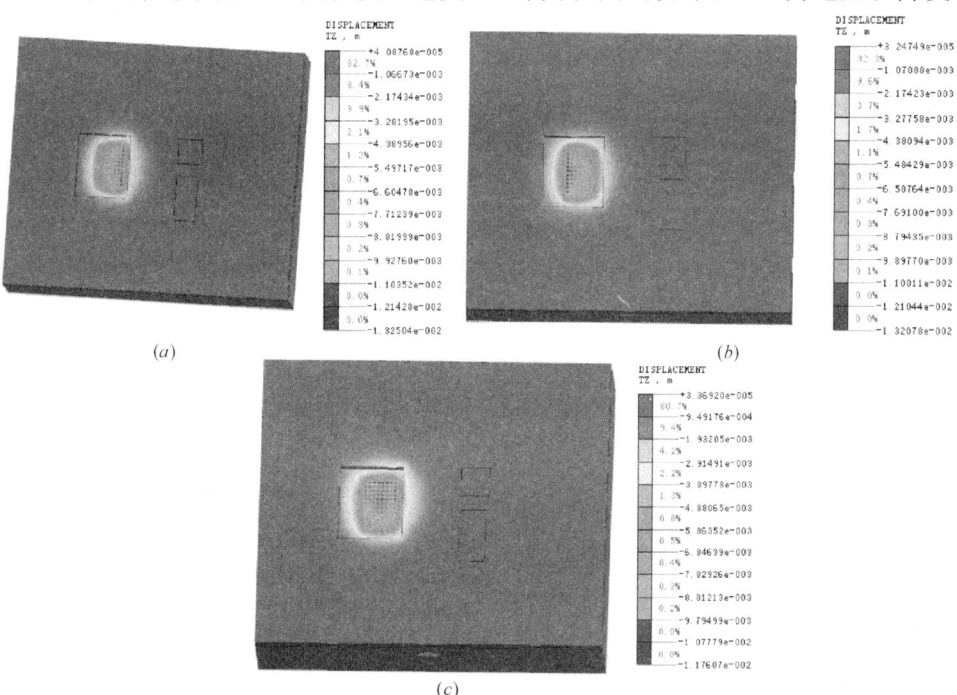

图 9-53　风荷载作用下地层沉降位移云图

（*a*）地层沉降位移（北风）；（*b*）地层沉降位移（南风）；（*c*）地层沉降位移（西风）

形在不同风向下的位移云图。

从位移云图中可以看出，当建筑遭受不同方向的风荷载时，地层的沉降场的分布情况会随着风荷载作用方向的不同而发生相应的变化。地层沉降场最大沉降位移的位置随风向的变化而明显变化。

对于靠近隧道方向的地层土体，其沉降场随风向的变化也有明显的变化。相较于无风荷载作用时，北风荷载作用下该区域地层的沉降场明显增大，而南风荷载作用下地层沉降场明显减小，西风则变化不明显。经计算，此时相较于无风荷载作用下的沉降量，北风荷载作用下沉降量增大了1.3mm，南风荷载作用下沉降量减小了1.3mm，西风荷载作用下沉降量仅仅增大了0.3mm。

在不施加风荷载的情况下，新建高层建筑对已有邻近隧道位移的影响主要以竖向沉降为主，水平位移变化相对较小。当建筑施加风荷载以后，邻近已有隧道的竖向沉降与水平位移都发生了变化。

图9-54和图9-55为隧道拱顶与左拱腰在不同风荷载作用下沿隧道纵轴线方向上水平位移与竖向沉降相较于无风荷载作用时的沉降差曲线。沉降差＝风荷载下位移值-无风荷载下位移值。

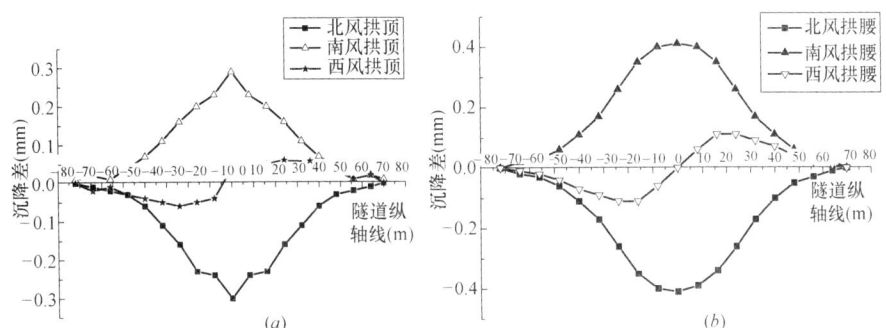

图9-54　风荷载作用下隧道拱顶、拱腰沉降差曲线图

（a）隧道拱顶；（b）隧道拱腰

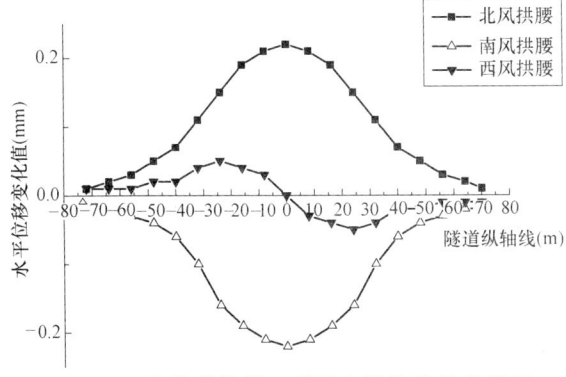

图9-55　风荷载作用下隧道水平位移差曲线图

当建筑遭受北风荷载时，隧道的整体沉降量对比无风荷载表现为整体下沉，沉降量的变化最大值为 0.43mm，沉降最大位置发生在隧道左侧拱腰处；水平位移表现为向建筑一侧移动，在数值上表现为数值增大，最大水平位移变化量为 0.24mm，水平位移最大的位置位于隧道左侧拱腰。通过对沉降位移与水平位移的运动趋势分析可以发现，当建筑遭受北风荷载作用时，隧道会产生向建筑一侧的扭转趋势，这种趋势对隧道的安全运营是不利的。

当南风荷载作用于新建建筑时，对比无风荷载时隧道的位移，可知在南风荷载作用下隧道的沉降位移发生上抬，水平位移向远离建筑一侧运动，沉降量的最大变化值为 0.41mm，沉降最大的位置位于隧道的左拱腰处，水平位移量的最大变化值为 0.22mm，位置与沉降位置相同。通过对沉降位移与水平位移的运动趋势分析可以发现，当建筑遭受南风荷载作用时，隧道会产生与北风荷载作用下相反的扭转趋势，这种趋势会降低原趋势对隧道的不利影响，对隧道的安全运营是有利的。

当建筑遭受西风荷载时，对比无风荷载时隧道的沉降位移与水平位移，发现西风荷载对隧道的影响相比于北风荷载与南风荷载要小。西风荷载对隧道的影响主要表现在隧道的沉降位移上，沉降位移的最大变化量为 0.11mm，水平位移相较于无风荷载时的水平位移变化较小，最大的位移变化量仅为 0.05mm。通过对西风荷载下隧道各控制点沉降位移计算数据的提取，总结了隧道在西风荷载作用下的沉降变形规律。在西风荷载作用下，隧道的纵轴线正方向上的控制点均发生轻微的上抬，而负方向上的控制点均发生下沉，且上抬量与下沉量几乎一致，位移变化量呈现出关于隧道中心对称的分布。另外，在隧道纵轴线方向上并未出现位移重分布的情况。

综上所述，不同风向作用在建筑上时，对隧道产生的影响是不同的。北风荷载对隧道的安全运营是最为不利的，虽然北风荷载减小了隧道的水平位移量，但加大了隧道的沉降量，同时使隧道产生了向建筑一侧扭转的趋势。南风荷载作用时，虽然加大了隧道水平位移量，但在水平位移与沉降运动趋势的共同作用下会减轻扭转趋势。西风荷载对隧道的位移变形影响较小，西风荷载的作用主要是改变了隧道在纵轴线上的位移分布。由此可知，当在已有隧道附近新建建筑时，尽可能选择受风荷载影响较小的结构体系对于隧道的安全运营是有利的。

9.6　不同建筑参数下隧道位移影响分析及保护措施

根据 9.2 节已有的三维模型，在保留其原有的基本假定、材料的各项参数以及边界条件的基础上，修改建筑与隧道之间的水平距离以及建筑高度等参数进行数值模拟。重点分析在不同外在参数的影响下，隧道位移的变形情况。

本节以下内容所选用的隧道拱顶、拱底、左右拱腰四个监测点均为前文提到的隧道沉降值与水平位移值最大的断面，即隧道中心断面。

9.6.1 不同建筑高度对隧道的影响分析

建筑模型的高度为96m，考虑到在9.4、9.5节研究了建筑加载过程中各分步隧道沉降与水平位移的变化规律，故在此对建筑高度低于96m时的情况不再作研究。考虑到工程实际为高层建筑，故本节分别取高度为120m、150m的建筑进行加载研究。

图9-56为在不同建筑高度下，隧道各基本控制点的水平位移与沉降的变化情况。

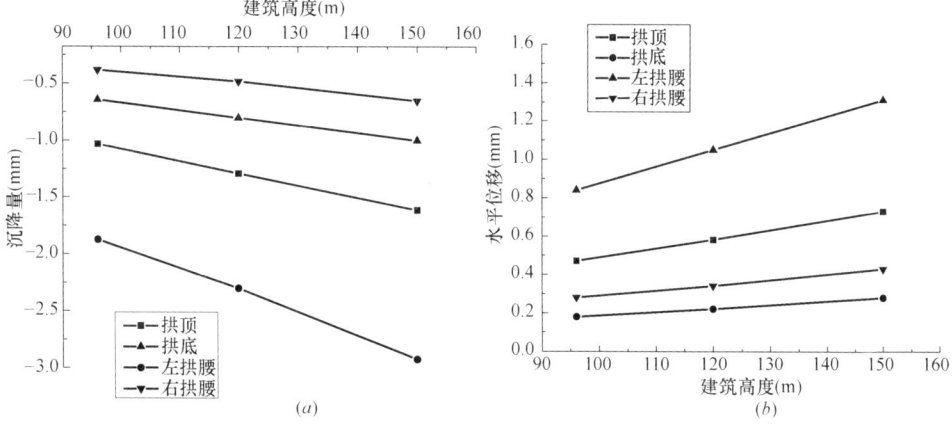

图9-56 不同建筑高度下隧道各监测点的沉降和水平位移
（*a*）沉降；（*b*）水平位移

从以上隧道各监测点沉降与水平位移随建筑高度的变化曲线图可知，当建筑高度发生变化时，隧道的沉降与水平位移的变化较大。当建筑高度达到模拟的最大高度150m时，隧道最大沉降量由96m时的－1.87mm变为150m时的－2.92mm，最大水平位移由原来的0.84mm变为1.31mm。虽然当建筑高度达到150m时隧道的沉降与水平位移量依然在可控的范围内，但随着建筑高度的增加，隧道的沉降量与水平位移量也在不断增大，这对隧道结构的安全是非常不利的，严重时将会影响隧道的安全运营。因此，在已有隧道附近新建高层尤其是超高层建筑时，应考虑建筑荷载对隧道造成的影响。

9.6.2 新建建筑与邻近隧道间不同水平距离对隧道的影响分析

针对隧道与建筑之间的水平距离 d，分四个模型分别模拟了 $d=4$m、$d=7$m、$d=10$m 与 $d=16$m 时的四种情况，提取模型计算结果，制作的不同水平距离下隧道水平位移与沉降的变化曲线如图9-57所示。

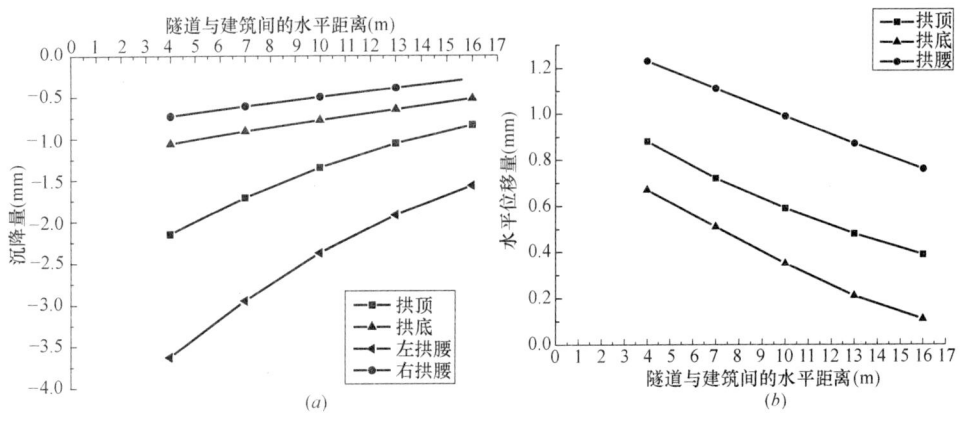

图 9-57　不同水平距离时隧道各监测点的沉降和水平位移

（a）沉降；（b）水平位移

从以上位移曲线图中可以看出，隧道与建筑之间的水平距离 d 对隧道各监测点的位移都有较大的影响。当距离 d 由 4m 逐渐增大时，隧道各监测点的沉降量与水平位移量都有不同程度的减小，其中，最大沉降量由 $d = 4$m 时的 -3.63mm 减小至 $d = 16$m 时的 -1.57mm，最大水平位移由 $d = 4$m 时的 1.23mm 减小至 $d = 16$m 时的 0.76mm。因此可知，当新建建筑与隧道之间的水平距离逐渐增大时，隧道的位移场呈现出整体衰减的趋势。

9.6.3　邻近隧道的防护措施

1. 基坑支护对隧道位移的影响评价

为了研究基坑支护是否会对邻近隧道的位移场产生影响，在原有模型的基础上，保留其他参数与建筑结构，将原有模型中基坑支护的地连墙与锚杆删除，生成模型 P1。图 9-58 为模型 P1 的计算位移云图。

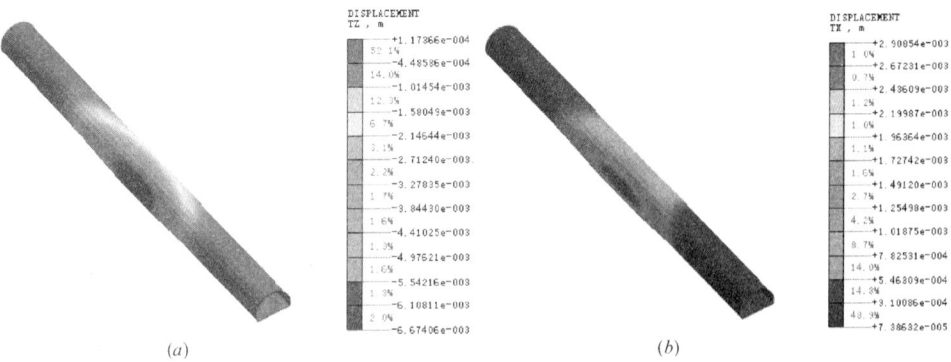

图 9-58　无基坑支护时隧道的沉降和水平位移云图

（a）沉降；（b）水平位移

对比有基坑支护时的位移云图发现，相较于基坑支护下的隧道位移变形，无基坑支护时隧道的位移变形非常剧烈。隧道最大沉降量由原来的-1.87mm迅速增至-6.67mm，位移增幅达到257%；最大水平位移由原来的0.84mm迅速增至2.91mm，增幅达到246%。这种位移的迅速增大，对邻近隧道的安全运营是十分不利的。

由此可见，当在已有邻近隧道周围新建建筑时，必要的基坑支护不仅可以保证基坑位移变形在允许范围以内，还可以在一定程度上阻止隧道位移场的发展演化。

本研究未考虑地下水位的影响，经查阅相关文献可知[72]，基坑的支护可以有效地阻隔地下水的渗流，在这种阻隔的影响下，基坑周边土体的地下水位将上升，由土力学知识可知，在地下水位以下的土体的有效应力会发生改变，进而影响到隧道位移场的变化。若该位移变化量较大，则会影响隧道结构体系的安全，严重时甚至会导致隧道结构体系的破坏。

2. 阻拦桩对隧道结构的保护

非直接受荷的阻拦桩，利用桩的弹性模量以及刚度大于土体的特性，使得桩底与桩顶周围土体的沉降量趋于一致。新建建筑在施工加载的过程中，建筑基础的沉降会引发周围土体位移场的变化，这将导致平面内同一投影点下不同深度处的位移变化量不同，一般基础底下浅层土体的位移变形较大，深层土体的位移变形较小。当建筑基础的影响位移量传至阻拦桩时，利用阻拦桩刚度大的特点，使得浅层土体与深层土体的位移变化趋于一致。该方法可以有效地减小隧道的沉降位移变形，从而达到控制隧道变形的目的。

林永国[73]依托上海地铁一、二号线工程，研究了阻拦桩对隧道位移变形的保护作用。研究表明，当在隧道与建筑之间设置阻拦桩后，隧道的位移变化明显减小，相较于无阻拦桩的情况，位移量减小了10%～40%，沉降阻拦效果明显。隧道的最大曲率也有着与位移变化相似的规律，计算结果表明，隧道的最大曲率与平均曲率均有着不同幅度的减小，其中最大曲率的减小幅度达到了12%～35%。

翟杰群[74]从数值模拟的角度对阻拦桩进行了研究分析，并结合上海地区的深基坑工程，评价了阻拦桩在实际工程中的保护效果。得到的具体结论如下：在进行阻拦桩的设置过程中，只有当阻拦桩的桩长达到一定的深度，才能够起到对坑外土体变形的阻挡作用，才能有效地减小隧道的位移场变形；在选用阻拦桩时，阻拦桩要有一定的刚度，建议采用刚度较大的钢筋混凝土结构形式。但当阻拦桩刚度增大到一定程度时，阻拦效果会越来越小。在选择阻拦桩的设置地点时应选择较好的土层，这样阻拦效果才会达到最佳。另外，由于建筑基坑在施工过程中对周围土体的影响较大，故在施工过程中应首先施工阻拦桩，以减小基坑施工扰动造成的周边土体沉降。

综上所述，阻挡桩的设置从位移传播的路径上阻碍了位移的传播，有效地控制了隧道位移变形的发生，特别对于建筑基础短边靠近隧道的情况，采用设置阻挡桩的操作可以有效地减小邻近隧道的位移变化，保证隧道的安全运营。

3. 跟踪注浆法

跟踪注浆法是将某些具有固化性质的浆体注入岩土体内部的裂隙中，以此来改变岩土的物理力学参数，从而达到工程要求的一种施工方法。在防治地层移动方面，跟踪注浆法是一种常用的方法，通过注浆改变了地层的物理力学参数从而减小地层的位移量。跟踪注浆法在施作过程中体现出了优异的灵活性以及直接性，对于发生的意外情况有较好的适应性。除此之外，跟踪注浆法对场地的要求较低，在造价上相较于阻挡桩更具有价格优势。虽然有着诸多优点，但跟踪注浆法依然作为一种后期的补偿方法在使用，尤其对于由建筑基础引发的地层位移变形，需要在位移发生一段时间后才能进行针对性的注浆，而这种对地层补偿的效果会随着时间的推移逐渐减小。

4. 优化建筑物设计方案

从 9.4 节的研究可知，隧道与建筑之间的水平距离对隧道的位移场有着较大的影响。二者之间的水平距离越小，隧道受到的影响越大。具体表现在，当新建建筑与隧道之间的水平距离由小逐渐变大时，隧道的沉降位移与水平位移均出现整体衰减的趋势。

因此，在已有隧道附近新建高层建筑时，应预先根据场地的大小，选择合理的设计方案，在满足建筑结构主体功能的情况下，应尽量远离隧道结构。这样，既能保证建筑结构的主体功能不受损，又能保证地铁隧道结构的安全。

9.7　本章小结

本章依托某邻近隧道接线端的某高层建筑工程，采用数值模拟的方法对新建高层建筑的施工过程以及封顶后风荷载对既有隧道的影响作了分析。得到如下结论：

1. 基坑开挖对隧道的影响

依托实际工程，建立了三维有限元模型，并进行了基坑开挖部分的计算。对比分析模型计算结果与实测结果可知，数值计算结果与实测结果较为接近，说明此时对岩土参数的赋值是合理的。分析了基坑开挖对隧道的影响，结果表明，伴随着基坑的开挖，隧道发生了向建筑基坑一侧的位移，且越靠近基坑一侧水平位移越大，隧道向基坑一侧移动的水平距离平均值为 0.47mm。对比基坑开挖前后的竖向位移可知，基坑开挖后的隧道洞周的竖向位移要小于开挖前，拱底的竖向位移要大于开挖前，说明伴随着基坑的开挖隧道整体被上抬了，且越靠近基坑被上抬的位移量越大；经验算，这种情况下竖向变形的曲率半径为 530296m＞15000m，满足隧道相关规范的要求。

2. 新建高层建筑加载对邻近已有隧道的影响

对三维有限元模型进行了建筑施工加载阶段的计算，通过对建筑施工加载过程的分析发现，在建筑加载过程这一施工阶段，隧道位移场的影响主要以隧道沉降为主，隧道的水平位移变化相对较小。隧道最大的位移沉降量为 1.92mm；最大水平位移为 0.87mm；基坑周边地层的最大沉降量为 10.9mm，主要发生在靠近隧道一侧。通过查阅相关文献的类似工程可知，有限元的计算结果可以较为准确地反映施工的实际情况，本章的分析结果显示，建筑施工对隧道的影响在规范要求的范围内。

3. 新建建筑封顶后风荷载对隧道的影响

建筑封顶后的使用阶段，计算了不同风向作用下隧道的位移变形情况。计算结果表明，不同的风向对隧道位移场的影响各不相同。另外，隧道周边地层也明显受到了建筑风荷载的影响。

分析结果表明，北风荷载作用下对隧道的沉降位移影响较大，水平位移相对较小，但水平位移也呈增大的趋势，并向建筑一侧移动，通过对隧道纵轴线上沉降差的分析可知，隧道在纵轴线上有较为明显的沉降差异；南风荷载作用下，隧道的沉降与水平位移都有相应的变化，水平位移呈现出远离建筑的运动趋势，虽然水平位移增大了，但对隧道的安全运行却是有利的；西风荷载作用下，隧道的位移场变化较小，说明建筑西风荷载对隧道的影响较小，但在西风荷载作用下，隧道中心两侧的隧道结构水平位移发生了相反方向的运动。

通过提取数值模拟计算结果，北风荷载作用下隧道最大沉降位移相较无风荷载时增大了 0.41mm，最大水平位移相较无风荷载时增大了 0.24mm；南风荷载作用下，隧道最大沉降位移相较无风荷载时变化了 0.41mm，最大水平位移相较无风荷载时变化了 0.22mm；西风荷载作用下，隧道最大沉降位移相较无风荷载时变化了 0.11mm，最大水平位移相较无风荷载时变化了 0.05mm。

4. 隧道的保护措施

通过对不同参数时隧道的位移场变化情况分析可知，在隧道附近新建高层建筑施工的过程中，建筑与隧道之间的水平距离、建筑高度、建筑风向等都会对隧道的位移场产生较大的影响，故在设计阶段应着重考虑以上因素。

对数值模型计算结果进行分析，建议在隧道周围新建建筑时，建筑与隧道之间的距离应保持在 10m 以上，以此来保证隧道的安全运营。对于场地较小或者建筑短边距隧道较近的情况，在设计时应考虑建筑物高度的影响以及阻拦桩的设置。除此以外，当隧道处于迎风面时，在施工监测过程中应重点关注隧道的水平位移；当隧道处于背风面时，应重点关注隧道的沉降位移。

附　录　A

反分析程序 INANA. m

```
clc
clear all
close all

％地表沉降实测数据

H＝13. 25
A＝6. 5
X＝[－12. 787,－7. 1,－3. 4, 0, 3. 17, 10. 63]
Wi0＝[0. 0053,0. 039,0. 0438,0. 053,0. 05,0. 036 ]

％----------------------------------------------------------------

Range＝[tan(10/180 * pi),tan(80/180 * pi)
        0 0. 2];

％----------------------------------------------------------------

popsize＝50;
subpopnum＝10;
maxgen＝20;

％----------------------------------------------------------------

Parameters. H＝H;
Parameters. A＝A;
Parameters. X＝X;
Parameters. Wi0＝Wi0;
```

```
[Population0,F0]=Initialize(Range,popsize,Parameters);
for i=1:maxgen
    [F1,I]=sort(F0,'descend');
    Population1=Population0(I,:);
    for j=1:subpopnum
        Population2=Population1(j:subpopnum:end,:);
        F2=F1(j:subpopnum:end,:);
        [Population3,F3]=Cross(Population2,F2,Parameters);
        [Population4,F4]=Mutate(Population3,F3,Range,Parameters);
        [Population5,F5]=Disturb(Population4,F4,Range,Parameters,5);
        Population0(j:subpopnum:end,:)=Population5;
        F0(j:subpopnum:end,:)=F5;
    end
    [fs,i_max]=max(F0);
    tan_beta=Population0(i_max,1);
    delta_A=Population0(i_max,2);
    fs=-fs;
    disp(['gen=',num2str(i),', F=',num2str(fs,'%0.8f'),', tan_beta=',
num2str(tan_beta,'%0.8f'),',
    delta_A=',num2str(delta_A,'%0.8f')]);
    end

%------------------------------------------------------------------

disp;
Population1=[tan_beta delta_A]
[F1,Wi1]=Fitness(Population1,Parameters)

%------------------------------------------------------------------

function [Population1,F1]=Initialize(Range,popsize,Parameters)
digit=size(Range,1);
Population1=zeros(popsize,digit);
for i=1:digit
    range=Range(i,:);
```

```
    Population1(:,i)=range(1)+(range(2)-range(1)) * rand(popsize,1);
end
F1=-Fitness(Population1,Parameters);
function [Population2,F2]=Cross(Population1,F1,Parameters)
```

%--

```
Pc=[0.6,0.99];
[PCross,FCross,I]=SelfAdaptionCross(Population1,F1,Pc);
Population2=Population1;
F2=F1;
c=length(I)/2;
if c>0
    Par1=PCross(1:2:end,:);
    Par2=PCross(2:2:end,:);
    F_Par1=FCross(1:2:end);
    F_Par2=FCross(2:2:end);
    [Off1,F_Off1,Off2,F_Off2]=SubCross1(Par1,F_Par1,Par2,F_Par2,
Parameters);
    F4=[F_Par1,F_Par2,F_Off1,F_Off2];
    [tmp,I4]=sort(F4,2,'descend');
    F_Off1=tmp(:,1);
    F_Off2=tmp(:,2);
    for i=1:c
        tmp4=[Par1(i,:);Par2(i,:);Off1(i,:);Off2(i,:)];
        Off1(i,:)=tmp4(I4(i,1),:);
        Off2(i,:)=tmp4(I4(i,2),:);
    end
    Population2(I,:)=[Off1;Off2];
    F2(I)=[F_Off1;F_Off2];
end
[F2,I]=sort(F2,'descend');
Population2=Population2(I,:);
```

%--

```
function [PCross,FCross,I]=SelfAdaptionCross(Population1,F1,Pc0)
pc1=max(Pc0);
pc2=min(Pc0);
[popsize,digit]=size(Population1);
if mod(popsize,2)
    n=popsize-1;
else
    n=popsize;
end
F0=F1(1:n);
F0=reshape(F0,2,n/2);
F0=max(F0);
f_max=max(F1);
f_avg=mean(F1);
I=find(F0>f_avg);
J=[1:n/2]';
J(I)=[];
Pc=zeros(1,n/2);
Pc(I)=pc1-(pc1-pc2)*(F0(I)-f_avg)/(f_max-f_avg);
Pc(J)=pc1*ones(length(J),1);


%--------------------


P=rand(1,n/2);
I=find(P<Pc);
I0=[2*I-1;2*I];
I=I0(:);
J=[1:popsize]';
J(I)=[];
PCross=Population1(I,:);
PNoCross=Population1(J,:);
FCross=F1(I);
FNoCross=F1(J);


%-----------------------------------------------------------------
```

```
function [Off1,F_Off1,Off2,F_Off2]=SubCross1(Par1,F_Par1,Par2,F_
Par2,Parameters)
    [c,digit]=size(Par1);
    Index=rand(c,digit);
    Off1=Par1. * Index+Par2. * (1-Index);
    Off2=Par1. * (1-Index)+Par2. * Index;
    F_Off1=-Fitness(Off1,Parameters);
    F_Off2=-Fitness(Off2,Parameters);
    function [Population2,F2]=Disturb(Population1,F1,Range,Parameters,
quick)
    [popsize,num]=size(Population1);
    D=(max(Population1)-min(Population1))/2;
    Population4=Population1;
    T=ceil(num * rand(popsize,1));
    for i=1:popsize
        j=T(i);
        range=Range(j,:);
        d=D(j);
        Population4(i,j)=Population4(i,j)+2 * d * rand()-d;
        Population4(i,j)=max(range(1),Population4(i,j));
        Population4(i,j)=min(range(2),Population4(i,j));
    end
    F4=-Fitness(Population4,Parameters);
    Population2=Population1;
    F2=F1;
    for i=1:popsize
        if F4(i)>F1(i)
            Population2(i,:)=Population4(i,:);
            F2(i)=F4(i);
        end
    end
    [F2,I]=sort(F2,'descend');
    Population2=Population2(I,:);


    %-------------------------------------------
```

```
if quick>0
    P_max=Population2(1,:);
    F_max=F2(1);
    n=num;
    m=quick;
    for i=1:m
        P_max_array=repmat(P_max,n,1);
        T=1:num;
        for k=1:n
            j=T(k);
            range=Range(j,:);
            d=D(j);
            P_max_array(k,j)=P_max_array(k,j)+2*d*rand()-d;
            P_max_array(k,j)=max(range(1),P_max_array(k,j));
            P_max_array(k,j)=min(range(2),P_max_array(k,j));
        end
        F_max_Array=-Fitness(P_max_array,Parameters);

        [F1_max,i_max]=max(F_max_Array);
        P1_max=P_max_array(i_max,:);
        if (F1_max>F_max)
            P_max=P1_max;
            F_max=F1_max;
        end
    end
    Population2(1,:)=P_max;
    F2(1)=F_max;
end
function [F1,Wi]=Fitness(Population1,Parameters)
[popsize,digit]=size(Population1);
H=Parameters. H;
A=Parameters. A;
X=Parameters. X;
Wi0=Parameters. Wi0;
F1=zeros(popsize,1);
```

```
Wi=zeros(popsize,length(Wi0));
for i=1:popsize
    tan_beta=Population1(i,1);
    delta_A=Population1(i,2);
    [F1(i),Wi(i,:)]=FunOptimal(tan_beta,delta_A,H,A,X,Wi0);
end


%----------------------------------------------------------------


function [f,Wi]=FunOptimal(tan_beta,delta_A,H,A,X,Wi0)


warning off all
p=20;
coordinate=1;
switch coordinate
case 1


%----------------------------------------------------------------


        a=H-A/2;
        b=H+A/2;
        ETA1=linspace(a,b,p);
        d_eta1=(b-a)/(p-1);
        (=-real(sqrt((A/2+53/A).^2-(H-ETA1-A/2+(A/2+53/A)).^2));
        d=-c;
        Wa=zeros(1,length(X));
        for j=1:length(X)
            x=X(j);
            Q=zeros(1,p);
            for i=1:p
                eta1=ETA1(i);
                F=@(xi) tan_beta/eta1*exp(-pi*tan_beta.^2./eta1.^
2*(x-xi).^2);
                Q(i)=quad(F,c(i),d(i));
            end
```

```
            Wa(j)=sum(Q) * d_eta1;
        end
        Wa;


    %------------------------------------------------------------


        e=H-(A/2-delta_A);
        f=H+(A/2-delta_A);
        ETA2=linspace(e,f,p);
        d_eta2=(f-e)/(p-1);
        g=-real(sqrt(((A/2+53/A)-delta_A).^2-(H-ETA2-
A/2+(A/2+53/A)).^2));
        h=-g;
        Wb=zeros(1,length(X));
        for j=1:length(X)
            x=X(j);
            Q=zeros(1,p);
            for i=1:p
                eta2=ETA2(i);
                F=@(xi) tan_beta/eta2 * exp(-pi * tan_beta.^2./eta2.^
2 * (x-xi).^2);
    Q(i)=quad(F,g(i),h(i));
            end
            Wb(j)=sum(Q) * d_eta2;
        end
        Wb;


    %------------------------------------------------------------


        Wi=Wa-Wb;
    case 2
        %------------------------------------------------------------


        Wi=zeros(1,length(X));
        for j=1:length(X)
```

```
                x=X(j);
                F=@(r,theta)
    tan_beta./(r.*cos(theta)+H).*exp(-pi*tan_beta.^2./(r.*cos(the
ta)+H).^2.*(x-r.*sin(theta)).^2).*r;
                Wi(j)=dblquad(F,A-delta_A,A,0,2*pi);
            end
            Wi;
    end


%-----------------------------------------------------------------

f=sum((Wi-Wi0).^2);
function [Population2,F2]=Mutate(Population1,F1,Range,Parameters);
Pm=[0.01,0.1];
[PMutate,FMutate,I]=SelfAdaptionMutate(Population1,F1,Pm);
m=length(I);
digit=size(Population1,2);
Population2=Population1;
F2=F1;
[tmp,i_max]=max(F1);
if m>0
    Par=PMutate;
    F_Par=FMutate;
    [Off,F_Off]=SubMutate1(Par,F_Par,Range,Parameters);
    for i=1:m
        if I(i)==i_max & F_Par(i)>F_Off(i)
            Off(i,:)=Par(i,:);
            F_Off(i)=F_Par(i);
        end
    end
    F2(I)=F_Off;
    Population2(I,:)=Off;
end
[F2,I]=sort(F2,'descend');
Population2=Population2(I,:);
```

```
%------------------------------------------------------------

function [PMutate,FMutate,I]=SelfAdaptionMutate(Population1,F1,Pm0)
pm1=max(Pm0);
pm2=min(Pm0);
[popsize,digit]=size(Population1);
f_max=max(F1);
f_avg=mean(F1);
I=find(F1>f_avg);
J=[1:popsize]';
J(I)=[];
Pm=zeros(popsize,1);
Pm(I)=pm1-(pm1-pm2)*(F1(I)-f_avg)/(f_max-f_avg);
Pm(J)=pm1*ones(length(J),1);


%------------------------


P=rand(popsize,1);
I=find(P<Pm);
PMutate=Population1(I,:);
FMutate=F1(I);


%------------------------------------------------------------


function [Off,F_Off]=SubMutate1(Par,F_Par,Range,Parameters)
[m,digit]=size(Par);
Off=Par;
T=ceil(digit*rand(m,1));
for i=1:m
    j=T(i);
    range=Range(j,:);
    Off(i,j)=range(1)+(range(2)-range(1))*rand();
end
F_Off=-Fitness(Off,Parameters);
```

附　录　B

区间1建筑物现状及与隧道位置关系

附表 B-1

建筑物编号	地址	现状照片	与隧道相对位置关系
1	某建筑位于20号		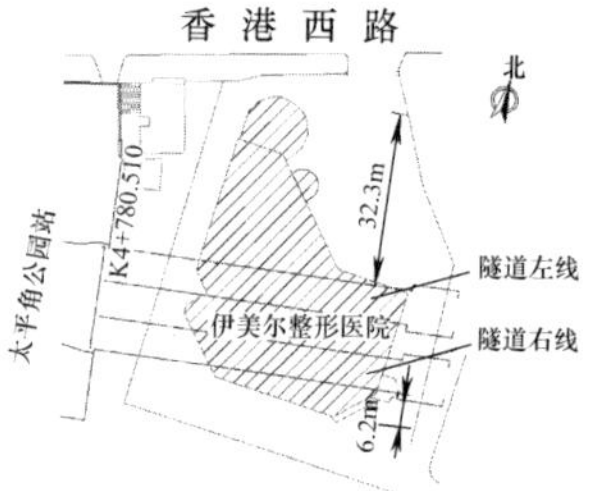
2	某建筑位于3号		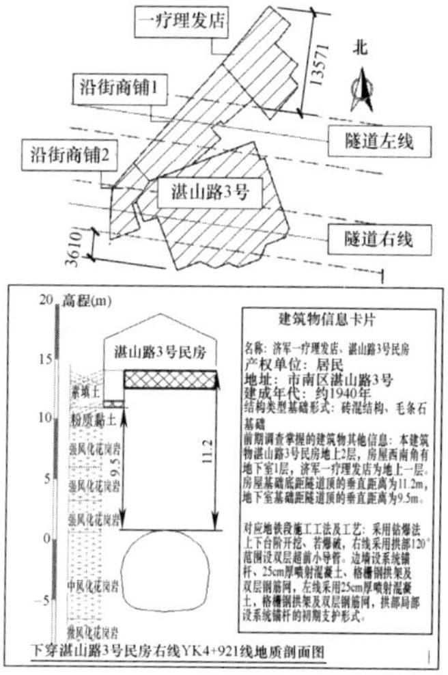

续表

建筑物编号	地址	现状照片	与隧道相对位置关系
3	某建筑位于26号		

区间 2 建筑物现状及与隧道位置关系   附表 B-2

建筑物编号	地址	现状照片	与隧道相对位置关系
1	某建筑位于332号		

建筑物编号	地址	现状照片	与隧道相对位置关系
2	某建筑位于24号小院内		
3	某建筑位于24号小院内		
4	某建筑位于24号小院内		

建筑物编号	地址	现状照片	与隧道相对位置关系
5	某建筑位于305号		
6	某建筑位于西北组团4号楼		

建筑物编号	地址	现状照片	与隧道相对位置关系
7	某建筑位于51号		
8	某建筑位于53号		

建筑物编号	地址	现状照片	与隧道相对位置关系
9	某建筑位于 55 号		
10	某建筑位于 5 号		

区间 3 建筑物现状及与隧道位置关系　　　　　　**附表 B-3**

建筑物编号	地址	现状照片	与隧道的相对位置关系
1	某建筑位于 39 号		
2	某建筑位于 C4 区		
3	某建筑位于 01 号		

建筑物编号	地址	现状照片	与隧道的相对位置关系
3	某建筑位于 01 号		
4	某建筑位于 08 号		
5	某建筑位于 07 号		

建筑物编号	地址	现状照片	与隧道的相对位置关系
6	某建筑位于 09 号		
7	某建筑位于 10 号		

附 录 C

建筑物质量鉴定报告
APPRAISAL REPORT

工 程 名 称：某建筑物在地铁隧道施工前的安全鉴定
Name of Engineering

委 托 方：某市地下铁道公司
Client

鉴 定 类 别：委托鉴定
Appraisal Category

二〇一二年四月二十二日

目 录

1　委托鉴定单位

　　某市地下铁道公司

2　鉴定建筑物地址

　　某市 **20** 号

3　鉴定日期

4　鉴定目的及内容

　　为了如实掌握某整形医院建筑物的结构形式、基础形式、建筑年代及其与隧道的相对位置关系，特别是其现有质量状况问题（如有无因建筑质量、基础不均匀沉降、温度裂缝、使用不当、年久失修等造成的建筑损伤），正确评价该建筑物抗变形能力，计算该建筑物允许变形值，科学确定该建筑物的沉降控制标准和爆破振动控制标准，并提出科学的地表沉降控制措施和爆破振动控制措施，指导地铁隧道安全施工，青岛市地下铁道公司委托青岛理工大学对该建筑物（图 C-1）在地铁隧道施工前进行检测鉴定。

图 C-1　某整形医院外观图

鉴定的主要内容有：

　　（1）对建筑物的基础形式、结构形式、结构布置、建筑结构构件的材料强度、构件的损伤状况进行现场检测，鉴定其存在安全隐患的部位或问题；

　　（2）实地勘测或测量建筑物基础的不均匀沉降量或建筑物的倾斜量；

　　（3）在现场监测的基础上，对建筑物现有质量进行科学评价，估算建筑物抵抗地表变形和爆破振动的能力；

　　（4）预测地下隧道施工引起的地表沉降和爆破振动对该建筑物的影响，评估其存在的风险等级和风险控制措施；

　　（5）对该建筑物给出鉴定意见，确定其安全等级，并提出科学的地表沉降控制对策和爆破振动控制对策。

5 鉴定依据及参考资料

5.1 主要依据的文件、图纸资料

（1）某市地下铁道公司与某大学签订的《技术服务合同——青岛地铁一期工程（3 号线）下穿重点建筑质量鉴定》（合同编号：M3—FW—2012—63）；

（2）某市商业局设计室 1990 年绘制的青岛疗供综合楼建筑、结构施工图；

（3）某市商业设计院 1996 年绘制的秘苑酒店扩建工程建筑、结构施工图。

5.2 主要依据的法规、标准

[1]《危险房屋鉴定标准》JGJ 125-99

[2]《建筑结构检测技术标准》GB/T 50344

[3]《建筑结构可靠度设计统一标准》GB 50068

[4]《民用建筑可靠性鉴定标准》GB 50292

[5]《建筑抗震鉴定标准》GB 50023

[6]《工程测量规范》GB 50026

[7]《国家一、二等水准测量规范》GB 12897

[8]《建筑变形测量规范》JGJ 8—2007

[9]《砌体工程现场检测技术标准》GB/T 50315

[10]《贯入法检测砌筑砂浆抗压强度技术规程》JGJ/T 136

[11]《建筑结构荷载规范》GB 50009（2006 年版）

[12]《回弹仪评定烧结普通砖标号的方法》ZBQ 15002

[13]《回弹法检测混凝土抗压强度技术规程》DBJ 14—026

[14]《岩土工程勘察规范》DGJ 08—37

[15]《建筑地基基础设计规范》GB 50007

[16]《混凝土结构设计规范》GB 50010

[17]《混凝土结构工程施工质量验收规范》GB 50204

[18]《砌体结构设计规范》GB 50003

[19]《砌体工程施工质量验收规范》GB 50203

[20]《建筑抗震设计规范》GB 50011

5.3 主要参考资料

[1] 中铁隧道集团有限公司. 某市地铁 3 标段太延区间施工方案. 2010.

[2] 中铁第一勘察设计院集团有限公司. 某市地铁 3 标段太延区间地质勘察报告. 2010.

[3] 青岛市土木建筑工程学会. 青岛市地铁一期工程（3 号线）土建 03 标段地上建筑物、构筑物现状评估报告. 2010.

6 建筑物保护级别与保护要求

6.1 保护级别

（1）重要性程度：某整形医院建筑物属于非文物保护建筑；但是，从其基础

形式、结构形式、建设年代及其与隧道的相对位置关系等因素分析，确定其风险等级为一级。

（2）保护范围：根据某整形医院建筑物所处的工程地质条件、现行采用的开挖和支护方式、与隧道的相对位置关系等因素综合分析，该建筑物大部分处于隧道施工影响范围内，特别是层数较高的部分全部处于影响范围内，加之所处位置地表高差较大，倾斜地表的地层变形规律较水平地表更为复杂。因此，其保护范围应为整栋建筑物。

（3）重点保护部位：某整形医院为三层（南侧局部六层、北侧有一圆形单层）建筑物，基础形式主要是毛石条形基础和柱下独立基础。当地表沉降对其产生影响时，首先会引起建筑物基础的变形，并逐渐向上部结构传递。因此，对地铁隧道施工引起的地表沉降来讲，该建筑物重点保护部位应为隧道施工影响范围内的建筑物基础；同时，该建筑物楼层较高，上部荷载较大，对爆破振动的响应比较强烈。因此，考虑爆破振动影响时，其重点保护部位应为承重墙体和框架柱。

6.2 保护要求和原则

在对某整形医院建筑物检测鉴定的基础上，评价其抗变形能力，以确定合理的沉降控制标准和爆破振动控制标准，提出科学的地表沉降控制对策和爆破振动控制对策，指导地铁隧道安全施工，确保建筑物的结构安全和正常使用功能。

7 建筑物历史沿革和维修情况调查

某整形医院建筑物始建于 1990 年，原为某疗养区供应有限公司综合楼，主要区域作为酒店使用，名称为某酒店。1996 年，根据某市东部地区开发指挥部东建审字〔1996〕第 043 号文批示，对该酒店实施接层工程，扩建后原有两层加一层、四层加两层、圆形部分保留单层。现该建筑物五、六层部分使用单位为某市融商集团有限公司，其余部分使用单位为伊美尔整形医院，产权隶属于青岛市融商集团有限公司。

8 历史调查报告概述

为了如实掌握某市地铁一期工程（3 号线）沿线的重要建筑物质量状况，某市地下铁道公司于 2010 年 11 月 30 日曾委托某市土木建筑工程学会对该建筑物进行过调查，其给出的现场勘察、调研与分析结论如表 C-1 所示。

伊美尔整形医院调查表 表 C-1

建筑物名称	层数	建成年代	结构形式	基础形式	与地铁关系	墙体裂缝	楼板状况	房屋沉降与倾斜情况	现使用情况
某整形医院	5 层（局部 8 层）	2004 年	框架	柱独立基础与毛石基础	距地铁中心 15m	外墙有较普遍的温收缩裂缝，窗台局部有斜裂缝。室内已装修，未见裂缝	未见起鼓裂缝迹象	无沉降、倾斜迹象	使用情况正常

9 建筑物图纸收集绘制

根据建筑物质量鉴定的需要，收集青岛市城建档案馆馆藏"某市疗供综合楼"原始设计图纸（1990 年 10 月）、某市城建档案馆馆藏"某酒店扩建工程"改建装修工程施工图纸（1996 年 11 月），并在现场实际测量复核尺寸的基础上进行 Auto-CAD 翻图工作。

同时，为了进一步分析隧道施工对建筑物可能产生的影响，依据隧道设计施工图，绘制了建筑物和隧道的平面和空间位置关系，如图 C-2 和图 C-3。从图 C-2 中可以看出，隧道下穿该建筑物，该建筑物横跨双隧道的中心线，并且建筑物

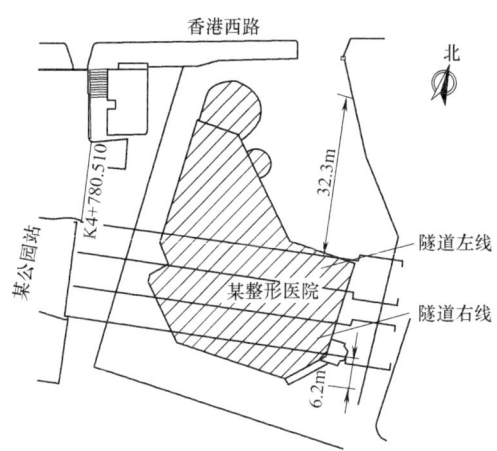

图 C-2 某整形医院与隧道平面位置关系图

主要部分处于隧道开挖引起地表沉降的影响范围内；从图 C-3 中可以看出，按照建筑物原始设计图纸的绝对标高和基础埋深，结合隧道设计情况判断，隧道左线断面部分处于条形基础范围内，而隧道右线基本全部处于条形基础范围内。因此，建议施工方在隧道施工穿越前对基础形式和埋深进行挖探。

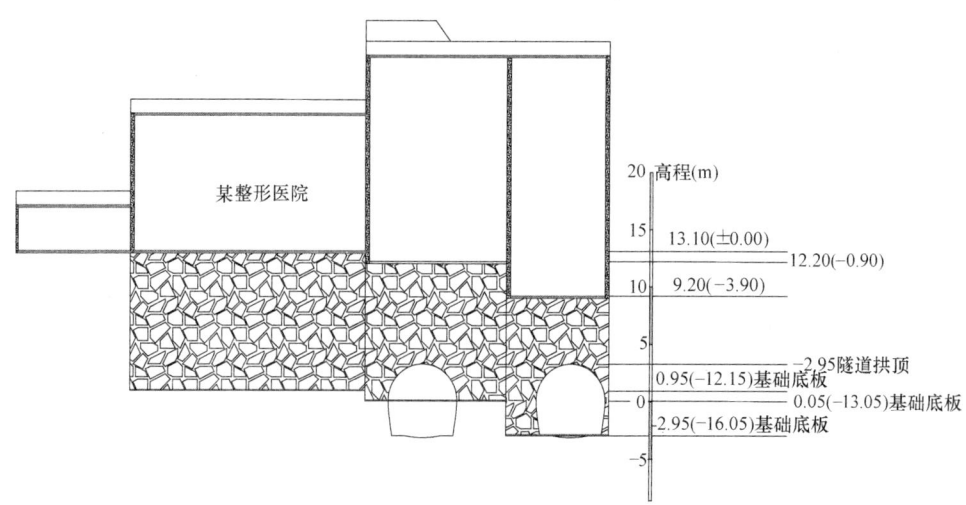

图 C-3 某整形医院西立面与隧道剖面位置关系图

10 建筑物建筑结构概况

10.1 建筑概况

某整形医院位于香港西路南侧，大楼为地上三层（局部六层、北侧有一圆

形单层），地下一层，由于地面高差的原因，地上三层和六层间错层 1.5m。该建筑物整体呈三角形布置，三边长分别约为 56m、50m、50m，占地 1250m^2，原有建筑面积 3900m^2，后期进行扩建，扩建部分面积为 2537.2m^2，其中一层 12.1m^2、二层 12.1m^2、三层 1145.1m^2、五（六）层 852.2m^2、屋顶楼梯间和电梯机房 63.5m^2，本次鉴定面积为 6437m^2，屋面采用橡塑浆液（上人）刚性屋面。

该建筑物东北侧主要出入口为香港西路 20 号，入口处为地上一层。从主要出入口来看，建筑物负一层位于地面以下，但由于建筑物所处位置地面高差较大，在建筑物南侧来看负一层全部位于地面以上。大楼南侧中部设有主楼梯，钢筋混凝土结构；东端设有楼梯和电梯井，电梯直通六层、楼梯直通屋面；建筑物的南侧还设有楼梯，但由于该楼梯位于两家单位共同使用的区域，所以某整形医院使用该楼梯的一至四层，上面的部分由青岛市融商集团有限公司使用。建筑物各层的设计层高见表 C-2。

建筑物各层的设计层高一览表   表 C-2

楼　层	层　高（m）		标　高（m）	绝对标高（m）	备　注
局部出屋面	电梯井	5.4	∧22.50		其他为楼梯间出屋面
	其他	3.6	∧14.70		
六层	3.0		∧17.10		
			∨14.10		
五层	3.0		∨11.10		
四层	六层部分	3.0	∨8.10		
	四层部分		∧11.10		
			∨8.10		
三层	六层部分	3.0	∨5.10		
	四层部分		∨5.10		
	三层部分	4.0	∧12.00		
			∨8.00		
二层	六层部分	3.0	∨2.10		
	四层部分		∨2.10		
	三层部分	4.0	∨4.00		
一层	六层部分	3.0	∨−0.90		建筑物不同部位底面绝对标高
	四层部分		∨−1.50	12.20	
	三层部分	4.0	∨±0.00	13.10	
	圆形部分	4.9	∧4.00		
			∨±0.00	13.10	
负一层	3.0		∨−3.90	9.20	

扩建前，建筑物主要部分作为酒店使用（如四层部分为客房），其余部分作办公室使用。目前，大楼各层的使用功能如下

地下室：一部分为机房，一部分为医院员工平时生活、办公场所；

圆形单层：医院医生办公室；

三层部分：医院医生办公室，各种检查室；

六层部分：一～四层为某整形医院病房，五、六层为某融商集团有限公司办公室；

出屋面：楼梯间、电梯间、水箱等。

10.2 结构概况

（1）上部结构

某整形医院建筑物主体结构为钢筋混凝土框架和砌体混合结构，三层和四层部分大空间区域为钢筋混凝土梁柱承重，预制楼板；其余部分均为砖墙承重，承重墙体由烧结黏土砖与水泥砂浆砌筑而成。地下室墙厚为 500mm，其余外墙厚 370mm，内墙厚 240mm。电梯井为混凝土剪力墙结构。

（2）基础

该建筑物基础为毛石条形基础和柱下独立基础，不同位置的基础形式和埋深均不同，原始设计图纸部分缺失，无法找到全部基础详图。其中，条形基础共有五种断面及埋深形式：

① 1-1 断面，底部最大宽度 1000mm，高度 8650mm（从±0.00 向下），主要分布在南侧内墙下方；

② 2-2 断面，底部最大宽度 1000mm，高度 10150mm（从±0.00 向下），主要分布在外围墙下方；

③ 3-3 断面，底部最大宽度 900mm，高度 9650mm（从±0.00 向下），主要分布在建筑物中部内墙下方；

④ 4-4 断面，底部最大宽度 900mm，高度 11050mm（从±0.00 向下），主要分布在建筑物中部内墙下方；

⑤ 240mm 外墙断面，底部最大宽度 800mm，高度 8150mm（从室外地坪向下），主要分布在 240mm 厚墙下方。

柱下独立基础共有三种断面形式需箍筋加密：

① ZG1，底板尺寸 2400mm×2400mm，柱尺寸 800mm×800mm，箍筋加密区高度 1200mm，建筑物前方独立的柱子下方；

② ZG2，底板尺寸 1000mm×1000mm，柱直径 300mm，箍筋加密区高度 550mm，原始基础平面图上未找到该柱的信息；

③ ZG3，底板尺寸 1400mm×1400mm，柱直径 450mm，箍筋加密区高度 600mm，位于单层圆形部分中间柱和建筑物中部大厅中间柱下方。

11 建筑物安全性鉴定

11.1 现场检查和监测

接受委托后，我方工作人员于 2012 年 4 月 7 日进入现场，开始检测工作，历时七天完成（图 C-4）。

图 C-4　进场监测图

11.1.1　地基基础调查及检查

某整形医院为毛石条形基础和柱下独立基础，经局部挖探发现，地基地质情况复杂，土层变化较大，主要为素填土和粉质黏土。

根据中铁第一勘察设计院集团有限公司编制的《青岛地铁 3 标段太延区间地质勘察报告》，地铁隧道左线附近土层较浅，土层情况依次为：①素填土；②粉质黏土；③强风化花岗岩下亚带；④强风化花岗岩；⑤强风化花岗岩；⑥中风化花岗岩；⑦微风化花岗岩。

地铁隧道右线附近土层较厚，土层情况依次为：①素填土；②粉质黏土；③强风化花岗岩上亚带；④强风化花岗岩中亚带；⑤强风化花岗岩；⑥中风化花岗岩；⑦微风化花岗岩。该层岩石坚硬程度为坚硬岩，岩体完整程度为较完整，岩体基本质量等级Ⅲ级。

经对某整形医院外围墙体进行详细勘察，其整体未发现地基不均匀变形产生的裂缝损伤，可推测出地基较均匀稳定，承载力较充足，未发生明显的不均匀沉降。施工方根据我们提出的"隧道施工穿越前对基础形式和埋深进行挖探"的建议，在现场对该建筑物地基基础情况进行了挖探，挖探位置为地下室 J/X 轴。现场的开挖结果显示（图 C-5），该处基础为混凝土条形基础，通过回弹推定混凝土强度等级为 C15。

11.1.2　地下室检查

某整形医院负一层层高 3.0m，按照原始设计图纸，地下室墙体作为条形基础的一部分应为毛石砌筑而成，但是根据现场的检查结果显示，建筑物地下室的墙体为普通烧结砖砂浆砌筑，顶板为混凝土预制楼板。负一层共有八个开间，其中的一间作为机房使用，由于室内长期处于潮湿状态，墙面返碱严重，顶板出现混凝土预制板之间的构造裂缝，如图 C-6、图 C-7 所示。

图 C-5　现场挖探地基基础情况

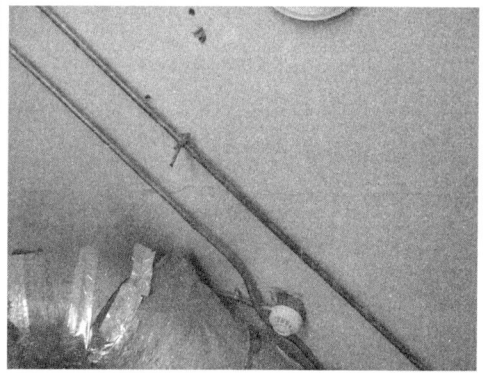

图 C-6　墙面返碱情况　　　图 C-7　地下室顶板预制板之间出现的裂缝

11.1.3　上部结构构件检查

上部结构构件检查的内容主要包括承重墙体和楼（屋）盖板等构件的检查。

（1）承重结构裂缝损伤检查

某整形医院建筑物结构裂缝主要出现在 1996 年扩建的五、六层中，其他楼层没在承重结构上发现裂缝。其中六层最多，主要原因为承重墙收缩变形。具体裂缝情况列于表 C-3，裂缝的形态的照片及更详细的描述见附件 3。

（2）建筑物构造缝、非结构损伤检测

某整形医院建筑物的构造缝以楼面预制板缝、温度缝为主。预制板缝在楼面顶板抹灰层和地板瓷砖上普遍存在，部分楼面、屋面预制板缝开裂较大，顶层屋面板板缝还有雨水渗漏的现象；温度缝以楼梯间墙面龟裂缝最为典型，楼层越高面积越大，五层六层楼梯间内龟裂面积可达墙面总面积的 90％以上，室内温度缝主要出现在空调出风口顶部抹灰层，裂缝数量少，一般只有一条裂缝，裂缝长度较长，普遍达 1m 左右，走向与出风口平行，出风口处裂缝宽度最大；部分隔墙上发现裂缝、变形。详细检测结果见表 4。非结构损伤有抹灰脱落、雨水渗漏等，详细检测结果见表 C-4。

承重结构裂缝损伤检测表 表 C-3

裂缝编号	轴线位置	裂缝描述	照片
JG1	六层 L/V-W	裂缝长约 4.8m,最宽处 1.5mm,与房间进深同长,沿水平方向发展,且与顶板平行	裂缝 JG1-1 裂缝 JG1-2
JG2	六层 T/P-Q	位于阳台推拉门西侧墙体与过梁交界处,墙体两侧均有裂缝,且位置相对应、走势相似,可以判断这几处裂缝已经贯通	裂缝 JG2-1 裂缝 JG2-2
JG3	六层 U/N-P	位于阳台推拉门西侧墙体与过梁交界处,墙体两侧均有裂缝,且位置相对应、走势相似,可以判断这几处裂缝已经贯通	裂缝 JG3-1 裂缝 JG3-2
JG4	六层 V/M-N	位于阳台推拉门西侧墙体与过梁交界处,墙体两侧均有裂缝,且位置相对应、走势相似,可以判断这几处裂缝已经贯通	裂缝 JG4-1 裂缝 JG4-2
JG5	六层 W/L-M	位于阳台推拉门西侧墙体与过梁交界处,墙体两侧均有裂缝,且位置相对应、走势相似,可以判断这几处裂缝已经贯通	裂缝 JG5-1 裂缝 JG5-2
JG6	六层 G/V-W	六层楼梯间墙体发现水平方向贯通裂缝,长约3m,最大宽度 1.5mm	裂缝 JG6-1 裂缝 JG6-2
JG7	六层 F/V-W	五层与六层间楼梯梁底部发现斜裂缝	裂缝 JG7
JG8	六层 G/V-W	五层与六层间楼梯梁底部发现斜裂缝	裂缝 JG8
JG9	六层 L/V-W	阳台东侧墙体发现两条平行斜裂缝,由右上方斜向左下方发展,两条裂缝长度均 0.6m,最大宽度 1mm	裂缝 JG9
JG10	六层 L/W-X	JG9 相对位置墙体另一侧,走势相似的两条斜裂缝,推测 JG9 与 JG10 为贯通裂缝的两侧	裂缝 JG10
JG11	六层 G/W-X	G 轴墙体靠近阳台处上部发现斜裂缝,长约 0.5m,最宽处 0.5mm	裂缝 JG11
JG12	六层 15/P	墙体交汇处发现斜裂缝,长约 0.7m,最宽处 0.6mm	裂缝 JG12
JG13	五层 V/G-H	门槛左上角发现裂缝,向左上方延伸,长约 1m,最宽处 0.6mm	裂缝 JG13
JG14	五层 F/V-W	楼梯间窗台左下角墙缝向上延伸至窗台角,长约 0.6m,最宽处 1mm	裂缝 JG14

建筑物构造缝、非结构损伤检测表 表 C-4

名称	位置	描述	照片
楼面、屋面 预制板缝	房间顶板处	长度与房间同宽,平行等间距分布	裂缝 GZ1、裂缝 GZ2、 裂缝 GZ3、裂缝 GZ4
地板预制板缝	地板瓷砖表面	与走廊同宽,平行不等距分布	裂缝 GZ5、裂缝 GZ6、 裂缝 GZ7、裂缝 GZ8
楼梯间温度缝	楼梯间墙面	成龟裂状,分布于阳光照射的地方	裂缝 GZ9、裂缝 GZ10

名称	位置	描述	照片
空调风口温度缝	室内顶板空调风口附近	裂缝数量少，一般只有一条裂缝，裂缝长度较长，普遍达 1m 左右，走向与出风口平行，出风口处裂缝宽度最大	裂缝 GZ11、裂缝 GZ12
隔墙表面裂缝	五层 G/T-U	隔墙上发现裂缝、变形	裂缝 GZ13、裂缝 GZ14
抹灰层脱落	五层 X/G-H	抹灰层脱落	裂缝 GZ15
抹灰层脱落	六层 1/U/J-K	抹灰层脱落	裂缝 GZ16
雨水渗漏	五层 U/N-P	雨水渗漏	裂缝 GZ17

11.1.4 其他检查

（1）楼面荷载调查

该建筑物三层部分原设计为办公楼，楼面荷载标准值为 $2.0kN/m^2$，现作为医院门诊部，楼面荷载标准值为 $2.5kN/m^2$；六层部分原设计为宾馆客房，楼面荷载标准值为 $2.0kN/m^2$，现作为医院病房，楼面荷载标准值为 $2.0kN/m^2$。

（2）门窗洞口调查

检测人员对该居民楼各层墙体上的门、窗洞口进行了现场测量和记录。检查结果发现，该楼有部分门窗洞边墙段的局部尺寸不符合现行抗震设计规范的要求。

11.1.5 材料强度检测

本次鉴定所涉及的材料强度检测包括砌筑砂浆抗压强度检测、砖标号评定和混凝土强度评定三个部分。

（1）砌筑砂浆抗压强度推定

依据《贯入法检测砌筑砂浆抗压强度技术规程》JGJ/T 136，现场对该建筑物墙体砌筑砂浆强度采用贯入法进行检测。贯入法检测砌筑砂浆抗压强度的工作原理是：根据测钉贯入砂浆的深度和砂浆抗压强度间的相关关系，采用压缩工作弹簧加荷，把测钉贯入砂浆中，由测钉的贯入深度通过测强曲线来换算砂浆抗压强度。

由于该建筑物仍在使用中，业主不同意大面积凿开抹灰层进行强度检测。因此，不能严格按规范抽取测区进行砂浆抗压强度检测和评定。现场在该建筑物负一层随机抽取承重墙体布置 5 个测区，一层布置 2 个测区，六层布置 3 个测区，全楼共计 10 个测区。现场操作依据《贯入法检测砌筑砂浆抗压强度技术规程》JGJ/T 136，采用 SJY800B 砂浆贯入仪进行检测。各层测区位置及检测结果见表 C-5。

表 C-5 检测结果表明，该建筑物墙体砌筑砂浆强度匀质性较差，全楼砌筑砂浆强度普遍偏低。

根据各层各测区砂浆抗压强度的分布规律，本次鉴定中进行结构验算时对该办公楼各层砌体砂浆的抗压强度取值采用 0.5MPa。

（2）砖的标号推定

依据《回弹仪评定烧结普通砖标号的方法》ZBQ 15002－89，采用 HT75 型回弹仪对该建筑物的砖强度进行抽样检测。由于该建筑物仍在使用中，业主不同意大面积凿开抹灰层进行强度检测。因此，不能严格按规范抽取砖样进行强度检测和评定。抽样数量负一层为 5 块砖、一层为 2 块砖、六层为 3 块砖，全楼共抽取 10 块砖进行检测。各层抽样位置及各被检构件的检测结果见表 C-6。

贯入法评定砌筑砂浆抗压强度

表 C-5

层次	构件位置	测区砌筑砂浆抗压强度换算值（MPa）	砌筑砂浆抗压强度推定	砌筑砂浆抗压强度推定值
负一层	Q/S-T	1.1		
	U/N-P	0.9		
	X/G-H	1.3	$mf_2^c=1.1$MPa	强度离散性大,应按单个构件进行评定。
	X/G-J	1.1	$sf_2^c=0.25$MPa	
	N/U-V	1.5	$\delta f_2^c=0.3$	
一层	Q/R-S	0.6		
	Q/S-T	1.2		
六层	(1/9)/P-M	0.9		
	(1/9)/P-M	0.9		
	(1/9)/P-M	1.1		

回弹法评定砖标号

表 C-6

层次	轴线位置	砖样编号	单砖平均回弹值	平均回弹值
负一层	N-P/U	1	37.2	
	Q/S-T	2	33.3	
	N/U-V	3	35.4	
	X/G-J	4	33.2	
	X/G-H	5	34.8	
一层	Q/R-T	6	33.6	35.9
		7	33.5	
六层	(1/9)/P-M	8	38.4	
		9	39.7	
		10	39.4	

依据表 C-6 中的检测结果和《回弹仪评定烧结普通砖标号的方法》ZBQ 15002 第 6.2.1 条对砖标号评定的标准要求，被检砖材满足 100 号砖的要求。

本次鉴定中进行结构验算时对该楼砌体砖材的强度等级取 MU10。

（3）混凝土强度推定

采用回弹法评价混凝土抗压强度。根据《建筑结构检测技术标准》GB/T 50344—2004、《回弹法检测混凝土抗压强度技术规程》DBJ 14—026—2004 并结合现场情况确定抽检方案。对所抽取构件的混凝土抗压强度进行回弹法测试，并按照规范要求对构件进行碳化深度测试。检测结果见表 C-7、表 C-8。

柱混凝土抗压强度抽查结果表（MPa）   表 C-7

楼层	构件类型	构件位置	构件回弹强度
负一层	柱	西立面/5	21.1
负一层	柱	西立面/7	24.0
负一层	柱	西立面/7	25.8
负一层	柱	西立面/8	24.4
负一层	柱	J/X	23.1
负一层	柱	N/V	19.1
负一层	柱	T/Q	20.8
负一层	柱	M/W	21.5
负一层	柱	P/U	26.5

检验批强度评价：

　　检测构件强度平均值 $m=22.9$MPa，计算标准差 $s=2.46$MPa。根据公式 $f_{cu,e}=m_{cu}^{c}-1.645s_{fcu}$，计算得负一层柱强度推定值为 18.9MPa，强度等级评定为 C15

电梯井剪力墙混凝土抗压强度抽查结果表（MPa）   表 C-8

楼层	构件类型	构件位置	构件回弹强度
电梯井	剪力墙	南立面	20.2
电梯井	剪力墙	南立面	18.4

检验批强度评价：

　　构件测区数少于 10 个，取 $f_{cu,e}=f_{cu,min}$，剪力墙混凝土强度推定值为 18.4MPa，强度等级评定为 C15

11.2　结构承载力验算

　　依据现行《砌体结构设计规范》GB 50003—2001、《混凝土结构设计规范》GB 50010—2010 和《建筑抗震设计规范》GB 50011—2010，对该建筑物的主要结构构件进行受压承载力、抗震承载力、高厚比和局部承压验算。

　　验算时，荷载组合按照现行《建筑结构荷载规范》GB 50009—2001（2006 年版）的规定，楼屋面恒载取现场实际调查情况；墙体材料强度取值：砂浆强度 0.5MPa，砖强度等级取 MU10，类型按烧结普通砖考虑，柱、剪力墙混凝土强度等级取为 C15。

　　（1）受压承载力验算

　　建筑物墙体的受压承载力验算结果，各层墙体受压承载力均满足《砌体结构设计规范》GB 50003—2001 的限值要求。

（2）抗震承载力验算

根据本报告 11.1.5 条砌筑砂浆抗压强度检测结果，该建筑物砂浆强度不满足《建筑抗震设计规范》GB 50011 的限值要求。

（3）高厚比验算

经验算，该建筑物各层墙体构件高厚比均满足《砌体结构设计规范》GB 50003—2001 的限值要求。

（4）局部承压验算

根据《砌体结构设计规范》GB 50003 对部分梁下砌筑墙体进行了局部承压验算，经验算，该建筑物承重墙体构件局部承压满足规范的限值要求。

11.3 安全性鉴定及评级

依据《民用建筑可靠性鉴定标准》GB 50292，在本次现场检查、检测及结构承载力验算的基础上，对某整形医院进行安全性鉴定及评级。安全性鉴定分级标准见《民用建筑可靠性鉴定标准》GB 50292。

11.3.1 构件安全性鉴定评级

（1）砌体构件

依据《民用建筑可靠性鉴定标准》GB 50292 中第 4.4.1 条：砌体结构构件安全性鉴定，应按承载能力、构造以及不适于继续承载的位移和裂缝等四个检查项目，分别评定每一受检构件的等级，并取其中最低一级作为该构件的安全性等级。

① 按承载能力评定

依据《民用建筑可靠性鉴定标准》GB 50292 第 4.4.2 条之规定，承重墙体抗力与荷载效应比 $[R/(\gamma_0 S)]$ 小于 0.90 的，评定安全性等级为 d_u 级，抗力与荷载效应比 $[R/(\gamma_0 S)]$ 介于 0.90～0.95 之间的，评定安全性等级为 c_u 级，抗力与荷载效应比 $[R/(\gamma_0 S)]$ 介于 0.95～1.0 之间的，评定安全性等级为 b_u 级，抗力与荷载效应比 $[R/(\gamma_0 S)]$ 大于 1.0 的，评定安全性等级为 a_u 级。

但是，根据《民用建筑可靠性鉴定标准》GB 50292 第 4.4.2 条之规定，当材料的最低强度等级不符合现行国家标准《砌体结构设计规范》GB 50003 的限值要求，应将墙体安全性等级评为 c_u 级，因此，按承载能力评定将承重墙体安全性等级评为 c_u 级。

② 按构造评定

依据《民用建筑可靠性鉴定标准》GB 50292 第 4.4.3 条之规定，当砌体结构构件的安全性按构造评定时，应对以下两个检查项目分别评定等级，即墙、柱的高厚比和连接及其他构造，然后取其中较低一级作为该构件构造的安全性等级。本次检测中，两检查项目分别依据本报告 11.2 条中各层墙体构件高厚比的计算结果和《建筑抗震设计规范》GB 50011 及《砌体结构设计规范》GB 50003 中的相关条目进行评定。

a. 墙、柱高厚比项目：

根据本报告 11.2 条中各层墙体构件高厚比的计算结果，该建筑物墙体构件高厚比均满足《砌体结构设计规范》GB 50003 的限值要求，评定为 a_u 级。

b. 连接及其他构造项目：

《建筑抗震设计规范》GB 50011 中有以下规定：砌体结构的砌筑砂浆强度等级不应低于 M5；承重窗间墙最小宽度不小于 1.2m，承重外墙尽端至门窗洞边的最小距离不小于 1.2m，内墙阳角至门窗洞边的最小距离不小于 1.5m。

③ 按不适于继续承载的位移或变形评定

根据现场调查，建筑物基础上方窗下墙体无明显基础变形导致的结构缝，并且建筑物周围散水未出现明显裂缝，虽然现场不具备该建筑物倾斜测量的条件，但考虑到其他层次鉴定评级的需要，按不适于继续承载的位移或变形，对该建筑物墙体安全性等级评定为 b_u 级。

④ 按不适于继续承载的裂缝评定

根据本报告第 11.1.3 条承重结构裂缝损伤检查结果，该建筑物有部分承重墙体存在裂缝，其中一些为承重构件的受力裂缝。依据《民用建筑可靠性鉴定标准》GB 50292 第 4.4.5 条和 4.4.6 条之规定，对该建筑物墙体构件安全性按不适于继续承载的裂缝情况进行评定，评定本报告 11.1.3 所述的所有受力裂缝墙体为 c_u 级，其余未裂缝墙体为 b_u 级。

（2）混凝土结构构件

该建筑物主要混凝土结构构件包括钢筋混凝土梁、柱和钢筋混凝土剪力墙。

依据《民用建筑可靠性鉴定标准》GB 50292 中第 4.2.1 条：混凝土结构构件的安全性鉴定，应按承载能力、构造以及不适于继续承载的位移（或变形）和裂缝等四个检查项目，分别评定每一受检构件的等级，并取其中最低一级作为该构件安全性等级。现场检测中发现混凝土梁、柱构造方式正确，满足国家现行规范的要求，计算承载力满足国家现行规范的限值要求，不存在不适于继续承载的位移（或变形），没有发现明显的受力裂缝。因此，评定该建筑物混凝土梁、柱和剪力墙等构件安全性等级为 a_u 级。

11.3.2 子单元安全性鉴定评级

（1）地基基础子单元

根据本次鉴定现场检查的结果，该建筑物地基承载力基本满足要求，地基和基础不均匀沉降现象不明显。依据《民用建筑可靠性鉴定标准》GB 50292 中第 6.2 节关于地基基础的评级规定，评定该建筑物地基基础安全性等级为 B_u 级。

（2）上部承重结构子单元

① 主要构件的安全性评级

某整形医院上部承重结构中，主要构件为砌体承重墙、剪力墙和钢筋混凝土梁、柱。

依据《民用建筑可靠性鉴定标准》GB 50292 中 6.3.2 条之规定，根据本报告 11.1.3 关于承重墙体的检查以及 11.3.1 关于砌体构件的安全性鉴定评级，对承重墙体构件的安全性等级综合评级见表 C-9。

建筑物承重墙体构件安全性等级　　　　　　　　　表 C-9

构件	评级项目				综合评级
	按承载能力评级	按构造评级	按不适于继续承载的位移或变形评级	按不适于继续承载的裂缝评级	
承重墙体	所有墙体为 c_u 级	存在裂缝的墙体和宽度不足的墙体安全性等级为 c_u 级,其余承重墙体安全性等级为 b_u 级	所有墙体为 b_u 级	所有裂缝墙体为 c_u 级,其余未裂缝墙体为 b_u 级	C_u
剪力墙	所有剪力墙为 a_u 级	所有剪力墙为 a_u 级	所有剪力墙为 a_u 级	所有剪力墙为 a_u 级	A_u
钢筋混凝土梁、柱	所有梁、柱为 a_u 级	所有梁、柱为 a_u 级	所有梁、柱为 a_u 级	所有梁、柱为 a_u 级	A_u

根据表 C-10 的评定结果，综合评定该建筑物承重墙体构件的安全性等级为 C_u 级。

② 一般构件的安全性评级

在建筑物上部承重结构中，一般构件为楼、屋盖板以及框架部分填充墙和隔墙等。

依据《民用建筑可靠性鉴定标准》GB 50292 中 6.3.3 条之规定，根据本报告 11.1.3 条中关于楼、屋盖板和隔墙等一般构件的检查结果，评定该建筑物楼、屋盖板和混凝土一般构件的安全性等级为 B_u 级。

③ 结构的整体性评级

依据《民用建筑可靠性鉴定标准》GB 50292 中 6.3.4 条规定，对结构整体性的评定应按照结构支承布置、支撑系统的构造、圈梁构造、结构间的连系等四个项目进行评定。

综上所述，评定该建筑物结构整体性安全性等级为 C_u 级。

④ 结构侧向位移评级

根据现场调查，建筑物基础上方窗下墙体无明显基础变形导致的结构缝，并且建筑物周围散水未出现明显裂缝，据此，按不适于继续承载的侧向位移评定该建筑物结构安全性等级为 B_u 级。

⑤ 综合评定

依据《民用建筑可靠性鉴定标准》GB 50292 中 6.3.6 条相关规定,根据本报告中关于各分项安全性评级结果,评定该建筑物上部承重结构安全性等级为 C_u 级。

11.3.3 鉴定单元安全性综合评级

依据《民用建筑可靠性鉴定标准》GB 50292 中 8.1.2 条之规定,根据本报告 11.3.2 中对该建筑物地基基础安全性等级和上部承重结构安全性等级的评定结果,取其中较低等级作为建筑物的整体安全性等级,最终评定某整形医院的安全性等级为 C_{su} 级。

12 建筑物检测鉴定结论

经过现场全面的勘察、检测、监测和科学的验算、鉴定,对某整形医院建筑物获得如下鉴定结论:

(1)地基未发生明显的不均匀沉降,地基较稳定,且承载力较充足,根据设计图纸可知,基础为毛石条形基础和柱下独立基础,但施工方挖探的位置,显示为混凝土条形基础;

(2)建筑物结构形式为框架砌体混合结构,承重体系复杂,传力体系不明确;

(3)材料强度较低,其中砌筑砂浆抗压强度推定为 0.5MPa,砖材的强度等级推定为 MU10,混凝土强度推定为 18.2MPa;

(4)原始设计图纸中地下室墙体为毛石砂浆砌筑,与现场检测所得的普通烧结砖砂浆砌筑不符;

(5)承重墙体裂缝多为斜向裂缝,楼梯间和阳台部位出现贯通水平裂缝,最大长度达 3m,最大宽度为 1.5mm;

(6)构造裂缝主要出现在预制楼板与墙和梁的搭接处、墙角搭接处、窗户拐角处和隔墙自身以及与梁的连接处;

(7)砂浆风化严重,强度较低,导致墙体整体承载能力下降;

(8)某整形医院安全性等级为 C_{su} 级,在整个结构中承重墙体出现的贯通结构裂缝已显著影响到建筑物的结构安全。

13 建议

(1)因建筑物下方隧道埋深较浅,所以在地铁隧道施工过程中严格控制地表沉降量、建筑物变形量和爆破单段装药量;

(2)严格按照设计等各方提出的建筑物沉降和爆破振动控制标准进行施工;

(3)进一步对建筑物基础进行挖探,更准确地掌握建筑物的基础类型、埋深;

(4)施工过程中对建筑物进行沉降、裂缝发展以及材料强度变化等各种现场监测，及 时掌握隧道施工对建筑物的影响情况，以便适时调整施工方法、施工进度，并对建筑物采取针对性的保护措施；

（5）在隧道穿越时，应对该建筑物出现的结构性贯通裂缝加强监控。

14 检测鉴定单位技术负责人签章

批准：　　　　　　　　　鉴定单位：

审核：

报告：　　　　　　　　　鉴定资质章：（资质章盖章处）

检测鉴定：　　　　　　　鉴定时间：

附 录 D

鉴 定 报 告
APPRAISAL REPORT
JD-201109-01

工程名称：

Name of Engineering　　某文物建筑隧道穿越前安全性鉴定

委 托 方：

Client

鉴定类别：

Appraisal Category　　　　　委 托 鉴 定

年　　月　　日

目　录

1　工程概况

工程名称　某文物建筑

工程地址　某市 33 号

建造年代　1905 年

房屋用途　商业营业性用房

结构形式　砖石砌体结构

建筑面积　约 1939.69m²

建筑层数　地上 3 层、地下 1 层

2　检测鉴定项目

重要建筑物安全性鉴定

3　检测鉴定的主要依据

[1]《建筑结构检测技术标准》GB/T 50344

[2]《民用建筑可靠性鉴定标准》GB 50292

[3]《砌体结构设计规范》GB 50003

[4]《砌体结构工程施工质量验收规范》GB 50203

[5]《砌体工程现场检测技术标准》GB/T 50315

[6]《建筑结构荷载规范》GB 50009

[7]《建筑地基基础设计规范》GB 50007

4　检测鉴定情况

4.1　工程概况

某市某文物建筑，兴建于 1905 年，1949 年重新整修过一次，由德国人库尔特·罗克格设计，最初为德国人鲁夫·凌基开设的医药商店，图纸等资料由于年久已遗失，其他资料均不详。

现受某市地下铁道公司委托，我院委派专业技术人员多次到某市某文物建筑旧址进行现场检测鉴定，由房屋检测鉴定专家于广明教授带队、祝英杰教授、赵建锋副教授、商怀帅副教授负责检测理论、技术及现场指导（图 D-1），又派袁

图 D-1　现场检测　　　　　　图 D-2　倾斜度观测

长丰副教授带队（图 D-2），对建筑物进行了整体倾斜度测量，后又由孟丹老师、高丽燕老师带队前往现场进行复查（图 D-3），补充检测数据。赵文彦、房全力、潘宜青、岳仕廷、邹景波、康寅等多名技术骨干参加了现场检测，并进行了专门的论证、研讨（图 D-4），在此基础上完成了本鉴定报告。

图 D-3　现场进行检测复查　　　　图 D-4　对该项目进行专门研讨

4.1.1　建筑概述

某市某文物建筑（图 D-5、图 D-6、图 D-7），最初为德国药剂师拉尔茨经营的医药商店，属典型德式建筑。该建筑物为地上 3 层带阁楼层、地下 1 层，红瓦蒙莎顶，立面为红色墙体，间以清水粉墙和彩色方形墙砖，上部两个楼层及两座烟囱所采用的拱形与曲线具有青年风格派的典型特征。建筑上以花岗岩装饰檐口、滴水嘴和底部粗短的承重柱，几块暗红色曲墙砖上压入橡树叶的图案，巨大的老虎窗上方的纹章上凿有一根蛇体缠绕的圆杖（医生的标志），靠巨大的老虎窗和屋顶的一排竖窗采光的高起蒙莎顶，为这幢楼房另外开辟了第四层空间和造型，此建筑风格属欧洲青年派风格。

图 D-5　某文物建筑旧址南立面图　　　图 D-6　某文物建筑旧址西立面图

20 世纪 30 年代，几家主营保险、船舶代理等业务的公司在此楼办公。1949 年后进行了一次翻修，后为第一轻工业局办公楼，而后在东侧扩建新的办公楼并与两

图 D-7　某文物建筑旧址北立面图

侧建筑相连，外形仿医药商店。改革开放后，第一轻工业局成立益青公司，原来的老楼开了一家红房子餐厅，现在为一宾馆。

4.1.2　结构概述

该建筑为地上 3 层带阁楼、地下 1 层，主体为砖石砌体结构，建筑面积约 1939.69m²，建筑高度 14.071m。建筑物外墙下部砌体为花岗岩底座，其他外墙为清水墙，一楼大厅内有花岗岩柱，其余承重结构均为砖墙，花岗岩砌体墙厚 600mm，清水墙厚 500mm，内墙 400mm。该建筑物楼板最早采用木板，后经过翻修木板下加钢筋网，楼顶为木结构屋架。

4.1.3　改建历史概述

有资料记载该建筑于 1949 年后进行过一次翻修，通过现场观察，发现建筑物有明显加固补强痕迹，且与 1949 年翻修并非同一次，但是没有与其相关的具体资料，也无其他改建加固的资料。

4.2　建筑物主体结构检测、检查

由于该建筑物现为宾馆且正在营业，业主不同意凿开建筑物内部抹灰层与装修层进行检测，只能对部分外墙结构进行检测。

4.2.1　地基基础检测

由于缺乏与该建筑物相关的具体图纸、地勘等资料，且现场不具备开挖的条件，因此该楼的基础形式、基础埋深及垫层厚度均不详。根据上部结构形式，初步推断基础为花岗岩条形基础。

4.2.2　上部结构构件损伤检测

由于该建筑已有 107 年的历史，花岗岩砌块、砖砌块以及灰缝已存在大面积风化问题（图 D-8、图 D-9），风化最大厚度处为 3cm，承重墙体已出现多处严重损伤。

根据现场检测的情况来看，该建筑物外部墙体已出现了大量的裂缝，主要有：花岗岩底座竖向裂缝 1（图 D-10），裂缝长 29cm，裂缝宽度最大处宽 4.48mm；花岗岩底座竖向裂缝 2（图 D-11），裂缝长 28cm，裂缝宽度最大处宽 4.8mm；清水砖墙体竖向裂缝、墙角处竖向裂缝等（图 D-12），因测量条件限制，无法测量裂缝的长宽。从墙体裂缝的长度、宽度、走向上来看，裂缝的形式并没有体现出明显的规律性，因此可以排除因地基不均匀沉降、房屋倾斜等原因所造成的结构性裂缝。

图 D-8　墙体花岗岩风化

图 D-9　墙体砖砌体风化

图 D-10　墙体花岗岩竖向裂缝 1

4.2.3　上部结构构件材料强度检测

由于该建筑物仍在使用中，业主不同意凿开抹灰层进行强度检测，因此不能严格按照《建筑结构检测技术标准》GB/T 50344 和《砌体工程现场检测技术标准》GB/T 50315 中的要求进行回弹法的材料强度检测，只对外墙部分砖和砂浆进行强度检测。

图 D-11　墙体花岗岩竖向裂缝 2

图 D-12　墙体砖体竖向裂缝

对具备回弹条件的外墙砖砌块进行回弹法强度检测，推定强度等级为 MU5；砖石砌块间最初的砂浆风化严重，多数灰缝的砂浆已经脱落形成空缝，后期的嵌缝也已经风化剥落（图 D-13），导致砂浆回弹仪无法检测出砂浆的抗压强度；依

图 D-13　砌块间砂浆脱落

据《砌体结构工程施工质量验收规范》GB 50203—2002 第 5.1.11 条："当竖缝砂浆很不饱满甚至完全无砂浆时，其砌体的抗剪强度将降低 40%～50%。"

4.2.4 建筑物倾斜度检测

对该建筑物进行精确的倾斜度测量，一是为了真实反映该建筑物的不均匀沉降或倾斜程度现状，二是为了今后对该建筑物的保护工作提供科学数据。

通过测量计算得，该建筑物高度为 14.071m，南立面观测偏移量 $\Delta_南 = -0.079$m，西立面观测偏移量 $\Delta_西 = 0.025$m，整体偏移量 $\Delta = \sqrt{\Delta_南^2 + \Delta_西^2} = 0.0829$m，倾斜度为 5.89‰，倾斜方向为北偏东 108°。计算图如图 D-14 所示。

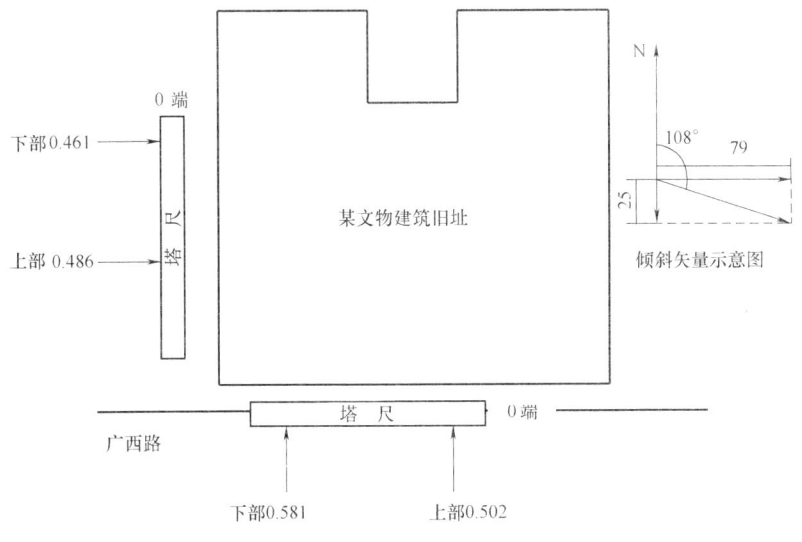

图 D-14　建筑物倾斜度计算图

4.3　建筑物内部装修层损伤情况

建筑物内部抹灰层与装修层有多处裂缝（图 D-15～图 D-17）：

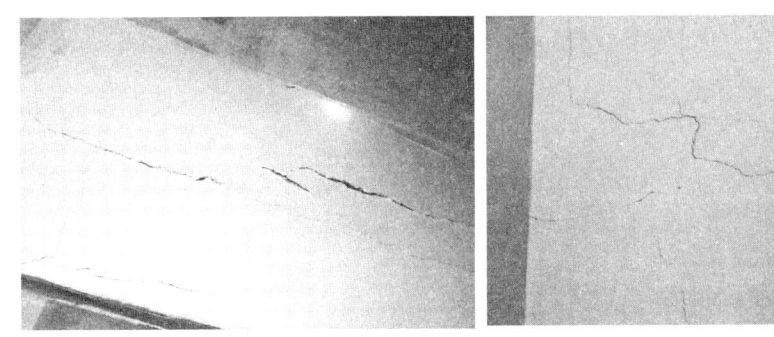

图 D-15　地下室承重柱抹灰层大量竖向裂缝　　图 D-16　顶棚抹灰层横向裂缝

图 D-17 地下室承重柱与楼板搭接处抹灰层脱落

5 检测鉴定结论

通过为期近两个月的检测、测量、鉴定及评价工作，获得如下结论：

（1）在现场现有的条件下，我们对某市 33 号某文物建筑旧址进行了科学的检测，获得了目前该建筑物的质量状况；

（2）由于年久失修，该建筑物部分构件产生了破损，其中花岗岩砌体及灰缝风化严重；墙体裂缝较多，花岗岩砌体裂缝最大长度为 290mm，最大宽度为 4.8mm，均是由于温度应力或者建造年代久远承重墙体强度损失所致；

（3）根据检测的结构材料强度等级，依据《建筑结构荷载规范》GB 50009（2006 年版）、《砌体结构设计规范》GB 50003 对该结构进行承载力验算，计算结果已经不能满足现有规范中的相关规定；

（4）根据《建筑地基基础设计规范》GB 50007 表 5.3.4 "建筑物地基允许变形值"规定：高度低于 24m 的多层和高层建筑整体倾斜度不大于 4‰，该建筑物观测倾斜度为 5.89‰，超出规范要求；

（5）由于该文物建筑距隧道较近，且目前其倾斜度超出规范要求，因此综合以上鉴定分析结果推断，该建筑的安全性存在一定问题。因此，建议组织专家对该文物建筑目前所要求爆破控制参数和沉降控制参数进行专门论证和确定；同时，在隧道开挖施工期间，应加强对该文物建筑的安全监测，尤其是裂缝发展和倾斜度变化的监控，建立预警机制，编制应急预案，做好应急加固方案。若基岩风化程度较大、强度较低，应对建筑物进行预加固处理。

6 检测鉴定单位技术负责人签章

批准：   鉴定单位：

审核：

报告：   鉴定资质章：（资质章盖章处）

检测鉴定：   鉴定时间：

附 录 E

隧道穿越后建筑物状况鉴定报告
APPRAISAL REPORT

工程名称： <u>某文物建筑隧道穿越后状况鉴定</u>
Name of Engineering

委托方： <u>某市地下铁道公司</u>
Client

鉴定类别： <u>委托鉴定</u>
Appraisal Category

年　　月　　日

目　录

1 委托鉴定单位

2 检测鉴定目的及内容

为了正确评价地铁隧道施工对某市 33 号某文物建筑旧址建筑物是否产生影响,在地铁隧道穿越后某市地下铁道公司委托某大学对该建筑物状况进行检测鉴定。检测鉴定内容主要包括:建筑物地基基础和上部结构在地铁隧道穿越过程中可能产生的损伤状况、地铁隧道施工对建筑物整体倾斜度可能产生的影响以及建筑物可能存在安全隐患的部位或问题等。

3 检测依据及参考资料

3.1 主要依据的文件、图纸资料

(1)某市地下铁道公司与某大学签订的《技术服务合同——青岛地铁一期工程(3 号线)部分建筑物质量检测鉴定》。

(2)《某市 33 号医药商店旧址鉴定报告》,2011 年 9 月某大学编制。

3.2 主要依据的法规、标准

[1]《危险房屋鉴定标准》JGJ 125

[2]《建筑结构检测技术标准》GB/T 50344

[3]《建筑结构可靠度设计统一标准》GB 50068

[4]《民用建筑可靠性鉴定标准》GB 50292

[5]《建筑抗震鉴定标准》GB 50023

[6]《工程测量规范》GB 50026

[7]《国家一、二等水准测量规范》GB 12897

[8]《建筑变形测量规范》JG J8

[9]《砌体结构工程现场检测技术标准》GB/T 50315

[10]《贯入法检测砌筑砂浆强度技术规程》JGJ/T 136

[11]《建筑结构荷载规范》GB 50009(2006 年版)

[12]《回弹仪评定烧结普通砖标号的方法》ZBQ 15002－89

[13]《回弹法检测混凝土抗压强度技术规程》DBJ 14－026－2004

[14]《岩土工程勘察规范》DGJ 08－37－2002

[15]《建筑地基基础设计规范》GB 50007－2011

[16]《混凝土结构设计规范》GB 50010－2010

[17]《混凝土结构工程施工质量验收规范》GB 50204－2002

[18]《砌体结构设计规范》GB 50003 2001

[19]《砌体工程施工质量验收规范》GB 50203－2002

[20]《建筑抗震设计规范》GB 50011－2010

[21]《木结构设计规范》GB 50005－2003

[22]《木结构工程施工质量验收规范》GB 50206－2002

4 房屋建筑结构概况

4.1 建筑概述

某市 33 号某文物建筑旧址（现红房子宾馆）（图 E-1），最初为德国药剂师拉尔茨经营的医药商店，属典型德式建筑。该建筑物为地上 3 层带阁楼层、地下 1 层，建筑面积约 1939.69m²，本次鉴定面积 1939.69m²，建筑高度 14.071m。

图 E-1　广西路 33 号某文物建筑旧址现状图

红瓦蒙莎顶，立面为红色墙体，间以清水粉墙和彩色方形墙砖，上部两个楼层及两座烟囱所采用的拱形与曲线具有青年风格派的典型特征。建筑上以花岗岩装饰檐口、滴水嘴和底部粗短的承重柱，几块暗红色曲墙砖上压入橡树叶的图案，巨大的老虎窗上方的纹章上凿有一根蛇体缠绕的圆杖（医生的标志），靠巨大的老虎窗和屋顶的一排竖窗采光的高起蒙莎顶，为这幢楼房另外开辟了第四层空间和造型，此建筑风格属欧洲青年派风格。

4.2 结构概述

该建筑主体为砖石砌体结构，建筑物外墙下部砌体为花岗岩底座，其他外墙为清水墙，一楼大厅内有花岗岩柱，其余承重结构均为砖墙，花岗岩砌体墙厚 600mm，清水墙厚 500mm，内墙 400mm。该建筑物楼板最早采用木板，后经过翻修木板下加钢筋网，楼顶为木结构屋架。

5 历史检测报告概述

为了如实掌握某文物建筑旧址（现红房子宾馆）的结构形式、基础形式、建筑年代及其质量状况问题（如有无因建筑质量、基础不均匀沉降、温度裂缝、使用不当、年久失修等造成的建筑损伤），正确评价该建筑物抗变形能力，并提出科学的地表沉降控制对策和爆破振动控制对策，指导地铁隧道安全施工，青岛市地下铁道公司于 2011 年 9 月委托青岛理工大学对该建筑物在地铁隧道施工前进行安全鉴定，具体情况如表 E-1 所示。

6 建筑物与隧道相对位置关系

隧道施工自 2012 年 6 月 7 日起，侧穿某文物建筑旧址，于 2012 年 6 月 22 日侧穿施工完成。为了在现场检测鉴定的基础上，详细分析地铁隧道开挖对建筑物产生的影响程度，图 E-2 给出了某文物建筑旧址与地铁隧道的相对位置关系。

从图 E-2 中可以看出，隧道侧穿该建筑物，该建筑物距隧道结构线边沿为 1.4m，建筑物地下室底板距拱顶距离为 15.1m，从拱顶到地表依次为微风化花岗岩、强风化花岗岩和素填土。

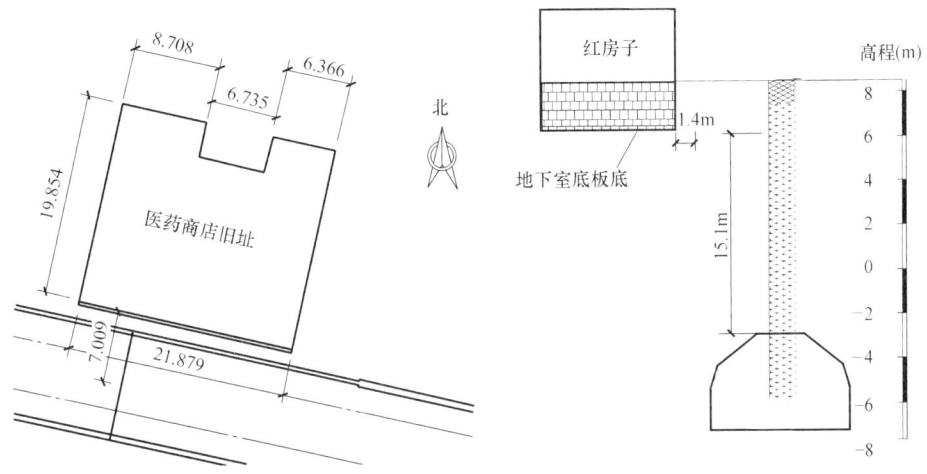

图 E-2　某文物建筑旧址与隧道的相对位置关系

历史检测鉴定结果　　　　　　　　　　　　　　　　表 E-1

检测项目	检测鉴定结果	照片或图片	备注
地基基础检测	由于缺乏图纸、地勘等资料,且现场不具备开挖检查的条件,因此该楼的基础形式、基础埋深及垫层厚度均不详。根据上部结构形式,初步推断基础为花岗岩条形基础		
上部结构构件损伤检测	花岗岩砌块、砖砌块以及灰缝已存在大面积风化问题,风化最大厚度处为 3cm,承重墙体已出现多处严重损伤。该建筑物外部墙体已出现了大量的裂缝,主要有:花岗岩底座竖向裂缝,裂缝长 29cm,裂缝宽度最大处宽 4.48mm;花岗岩底座竖向裂缝,裂缝长 28cm,裂缝宽度最大处宽 4.8mm;清水砖墙体竖向裂缝、墙角处竖向裂缝等		
上部结构构件材料强度检测	依据《贯入法检测砌筑砂浆抗压强度技术规程》JGJ/T 136,对内外墙墙缝进行灌入强度检测,测定外墙砂浆抗压强度为 0.8MPa,内墙砂浆抗压强度为 1.5MPa		

续表

检测项目	检测鉴定结果	照片或图片	备注
建筑物倾斜度检测	测点高度为 14.071m,南立面观测偏移量 $\Delta_南 = -0.079m$,西立面观测偏移量 $\Delta_西 = 0.025m$,整体偏移量 $\Delta = \sqrt{\Delta_南^2 + \Delta_西^2} = 0.0829m$,倾斜度为 5.89‰,倾斜方向为北偏东 108°		

7 隧道穿越后建筑物状况鉴定

7.1 地基基础调查及检查

经对某文物建筑旧址外围墙体进行详细勘察,该建筑物在隧道穿越后没有产生明显的地基不均匀变形导致的裂缝损伤,可推测出地基在隧道施工过程中没有明显的不均匀变形。

7.2 上部结构构件损伤检测

上部结构构件检查的内容主要包括承重墙体和楼(屋)盖板等构件的检查。

(1)承重墙体裂缝损伤检查

接受委托后,检测人员对建筑物承重墙体进行了详细的检查,对裂缝损伤的尺寸进行了详细的测量。通过检查发现,建筑物承重墙体原有 4 处主要裂缝没有明显发展,如图 E-3 所示。除上述墙体裂缝损伤外,没有新增明显的裂缝损伤。

图 E-3 隧道穿越后承重墙体损伤情况(一)

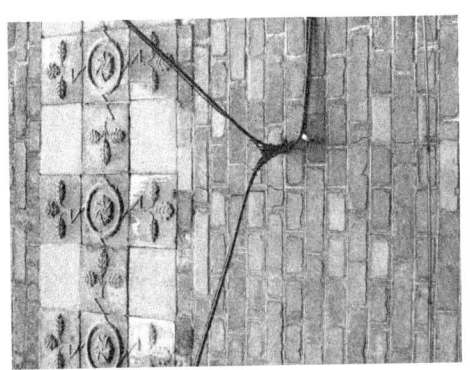

图 E-3　隧道穿越后承重墙体损伤情况（二）

（2）楼屋盖板检查

由于本次检测鉴定过程中，该建筑物已停止使用，所以对建筑物的楼屋盖板进行了详细的检查，如图 E-4 所示。从图中可以看出，该建筑物的楼屋盖板有改造加固的痕迹，但没有明显的裂缝和影响承载力的损伤。

图 E-4　建筑物楼屋盖板检查情况

7.3　上部结构构件材料强度检测

地铁隧道穿越后，按照《建筑结构检测技术标准》GB/T 50344 和《砌体结构工程现场检测技术标准》GB/T 50315 对建筑物结构材料强度进行了检测，检测结果表明，结构材料中砖的强度推定值和砂浆的强度推定值与隧道穿越前相比没有发生变化。

7.4 隧道穿越后建筑物倾斜度检测

在隧道穿越后，为了了解隧道开挖对建筑物产生的影响，对建筑物具备测量条件的部位进行了倾斜度测量，测量采用全站仪、塔尺。测量方法按照《建筑变形测量规范》JGJ 8 进行。对某文物建筑旧址的测量结果如图 E-5 和表 E-2 所示。从图 E-5 和表 E-2 中可以看出，具备倾斜测量条件的位置为建筑物的西南角。根据本次的倾斜测量结果和隧道穿越前倾斜测量结果的比较可知，建筑物的整体倾斜度在地铁隧道施工后没有明显的发展，西向东方向的倾斜度由隧道穿越前的 5.6‰ 变化到隧道穿越后的 5.5‰；北向南方向的倾斜度在隧道穿越前为 1.8‰，隧道穿越后仍为 1.8‰。根据本次测量所采用的仪器设备允许误差分析，建筑物在两个方向上的整体倾斜度发生的变化在测量允许误差范围内，地铁隧道的施工对建筑物整体倾斜度并没有产生明显的影响。

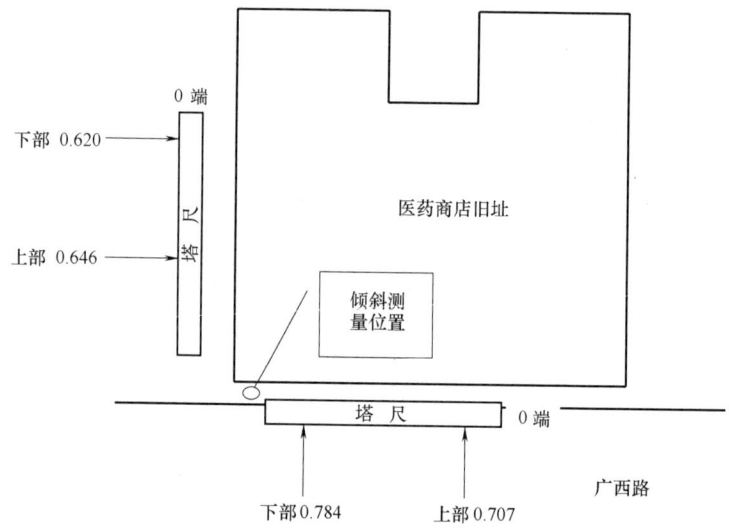

图 E-5　隧道穿越后建筑物倾斜度计算图

医药商店旧址隧道穿越后倾斜度测量结果　　　　表 E-2

测量时间	倾斜量（mm）	倾斜方向	高度（mm）	倾斜度	倾斜矢量示意图
隧道穿越前	79	西→东	14.07	5.6‰	
	25	北→南	14.07	1.8‰	

测量时间	倾斜量（mm）	倾斜方向	高度（mm）	倾斜度	倾斜矢量示意图
隧道穿越后	77	西→东	14.07	5.5‰	
	26	北→南	14.07	1.8‰	

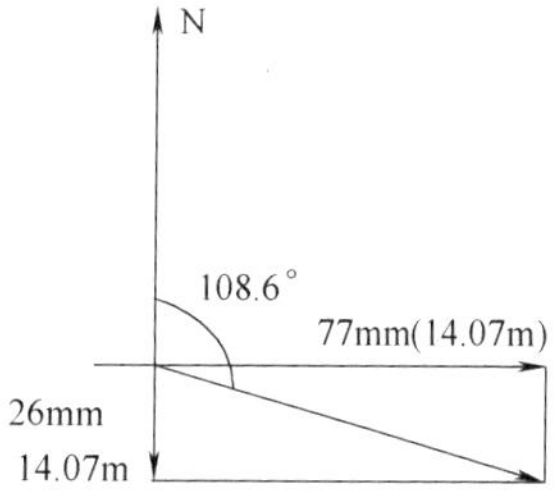

8 穿越后建筑物检测鉴定结论

经过现场全面的勘察、检测和科学的验算、鉴定，并与隧道施工前检测鉴定结果进行对比，对某市 33 号某文物建筑旧址获得如下鉴定结论：

（1）地基未发生明显的不均匀沉降，地基较稳定，且承载力较充足；基础为毛石条形基础。

（2）因为在隧道穿越过程中，对建筑物主体采取了临时加固措施，承重墙体原有的裂缝在地铁隧道穿越后没有明显的发展。

（3）建筑物的整体倾斜度在地铁隧道施工后没有明显的发展，西向东方向的倾斜度由隧道穿越前的 5.6‰变化到隧道穿越后的 5.5‰；北向南方向的倾斜度在隧道穿越前为 1.8‰，隧道穿越后仍为 1.8‰。根据本次测量所采用的仪器设备允许误差分析，建筑物在两个方向上的整体倾斜度发生的变化在测量允许误差范围内，地铁隧道的施工对建筑物整体倾斜度并没有产生明显的影响。

9 检测鉴定单位技术负责人签章

批准：　　　　　　　　　鉴定单位：

审核：

报告：　　　　　　　　　鉴定资质章：（资质章盖章处）

检测鉴定：　　　　　　　鉴定时间：

参 考 文 献

[1] Yuan Changfeng, Yu Guangming, Zhao Qianqian, et al. Numerical Simulation Analysis on Impact of Surface Deformation to the Frame-shear Wall Structure Caused by Tunnel Excavation [J]. Advanced Materials Research, 2011, 243-249: 3606-3611.

[2] Changfeng Yuan, Guangming Yu, Xuchun Wang, et al. Study on Tunnel with Subsurface excavation Method in Urban to Damage Assessment of Underground Pipelines [J]. Advanced Materials Research, 2011, 243-249: 3582-3587.

[3] 袁长丰, 于广明, 王晓磊等. 城市地下工程数据管理技术研究 [J]. 地下空间与工程学报, 2012, 8 (5): 939-945.

[4] 袁长丰, 于广明, 张明平. 地下开挖可视化决策的关键技术研究 [J]. 岩土力学, 2006, 27 (s1): 373-376.

[5] 刘端伶, 谭国焕, 李启光等. 岩石边坡稳定性和 Fuzzy 综合评判法 [J]. 岩石力学与工程学报, 1999, 18 (2): 170.

[6] 郑明新, 殷宗泽, 吴继敏等. 滑坡防治工程效果的模糊综合后评价研究 [J]. 岩土工程学报, 2006, 28 (10): 1224-1229.

[7] 张淑娜, 孙韧. 模糊数学法在环境质量评价中的应用——以天津滨海新区为例 [J]. 环境科学与管理, 2006, 31 (2): 141-142.

[8] 雷哲莹, 罗承伟. 地表变形引起建筑物附加力的计算及抗变形结构设计 [J]. 煤矿开采, 2000 (1): 23-25.

[9] 张明平. 与环境协调的城市地下空间开发方案研究 [D]. 青岛: 青岛理工大学, 2007.

[10] 郭伟. 地下开采对地表建筑物的动态影响研究 [D]. 辽宁: 辽宁工程技术大学, 2005.

[11] 李博. 隧道建设及运营对建筑物的影响规律研究 [D]. 上海: 同济大学, 2007.

[12] 阳军生. 城市隧道施工引起的地表移动及变形 [M]. 北京: 中国铁道出版社, 2002.

[13] 国家煤炭工业局. 建筑物、水体、铁路及主要井巷煤柱留设与压煤开采规程 [S]. 北京: 煤炭工业出版社, 2000.

[14] 中华人民共和国国家标准. GB 50007-2011 建筑地基基础设计规范 [S]. 北京: 中国建筑工业出版社, 2012.

[15] 周辉, 张传庆, 冯夏庭等. 隧道及地下工程围岩的屈服接近度分析 [J]. 岩石力学与工程学报, 2005, 24 (17): 3083 - 3087.

[16] 郑颖人, 沈珠江. 岩土塑性力学原理 [M]. 重庆: 后勤工程学院出版社, 1998.

[17] 徐秉业, 刘信声. 应用弹塑性力学 [M] 北京: 清华大学出版社, 1995.

[18] 龚晓南. 土塑性力学 [M]. 杭州: 浙江大学出版社, 2001.

[19] Maier G, Hueckel T. Nonassociated and coupled flow rules of elastoplasticity for rock-like materials [J]. International Journal of Rock Mechanics and Mining Science and Geomechanics Abstracts, 1979, 16 (2): 77-92.

[20] 过镇海, 时旭东. 钢筋混凝土原理和分析 [M]. 北京: 清华大学出版社, 2003.

[21] Kotsovos M D. A mathematical description of the strength properties of concrete under generalized stress [J]. Magazine of Concrete Research, 1979, 31 (108): 151-158.

[22] Reimann H. Kritische Spannungszustä nde des Betons bei mehrachsiger ruhender Kurzzeitbelastung. Deutscher Ausschuss fur Stahlbeton, Heft 175, Berlin 1965.

［23］ Ottosen N S. A failure Criterion for Concrete ［J］. Journal of the Engineering Mechanics Division，1977，103（4）：527-535.

［24］ Hsieh S S，Ting E C，Chen W F. An Elastic-Fracture Model for Concrete ［C］// Proceedings of the 3rd Engineering Mechanics Division，Special Conference ASCE，Austin. 1979：437-440.

［25］ Podgórski，J. General Failure Criterion for Isotropic Media ［J］. Journal of Engineering Mechanics，1985，111（2）：188-201.

［26］ B. Bresler and K. S. Pister Strength of Concrete Under Combined Stresses ［J］. Journal of the American Concrete Institute，1958，55（9）：321-345.

［27］ Willam K J，Warnke E D. Constitutive model for the triaxial behavior of concrete ［C］// Proceedings of International Association for Bridge and Structural Engineering，ISMES. Bergamo，1975，19：1-30.

［28］ Peck R. B，Deep excavations and tunneling in soft ground ，State of the Art Report. Proc. 7th Int. Conf. On Soil Mechanics and Foundation Engineering，Mexico City，1969，225-290.

［29］ 刘宝琛，张家生. 近地表开挖引起的地表沉降随机介质方法 ［J］. 岩土力学与工程学报，1995，14（4）：289.

［30］ Loganathan N，Poulos H G. Analytical prediction for tunneling -induced ground movements in clays ［J］. Journal of Geotechnical and Geoenvironmental Engineering，ASCE，1998，124（9）：846-856.

［31］ Atkinson J H，Potts D M. Subsidence above shallow tunnels in soft ground ［J］. Journal of the Geotechnical Engineering Division. ASCE. 1977，103（GT4）：307-325.

［32］ 谭云亮，刘传孝，赵同彬. 岩石非线性动力学初论 ［M］. 北京：煤炭工业出版社，2008.

［33］ 孟丹，臧晓光，于广明，等. 地铁车站开挖引起地表沉降分析方法的对比研究 ［J］. 岩石力学与工程学报，2012，31（6）：1169-1177.

［34］ 韩煊. 隧道施工引起地层位移及建筑物变形预测的实用方法研究 ［D］. 西安：西安理工大学，2007.

［35］ 张云. 浅埋暗挖隧道近接建筑沉降控制技术 ［J］. 隧道建设，2004，24（2）：40-42.

［36］ 梁方生. 崇-东区间暗挖施工技术 ［J］. 山西建筑，2007，33（19）：125-126.

［37］ 梁建宁. 在浅埋隧洞暗挖施工中沉降的监测与分析 ［J］. 市政技术，1993（1）：43-48.

［38］ 郭玉海. 盾构隧道穿越铁路沉降控制研究 ［J］. 市政技术（增刊），2004，22：247-251.

［39］ 周秀普. 无水砂卵石地层盾构隧道施工地层变形分析 ［J］. 市政技术（增刊），2004，22：385-388.

［40］ 王梦恕. 北京地铁浅埋暗挖施工法 ［J］. 岩力学与工程学报，1989，8（1）：52-62.

［41］ 万姜林. 浅埋单洞双层重叠隧道施工引起的地表与支护结构变形分析 ［J］. 现代隧道技术（增刊），2004，24-29.

［42］ 季亚平. 考虑施工过程的盾构隧道地层位移与土压力研究 ［D］. 南京：河海大学，2004.

［43］ 龚尚龙，杨转运，陈思甜. 采用随机介质理论分析超浅层曲线顶管施工引起的地表沉降 ［J］. 重庆交通学院学报（自然科学版），2005，24（6）：95-98.

［44］ 孟丹，庞峰. 新疆喀什高台民居地基变形影响下缺陷协同演化分析 ［J］. 上海大学学报（自然科学版），2017（5）：772-779.

［45］ 罗仁安，姜洋标，万敏等. 管幕箱涵顶进施工中地表变形监测及有限元模拟 ［J］. 上海大学学报（自然科学版），2009，15（5）：534-540.

［46］ 李立云，董莹莹. 一种地下开挖卸载作用下毗邻建筑物安全评估方法 ［J］. 土木工程与管理学报，2017，34（6）：23-28.

[47] 赵林，张君，周佳娟等. 盾构施工对地表建筑物位移的影响分析 [J]. 铁道标准设计，2017，61（12）：96-100.

[48] 黎春林，缪林昌，陈静. 盾构施工对地表及建筑物沉降影响分析 [J]. 山东理工大学学报：（自然科学版），2017，31（1）：12-16.

[49] 李方明，陈国兴. 地铁隧道盾构施工对桩箱建筑物影响研究 [J]. 铁道标准设计，2018，62（2）：128-133.

[50] 孙小菊，姬程飞，刘涛. 浅埋暗挖法对地表建筑物的影响研究 [J]. 建筑技术，2017，48（11）：94-96.

[51] Attewell P B，Yeates J，Selby A R. Soil movements induced by tunneling and the effects on pipelines and structures [M]. London：Blackie and Son，1986.

[52] 张顶立. 城市地铁施工的环境安全风险管理 [J]. 土木工程学报，2005，38（增）：5-9.

[53] 骆建军，张顶立，王梦恕，等. 地铁施工对邻近建筑物安全风险管理 [J]. 岩土力学，2007，28（7）：1477-1482.

[54] 杨正. 地铁工程的风险控制 [J]. 铁道标准设计，2008（12）：25-28.

[55] 张成满，罗富荣. 地铁工程建设中的环境安全风险技术管理体系 [J]. 都市快轨交通，2007，20（2）：63-65.

[56] 侯艳娟，张顶立，张丙印. 城市隧道施工穿越建（构）筑物风险管理体系 [J]. 地下空间与工程学报，2011，07（5）：989-995.

[57] 解楠，何晖. 工程建设中循环动态风险管理体系的探讨 [J]. 地下空间与工程学报，2007，3（S2）：1533-1536.

[58] 贺仲雄. 模糊数学及其应用 [M]. 天津：天津科技出版社，1981.

[59] 赵晓冬，赵静一. 模糊思维与广义设计 [M]. 北京：机械工业出版社，1998.

[60] 陈守煜. 模糊最优归类理论模型及其在围岩稳定性分类与场地土类别评定中的应用 [J]. 水利学报，1993（12）：26-36.

[61] 袁长丰，袁子晋，刘世波等. 青岛地区隧道开挖引起地表沉降偏态分析及预测 [J]. 岩石力学与工程学报，2014，33（a02）：4014-4019.

[62] 纪中兴，袁长丰，黄海滨等. 青岛某隧道开挖引起地表沉降分析 [J]. 低温建筑技术，2015，37（10）：94-97.

[63] 张治国，张孟喜，王卫东. 基坑开挖对邻近地铁隧道影响的两阶段分析方法 [J]. 岩土力学. 2011，32（7）：2085-2092.

[64] M Doleza lov & Aacute. Tunnel complex unloaded by a deep excavation [J]. Computers and Geotechnics，2011，28（6）：469-493.

[65] 沈辉，罗先启，李野，等. 深基坑施工对地铁车站影响的数值仿真分析 [J]. 地下空间与工程学报，2011，7（5）：1018-1023.

[66] 刘继强，欧雪峰，张学民，等. 基坑群开挖对近接运营地铁隧道隆沉变形的影响研究 [J]. 现代隧道技术，2014，51（4）：81-87.

[67] 任伟明，彭丽云，刘军. 邻近地铁车站的基坑开挖基于 FLAC～（3D）数值模拟 [J]. 岩土工程学报，2013，35（s2）：276-280.

[68] Yuan Changfeng，Yu Haojie，Yuan Zijin，et al. Numerical Simulation of Impact Caused by Construction of High-Rise Building upon Adjacent Tunnels [J]. Geotechnical and Geological Engineering，2019.

［69］ 孔令荣，崔永高，隋海波. 基坑开挖对邻近地铁变形的影响分析［J］. 工程勘察，2010，38（6）：15-20.

［70］ 曹雪. 城市高层建筑近接地铁隧道施工的影响研究［J］. 公路交通技术，2017，33（2）：70-75.

［71］ 戴宏伟，陈仁朋，陈云敏. 地面新施工荷载对临近地铁隧道纵向变形的影响分析研究［J］. 岩土工程学报，2006，28（3）：312-316.

［72］ 曲磊. 拟建比邻建筑对既有隧道的技术影响分析［D］. 青岛：青岛理工大学，2013.

［73］ 林永国，周正茂，刘国彬. 桩基沉降引起地铁隧道位移的治理［J］. 建筑技本，2001，32（4）：233-234.

［74］ 翟杰群，贾坚，谢小林. 隔离桩在深基坑开挖保护相邻建筑中的应用［J］. 地下空间与工程学报，2010，6（1）：162-166.